NESTOR QUADRI

SISTEMAS DE AIRE ACONDICIONADO

Calidad del aire interior

1ra. Edición

2001

LIBRERIA Y EDITORIAL ALSINA

Paraná 137 - (C1017AAC) Buenos Aires
Telefax (054)(011) 4373-2942 y (054)(011) 4371-9309
ARGENTINA

Diseño de Tapa, diagramación, gráficas y armado de interior:
Pedro Claudio Rodríguez
Telefax (054) (011) 4372-3336
Celular   (15) 4444-9236

IMPRESO EN ARGENTINA

PROLOGO

Los sistemas de aire acondicionado, han llegado a ser una necesidad para la vida moderna, como es el caso de viviendas, oficinas, establecimientos comerciales o industriales, laboratorios, escuelas, hospitales, salas de espectáculos, restaurantes, etc.

En efecto, los habitantes de una vivienda se han convencido de los beneficios de la climatización de sus edificios para el confort y la salud, los empresarios han comprendido su conveniencia para la eficiencia de su personal, los comerciantes como imagen de su negocio para el bienestar de sus clientes y en las industrias además del confort para los trabajadores representa una necesidad para el mejoramiento de los procesos de fabricación. De esa forma, ya no se concibe un proyecto constructivo edilicio sin contemplar el empleo de algún sistema de acondicionamiento climático.

Teniendo en cuenta lo indicado, hemos encarado esta publicación con el propósito de propender al conocimiento de los sistemas básicos que componen estas instalaciones, mediante una descripción sencilla y global, con el fin de que constituya un libro de texto básico de consulta por parte de profesionales, técnicos o estudiantes de esta especialidad.

Se han realizado ejemplos sencillos que abarcan todos los tópicos que comprenden estos sistemas, desde los equipos de aire acondicionado individuales hasta los del tipo central, los equipos unitarios, unidades separadas o todo refrigerante, los sistemas todo agua con unidades enfriadoras y fan-coil, los todo aire con la distribución volumen constante y variable, los mixtos incluyendo los equipos de inducción y techos fríos y por último una guía orientativa de selección para el proyectista.

Se han analizado también, los factores que influyen en el confort ambiental y los problemas del síndrome de los edificios enfermos, y las medidas a adoptar en el proyecto, para el mantenimiento de la calidad del aire interior.

Por otra parte, como el elevado costo que representa la energía se ha remarcado su vital importancia en los criterios de diseño de los sistemas de la climatización y se han considerado en los análisis, las premisas básicas necesarias para lograr edificios energéticamente eficientes.

Para la confección de los distintos Capítulos se han tenido en cuenta las Reglamentaciones vigentes en la materia, el Código de la Edificación de la Ciudad de Buenos Aires, y las Normas de la ASHRAE y de la Comunidad Europea. Además, se han considerado las recomendaciones establecidas en la bibliografía existente que se indican al final del libro, así como de fabricantes de materiales y equipos y fundamentalmente de la experiencia real surgida en la práctica de los proyectos y ejecución de estas instalaciones.

Por otra parte, se encuentran publicados por *Librería y Editorial Alsina* los libros *INSTALACIONES DE AIRE ACONDICIONADO Y CALEFACCION* y el *MANUAL DE AIRE ACONDICIONADO Y CALEFACCION* destinados a aquellos que deseen realizar el cálculo y diseño de estas instalaciones.

EL AUTOR

INDICE GENERAL

CAPITULO 1

PRINCIPIOS BÁSICOS

Definición

Se puede establecer que la misión del aire acondicionado es la realización de determinadas funciones destinadas a proporcionar durante todo el año, el confort térmico y la calidad del aire interior para la vida de las personas o el mejoramiento de los diferentes procesos industriales. Como mínimo, las instalaciones deben efectuar los siguientes procesos básicos:

- *Control de temperatura y humedad*
- *Ventilación y calidad del aire interior*
- *Filtrado*
- *Circulación*

Estos procesos deben realizarse:

- *Automáticamente*
- *Sin ruidos molestos*
- *Con el menor consumo en energético*
- *Sin producir contaminación al medio ambiente*

Requisitos fundamentales

Para lograr esos propósitos los sistemas de aire acondicionado, deben cumplir los siguientes requisitos fundamentales:

- *Proveer una adecuada climatización para satisfacer las necesidades de confort de las personas, con una aceptable calidad del aire interior.*
- *Estar diseñados de la manera mas simple y económica, con el mínimo consumo energético.*
- *Brindar una alta confiabilidad de operación y funcionamiento.*
- *Emplear materiales y equipos de alta calidad y tecnología probada, de larga vida útil, que cuenten con service y una segura provisión de repuestos en plaza.*
- *Contar con espacios adecuados para acceso, desmonte de elemen-*

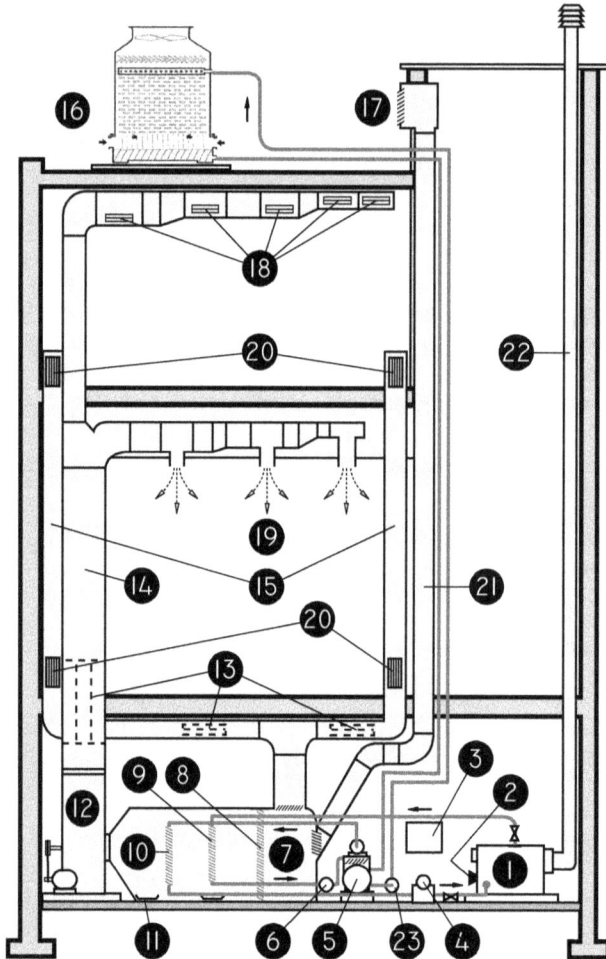

1. Caldera	12. Ventilador centrífugo de impulsión de aire
2. Quemador	13. Trampas acústicas
3. Tablero eléctrico	14. Conducto de alimentación de aire
4. Bomba circuladora agua caliente	15. Conducto de retor-no de aire
5. Unidad enfriadora de agua	16. Torre de enfriamiento
6. Bomba circuladora de agua fría	17. Persiana fija de toma de aire exterior
7. Pleno de mezcla con persianas de regula-	18. Rejas de alimentción
ción de aire de retorno y aire nuevo	19. Difusores de aire
8. Batería de filtros de aire	20. Reja de retorno
9. Batería de refrigeración por agua fría	21. Conducto de toma de aire exterior
10. Batería de calefacción por agua caliente	22. Chimenea de calefacción
11. Humectador por batería de vaporización	23. Bomba de condensación

Fig. 1.1: Esquema de un sistema central de aire acondicionado

tos y reparaciones, a fin de simplificar las tareas de mantenimiento.

- *Disponer con lugares y elementos necesarios para el montaje en el caso de futuras ampliaciones, de modo que puedan realizarse con la mínima obra civil.*
- *Tener sistemas de supervisión y operación eficientes, mediante elementos de control automáticos.*
- *No afectar el medio ambiente ni generar contaminación o ruidos molestos ya sea en el exterior como en los locales acondicionados.*

Sistema típico de aire acondicionado

En la *figura 1.1*, se detalla una instalación típica de aire acondicionado para confort, que consiste en una unidad para el tratamiento del aire del tipo central, que esta alejada del espacio que se acondiciona y el aire llega al mismo, distribuido por una red de conductos que sirve tanto para refrigerar como para calefaccionar. A estos sistemas se los denomina *todo-aire*.

Son cuatro los elementos importantes que constituyen el sistema:

- *Equipo de tratamiento de aire*
- *Sistema de circulación y distribución*
- *Planta de refrigeración*
- *Planta de calefacción*

El tratamiento del aire se efectúa en recintos que se denominan *unidades de tratamiento o manejadoras de aire* (Air Handlers) o también denominadas *fan-coil centrales* como se muestra en la *figura 1.2* en los cuales se obliga al aire a cumplir varios procesos que comprenden su limpieza, refrigeración, deshumidificación, calentamiento y humidificación. Se utilizan en general sistemas de tratamiento del aire compactos modulares, elaborados en fábrica en gabinetes de chapa, construídos en unidades del tipo integral, capaces de contener todos los elementos necesarios.

Plantas de generación

Los sistemas de refrigeración que se utilizan son:

- *Por compresión*
- *Por absorción*

La principal de ellas, utiliza el principio de la *compresión mecánica* de los gases y su elemento básico es el *compresor del tipo al-*

Figura 1.2: Unidad de tratamiento de aire (Air Handler)

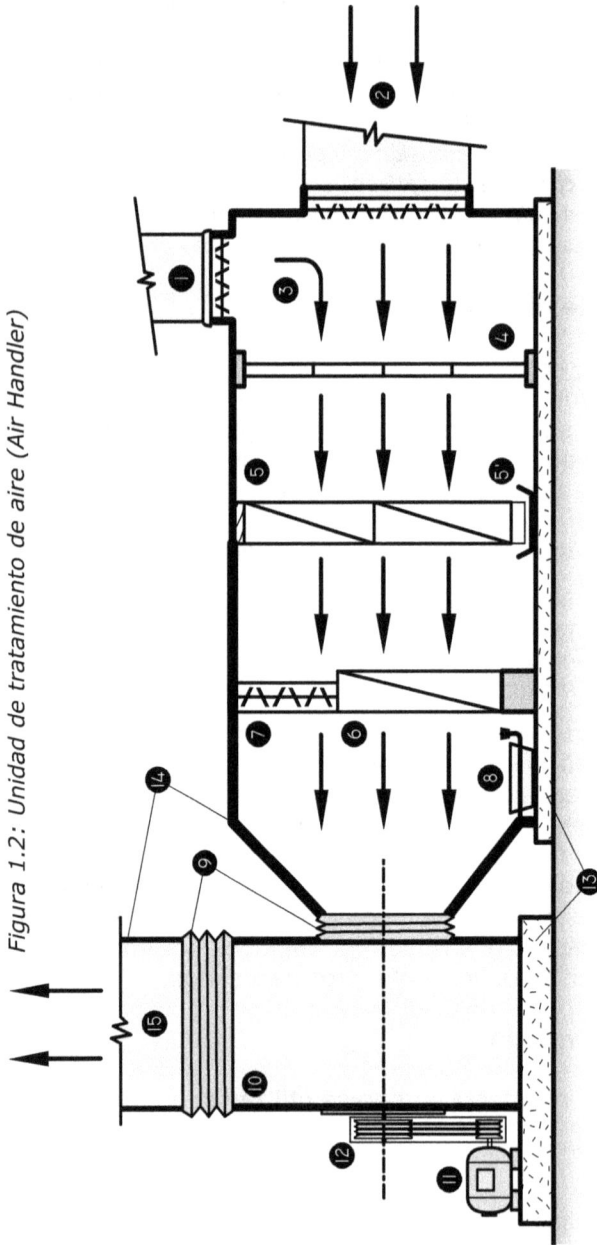

REFERENCIAS:

1. Conducto de retorno con persiana regulable
2. Conducto de toma de aire exterior con persiana regulable
3. Pleno de mezcla
4. Baterías de filtros
5. Serpentín de refrigeración
5'. Batea de recolección de condensado
6. Serpentín de calefacción
7. Persiana de by-pass

8. Humectador por vaporización
9. Juntas de lona o plástico
10. Ventilador centrífugo
11. Motor eléctrico
12. Poleas y correas
13. Base antivibratoria
14. Aislaciones térmicas
15. Conducto de alimentación

ternativo o a pistón que se utiliza en la gran mayoría de los casos, empleándose también, en pequeñas instalaciones y equipos compactos compresores *rotativos* o tipo espiral llamados *scroll* y en las grandes, compresores *axohelicoidales* llamados a *tornillo* o del tipo *centrífugo*, conformando unidades enfriadoras de agua.

La máquina de *absorción* es otro tipo de unidad enfriadora de agua que se utiliza también en las grandes instalaciones de acondicionamiento. Esta máquina requiere la presencia de una planta generadora de vapor o una fuente de calentamiento equivalente y además todo un sistema de cañerías de condensación, con torre de enfriamiento.

Para calefacción, se requiere una *caldera* que puede funcionar con agua caliente, que envía el fluido termodinámico a la batería ubicada en el equipo de tratamiento, mediante cañerías y bombas circuladoras. Otra forma consiste en al utilización en forma directa de una *batería calefactora a gas natural* o *eléctrica*. Asimismo se utiliza para calefacción la *bomba de calor* invirtiendo el ciclo del mismo sistema de refrigeración.

Funciones básicas a cumplir por los sistemas

El propósito en los sistemas de confort es crear condiciones atmosféricas que conduzcan al bienestar, como el caso de viviendas, oficinas, comercio, restaurantes, salas de fiestas, hospitales, teatros, etc., mientras que en los industriales es el de controlar las condiciones atmosféricas para satisfacer los requisitos particulares de los procesos. Para lograr esos objetivos se detallan las funciones básicas a realizar:

Enfriamiento y deshumectación

En verano para lograr el confort en los locales, es necesario *enfriar* y además, *deshumidificar* el aire, porque el porcentaje de humedad relativa aumentaría en forma considerable, provocando una sensación de molestia y pesadez. Esta función se efectúa en un proceso único y simultáneo por medio de un *serpentín o batería de enfriamiento* en las cuales se absorbe el calor sensible y también el calor latente del aire, por efecto de la condensación sobre su superficie del vapor de agua que contiene, debido a que se lo enfría por debajo de su punto de rocío.

De esa manera, en el serpentín disminuye tanto la temperatura como la humedad absoluta del aire que lo atraviesa. En instalaciones industriales que se requiere gran precisión puede aplicarse un sistema separado empleando para la deshumectación agentes absorbentes como la *silica-gel*.

El serpentín puede consistir en el mismo *evaporador* del circuito frigorífico, que está vinculado con una unidad condensadora, llamándose a estos sistemas de *expansión directa* o trabajar con agua fría proveniente de una unidad enfriadora de agua, constituyendo los denominados sistemas de *expansión indirecta*.

Calentamiento y Humectación

En invierno, por el contrario, para lograr confort es necesario *calentar y humidificar* el aire. El calentamiento del aire se efectúa por medio de una batería agua caliente o eventualmente vapor, vinculadas con cañerías a una planta de calderas o intercambiadores a gas o eléctricos.

Para las aplicaciones de confort en instalaciones de agua fría se suele emplear para calentamiento, la misma batería que se usa para refrigerar haciendo circular agua caliente por la misma en la época de invierno, como forma de simplificar, pero con menores prestaciones de regulación, dado que solo se puede enfriar o calentar en forma independiente y separada. En sistema de expansión directa también se puede emplear la misma batería haciendo funcionar el sistema en el ciclo de bomba de calor.

Por otra parte, si se calienta el aire sin agregarle humedad, la humedad relativa disminuye, provocando el resecamiento de las mucosas respiratorias, con las consiguientes molestias fisiológicas. La función de humectación, se ejecuta en invierno en el *humectador* que debe colocarse después de la batería de calefacción dado que el aire mas caliente tiene la propiedad de absorber mas humedad.

Existen aparatos que evaporan el agua contenida en una bandeja, por medio del calentamiento de una resistencia eléctrica de tipo blindado o recipientes con electrodos sumergidos, que son controlados por medio de un humidistato de ambiente o de conducto. En los casos de grandes instalaciones, se recurre a baterías humidificadoras que incorporan al aire, agua finamente pulverizada y como cumplen además una función de limpieza, suelen llamarse también *lavadores de aire*.

Para instalaciones de confort la función de humectación generalmente se realiza solamente en climas secos y fríos, no así en climas templados y húmedos teniendo en cuenta que las personas aportan una cierta cantidad de humedad en el ambiente y de hecho, los equipos estándar de confort, no vienen provistos de dispositivos de humectación incorporado. Sin embargo, debe cumplirse la función de humectación en climas secos o cuando se requiera en instalaciones industriales o especiales un tenor de humedad relativa controlada.

Ventilación

La función de ventilación, consiste en la entrada de aire exterior, para renovar permanentemente el aire de recirculación del sistema en las proporciones necesarias a fin de lograr un adecuado nivel de pureza, dado que como resultado del proceso respiratorio, se consume oxigeno y se exhala anhídrido carbónico, por lo que debe suministrarse siempre aire nuevo a los locales para evitar que se produzcan viciamientos y olores.

Además, en los nuevos edificios se producen emanaciones de materiales y elementos, los que sumados a los problemas de suciedades y falta de mantenimiento contribuyen a la contaminación del aire ambiente interior, constituyendo el denominado *síndrome del edificio enfermo*, por lo debe proyectarse una entrada de un adecuado caudal de aire nuevo exterior para lograr mantener la calidad del aire del interior de los locales.

El aire nuevo del exterior del edificio o aire de ventilación penetra a través de una reja de toma de aire en un recinto llamado *pleno de mezcla*, donde se mezcla el aire nuevo con el aire de retorno de los locales, regulándose mediante persianas de accionamiento manual o automático. Los puntos de toma de aire exterior deben ser seleccionados con cuidado para lograr el máximo de pureza, evitando colocarlos cerca de cocinas, baños, garajes, etc. y en lo posible a 1 m como mínimo del piso para evitar la entrada de polvo.

Filtrado

La función de filtrado, consiste en la limpieza del aire y se cumple en la batería de filtros, quitándole al aire circulante el polvo, impurezas y partículas en suspensión y el grado de limpieza a lograr depende del tipo de instalación de acondicionamiento a efectuar.

El filtro es el primer elemento a instalar en la circulación del aire porque no solo protege a los locales acondicionados sino también al mismo equipo de acondicionamiento. En las instalaciones comunes de confort se emplean filtros que normalmente son del tipo mecánico, compuestos por substancias porosas que obligan al aire al pasar por ellas, a dejar las partículas de polvo que lleva en suspensión, pero que no son capaces de eliminar totalmente las impurezas de pequeño diámetro y mucho menos los humos, olores o gérmenes que pueda haber presente.

En general son de dos tipos básicos:

- *Microfibras sintéticas*: en paneles de armazón metálicos o de cartón.

- *Metálicos*: de alambre con tejido de distinta malla del tipo seco o embebidos en aceite. Se utilizan generalmente mallas de acero o de aluminio

En instalaciones industriales o en casos particulares que lo requieren se suelen emplear filtros especiales del tipo de alta eficiencia, absolutos, electrostáticos, etc. o carbón activado o lámparas germicidas para microbios o bacterias.

Circulación del aire

La función de circulación es necesaria dado que siempre debe haber un cierto movimiento de aire en la zona de permanencia con el fin de evitar su estancamiento, sin que se produzcan corrientes enérgicas que son perjudiciales, especialmente en invierno. Por otra parte, es muy importante un buen barrido del aire que circula en los locales, dado que ello contribuye a la calidad del aire interior, en virtud que contiene aire nuevo de ventilación cuya función es la de diluir los contaminantes del local

El proceso de su *circulación* y distribución, se efectúa mediante *ventiladores del tipo centrifugo*, capaces de hacer circular los caudales de aire necesarios, venciendo las resistencias de frotamiento ocasionadas por los conductos de distribución, rejas, y los propios elementos de la unidad de tratamiento de aire como ser persianas, serpentines, filtros, etc., con bajo nivel de ruidos.

En los equipos destinados a pequeños locales como el acondicionador de ventana o el fan-coil individual, el aire se distribuye directamente mediante rejas de distribución y retorno incorporados en los mismos. Pero en equipos de cierta envergadura que abastece varios ambientes o recintos amplios debe canalizárselos por medio de conductos, generalmente construidos en chapa de hierro galvanizado, convenientemente aislados, retornando mediante rejas y conductos a las unidades.

En los ambientes, la inyección del aire se realiza generalmente por medio de *rejas* sobre paredes o *difusores* sobre los cielorrasos y el retorno se efectúa por rejas colocadas adecuadamente en los locales, con el objetivo de conseguir un mínimo movimiento de aire en la zona de vida del local en cuestión, que se encuentra en un plano ubicado a 1,50 m sobre el nivel del piso.

Requisitos particulares

Los sistemas deben cumplimentar los siguientes requisitos particulares:

Simpleza de instalación

El tiempo de montaje del equipamiento de aire acondicionado se hace cada vez mas breve, en concordancia con los que insume la moderna tecnología de la construcción de los edificios, por lo que el diseño debe ser simple y en lo posible con equipos modulares de fabricación seriada, que permitan una fácil y rápida instalación, teniendo en cuenta además que muchas veces se deben colocar en edificios existentes.

El tamaño de los equipamientos juega un papel importante para facilitar el montaje, de ese modo, la unidad de tratamiento de aire para todo el año que fuera descripta en la *figura 1.2*, se utiliza generalmente para servir a grandes espacios o unidades edilicias y se arma en forma modular en partes constitutivas de gabinetes metálicos y sus dimensiones están determinadas por la velocidad del pasaje del aire a través de las partes componentes. Por ejemplo, los filtros trabajan con velocidades v de *100m/min* de modo que un equipo de 50 toneladas que requiere aproximadamente un caudal de aire de circulación C de *500 m^3/ min* necesitará un área transversal de filtros A (m^2) de:

$$A = \frac{C}{v} = \frac{500 \ m^3 \ / \ min}{100 \ m \ / \ min} = 5 \ m^2$$

De modo que las dimensiones de la batería de filtros si se coloca transversalmente podría ser de *2 x 2,5 m* conformado una estructura metálica mediante paneles de filtros de *50 x 50 cm*.

Si bien se puede reducir la superficie transversal colocando los filtros en V o doble V, el tamaño de los filtros constituyen uno de los factores que influyen sobre el diseño de las unidades de tratamiento de aire centrales, dado que si las dimensiones son elevadas se incrementan los problemas de montaje traslado, espacios, etc. Por otra parte, las dimensiones de conductos de salida se hacen muy grandes, si se considera una velocidad de descarga del ventilador v

de *500 m/min*, el conducto de salida debe tener una sección de:

$$A = \frac{C}{v} = \frac{500 \ m^3 / min}{500 \ m / min} = 1 \ m^2$$

Por ello, puede considerarse este caudal de *500 m³/min* el lími-te práctico máximo de diseño de una unidad central de tratamien-to de aire. Se deduce de lo indicado que en grandes instalaciones es conveniente subdividir las unidades de tratamiento de aire en equipamientos mas compactos y de menores dimensiones, con mas flexibilidad de operación.

Control automático

En el proyecto de estas instalaciones se requiere el funciona-miento completamente automático, con una operación programa-da, contando con instrumental de medición y salidas señalizadas de alarma. Se emplean básicamente *termostatos* que comandan el funcionamiento de los equipos y *humidistatos* para el control de la humedad.

El sistema de control constituye uno de los aspectos primordia-les a considerar, dado que si bien el diseño de la instalación se efectúa en función de las condiciones mas desfavorables o críticas, el sistema debe actuar correctamente adaptándose a todas las variables climáticas y de utilización que se requieren, especialmen-te en el caso de necesidades reducidas o parciales.

Los equipos deben funcionar en secuencia, con sistemas que permitan permutar automáticamente el orden de funcionamiento en lapsos de operación predeterminados, retardo de arranque, re-posición automática en caso de corte de suministro eléctrico, trans-misión de alarmas de fallas, etc.

En grandes edificios, es conveniente adoptar un *sistema de gestión integral del tipo inteligente*, que posibilite la operación y regulación de todas las instalaciones en forma centralizada, con un programa orientado hacia la reducción del consumo energético, así como una disminución de los costos de mantenimiento. De esa manera, se logra el control directo de cada uno de los parámetros de la instalación, proporcionando en tiempo real la información de lo que está pasando en el edificio, pudiéndose además de regular los parámetros de funcionamiento, efectuar el control de la ilumi-nación, bombas de agua, etc.

Deben analizarse las posibilidades de integrar los sistemas de supervisión en la medida que se vayan ampliando, con la factibilidad de concentrar el comando operacional de varios edificios en áreas de supervisión.

Consumo energético

El costo que actualmente representa la energía eléctrica es de vital importancia en una especialidad como el aire acondicionado que requiere un elevado consumo, por lo que su reducción constituye una de las premisas básicas en los criterios de diseño. Para ello, existen numerosas tecnologías y medios de aplicación, que se centran fundamentalmente en el ajuste de las necesidades, la utilización de fuentes de energía no convencionales, el incremento de la eficiencia y la recuperación de la energía residual, independientemente de utilizar equipos de alto rendimiento.

Debe tenerse en cuenta en los proyectos la adecuada zonificación y el fraccionamiento de los equipamientos a fin de adaptar la producción de aire acondicionado a la demanda de calor del sistema *en la magnitud y momento que se produce*, parcializando las unidades productoras con objeto de conseguir en cada instante el régimen de potencia mas cercano al de máximo rendimiento.

El adecuado uso del *aislamiento térmico* constituye un elemento fundamental, dado que ello implica máquinas de aire acondicionado mas pequeñas con un consumo energético menor durante toda la vida útil del edificio y la elección del aislamiento para los cerramientos e instalaciones deben hacerse en la fase inicial del proyecto y los relativos mayores costos para su realización, se ven ampliamente compensados por los beneficios en términos energéticos que se obtienen.

Por otra parte, en los edificios de oficinas o comercios, es indispensable la adopción de soluciones arquitectónicas que tiendan a la reducción del consumo energético teniendo en cuenta la radiación solar y una adecuada especificación de aventanamientos para reducir infiltraciones de aire y un aumento en la eficiencia en el consumo de iluminación.

En el transcurso de un año de funcionamiento del sistema de climatización existen períodos de tiempo en los cuales las características del ambiente exterior del edificio son favorables para la climatización mediante el ingreso de aire exterior, utilizando un sistema economizador denominado comúnmente *free-cooling* se logra reducir el uso de equipos de refrigeración y calefacción, especialmente en la época intermedia.

La utilización del ciclo *bomba de calor* para calefacción es recomendable en lugar de resistencias eléctricas y el empleo del gas natural para refrigeración con unidades enfriadoras de agua operando con el ciclo de absorción constituye una alternativa a considerar.

Otras formas de ahorrar energía consisten en el aprovechamiento del *calor de condensación* que los equipos frigoríficos desprenden en su funcionamiento la que puede ser empleada para otros servicios o zonas frías del edificio o también el *almacenamiento de energía enfriando agua o produciendo hielo* en las horas de la noche cuando la tarifa energética es mas económica y que permite además recortar los picos térmicos diarios, pudiéndose reducir de esa manera, el tamaño de los equipos acondicionadores.

Se puede mencionar además, el aprovechamiento de los gases de escape de los generadores eléctricos en una técnica que se denomina *cogeneración* y otra aplicación muy importante como es el preenfriamiento o precalentamiento del aire exterior que se ingresa para ventilación mediante la utilización de elementos *denominados recuperadores de calor* del aire de expulsión de los locales acondicionados.

Dispositivos de seguridad

Deben proyectarse enclavamientos de seguridad, no solo para proteger la instalación propiamente dicha, sino también para las personas y los mismos edificios de posibles siniestros, por lo que se requiere que en el diseño de las instalaciones se establezcan pautas de protección en caso de incendios, averías eléctricas o mecánicas, etc. A tal efecto, la instalación debe ajustarse a lo dispuesto por la Reglamentación de la Ley de Higiene y Seguridad en el Trabajo en nuestro país.

Confiabilidad de funcionamiento

En instalaciones de aire acondicionado para *usos industriales* donde la premisa básica es la de continuidad del servicio, se debe procurar en el diseño alcanzar un alto grado de confiabilidad, instalándose equipos de reserva con una redundancia (*n+1*) y subdividiendo los sistemas para asegurar en todo momento el servicio de aire acondicionado de modo de que siempre exista un equipo de reserva disponible y expectante para solucionar cualquier inconveniente en forma automática.

Debe preverse también las fallas de los equipos asociados a las instalaciones, tales como los elementos de suministro de energía y muchas veces este criterio se aplica también a instalaciones de confort, como el caso de oficinas cerradas donde por lo menos el sistema de ventilación debe ser asegurado.

En los equipos estándar de acondicionamiento de confort por su característica de aplicación y funcionamiento, sus componentes se diseñan para un trabajo de aproximadamente 1200 horas en forma intermitente, para una vida útil de 10 a 15 años. En el caso de las instalaciones de aire acondicionado industriales, muchas veces deben funcionar en forma completamente automáticas durante todos los días del año, por lo cual los equipos deben ser de tipo especial, debiéndose proyectar, de modo que siempre el servicio esté disponible ante cualquier falla de algún elemento.

Las características particulares que requieren esas instalaciones son que sean confiables y capaces de mantener niveles precisos de temperatura y humedad, siendo de vital importancia la limpieza del aire y su adecuada distribución. Por ello, se han desarrollado sistemas de aire acondicionado standard del tipo industrial, denominados *de precisión,* para diferenciarlos de las instalaciones destinadas al confort de las personas, diseñados para el control simultáneo de temperatura, humedad, distribución del aire y limpieza, durante las 24 horas del día y los 365 días del año, lo que representa 8700 horas ininterrumpidas de funcionamiento, con una vida útil de 20 años.

Facilidad de ampliación

Muchas veces los edificios se construyen en etapas, previendo un ritmo de ampliación determinado. Por ello, normalmente los sistemas de aire acondicionado deben ir acompañando esas ampliaciones, por lo que deben estar concebidos de modo que en forma sencilla y sin grandes obras civiles y con prevención de espacios, puedan incrementar su capacidad para satisfacer las mismas.

Mantenimiento mínimo

La tendencia actual en la industria consiste en concentrar las actividades de mantenimiento en centros especiales, dejando incluso los edificios sin personal permanente. Por lo tanto, el mantenimiento del acondicionamiento del aire debe estar diseñado de modo de limitarlo a ciertas rutinas periódicas que no exijan entrenamiento especial por parte del personal de operación.

Debe considerarse que el equipamiento debe tener un espacio razonable de acceso para efectuar su mantenimiento y reparación. Se deben contar con manuales de operación y mantenimiento y los equipamientos a instalar deben ser de marcas acreditadas que cuenten con garantía, repuestos y un adecuado servicio de post-venta.

Preservación del medio ambiente

Protección de la atmósfera

Las substancias conocidas como *clorofluocarbonos* (*CLFC*) que constituyen los refrigerantes normalmente utilizados como el F-12; F22 o F11 en aire acondicionado se demostró que afectaban la capa de ozono. Actualmente se utiliza el R134a en reemplazo del F-12 y el R407c en reemplazo del R-22, aunque este último puede usarse hasta el 2020. El F11 fue sustituido por el R 123 y algunos modelos de máquinas centrifugas que lo utilizaban se rediseñaron para funcionar con R134a.

Por otra parte, el calentamiento global es otro aspecto que preocupa no solo por el efecto de los refrigerantes en la atmósfera, sino fundamentalmente por el nivel de rendimiento de los equipos que al consumir mas combustibles que lo necesario generan mayor cantidad de anhídrido carbónico que es el causante principal del problema. En instalaciones de calefacción debe verificarse el nivel de polución de los gases de combustión a la atmósfera no debiéndose utilizar dispositivos de calentamiento que eliminen los gases de combustión en los ambientes dado que generan anhídrido carbónico y vapor de agua y eventualmente monoxido de carbono que es muy peligroso.

Nivel de ruido y vibración

Debe considerarse como premisa fundamental que la instalación no provoque ruidos que puedan originar molestias a los vecinos, debiéndose tomar todas las precauciones en los proyectos de modo de evitar las propagaciones de los mismos y de todo tipo de vibración que pudiera producirse. Para ello, deben cumplimentarse las reglamentaciones vigentes en esta materia, de modo de no superar los niveles de ruidos admisibles en los lugares de emplazamiento ni originar vibraciones excesivas y en la *Tabla 1.1* se incluye a modo de ejemplo, los requisitos establecidos por la Ordenanza Nº 39025 del Digesto Municipal de la Ciudad de Buenos Aires.

Por otra parte, es indispensable evitar los ruidos molestos que puede provocar la propia instalación en el interior de los locales en el diseño de los equipamientos. Deben ejecutarse *bases o apoyos antivibratorios* y *juntas flexibles* para evitar la propagación de vibraciones del ventilador al gabinete y la red de conductos respectivamente y si la velocidad de descarga del aire del ventilador es excesiva, debe instalarse *trampas acústicas* en red de conductos y en los equipos compactos autocontenidos, los compresores deben montarse sobre sustentaciones elásticas.

DIGESTO MUNICIPAL DE LA CIUDAD DE BUENOS AIRES

SECCION 5
De los ruidos y vibraciones
AID 500.46

5.1. DE LOS RUIDOS Y VIBRACIONES PROVENIENTES DE FUENTES FIJAS

5.1.1. *De los niveles de ruidos provenientes de fuentes fijas*

5.1.1.1. Limitaciones

El máximo nivel de ruido admisible que trascienda dentro del edificio afectado será medido a partir de 45 dB (A), que se adopta como criterio básico de nivel sonoro y a este valor se aplicarán las correcciones quo corresponda, según los ámbitos, las horas, los días y las características dei ruido, de acuerdo a las tablas siguientes:

a) Correcciones por horas y días:

Horas y dias	Corrección al criterio básico en dB (A)
Entra las 6 y 22 hs.	0
Entra las 22 y 6 hs.	
Sábado por la tarde y domingos y feriados	10

b) Correcciones por árnbito de percepción:

Ambito de Percepción	Corrección al criterio básico en dB (A)
Hospitales, establecimientos asistenciales, de reposo o geriátricos	0
Residencial o predominantemente residencial	+10
Comercial, financiero o administrativo	+15
Predominantemente industrial	+20

e) Correcciones por características dei ruido:

Características del ruido	Corrección al criterio básico en dB (A)
Con notas predominantes	−5
Impulsivos	−5
Mixtos	−5

5.1.1.2. Procedimiento de medición

La medición de los ruidos se hará en escala dB (A) lenta en Leq en dB (A) y a 1,20 m por encima del suelo y en el centro del lugar receptor con sus puertas y ventanas abiertas en horas de descanso.

5.1.1.3. Instrumento de medición

Las mediciones deben efectuarse por un medidor de nivel sonoro capaz de medir el intervalo de 30 dB (A) a 120 dB (A).

5.1.1.4. Detección de excesos sobre el nivel aceptable de ruidos

Cuando en un punto cualquiera dentro del perímetro de la Capital Federal las mediciones de ruido superen los límites fijados en 5.1.1.1. la autoridad de aplicación realizará estudios para establecer las fuentes de emisión causantes del nivel de ruido no admitido.

5.1.2. *De las vibraciones provenientes de fuentes fijas*

5.1.2.1. Limitaciones

El límite máximo permisible de trascendencia de vibraciones dentro del domicilio afectado no podrá exceder de 0,01 m/seg^2 de aceleración, medido en su valor eficaz.

5.1.2.2. Procedimiento de medición

La medición debe realizarse en el Punto en el cual es perceptible el efecto de la vibración o percusión.

5.1.2.3 Instrumento de medición

El instrumento de medición deberá ser vibrómetro que conste de:

- Un (1) elemento de captación
- Un (1) dispositivo de amplificación
- Un (1) indicador o registrador que provea los valores medios.
- Filtros para poder limitar la gama de frecuencia.

Tabla 1.1 Ordenanza Municipal Nº 39025

Condiciones de funcionamiento de los equipamientos

En la mayoría de los casos los equipamientos o elementos son diseñados para soportar las condiciones climáticas predominantes en el lugar donde se encuentran instalados. Los equipos deben instalarse en locales libres de substancias mecánicamente activas tales como arena, polvo, humo, etc., de modo que no se depositen sobre los elementos componentes o instrumentales, substancias que puedan ser conductoras de electricidad o abrasivas.

Cuando la instalación está expuesta a condiciones exteriores donde existan gases corrosivos, hollín, aire salitroso, emanaciones o suciedades en el aire poco usuales deben establecerse materiales y diseños adecuados de los equipamientos.

Clasificación general de las instalaciones

Las instalaciones de aire acondicionado se pueden clasificar según los siguientes criterios:

- *Por su misión*
- *Por la estación en que actúan*
- *Por su instalación*
- *Por el tipo de equipamiento*
- *Por el tipo de sistema*

Por su misión

Se puede considerar:

- *Para confort*
- *Para procesos industriales*

El propósito de los sistemas de acondicionamiento para el confort es de crear condiciones atmosféricas que conduzcan a la buena salud, el bienestar y el rendimiento. Los sistemas utilizados en el hogar, oficinas, supermercados, restaurantes, salas de fiestas, espectáculos, sanidad, educación, etc., son de este tipo.

La función de los sistemas de acondicionamiento industriales es de controlar las condiciones atmosféricas de modo que satisfaga los requisitos de ciertos procesos industriales o científicos.

Por la época del año

Se pueden mencionar los siguientes:

- *Invierno*
- *Verano*
- *Para todo el año*

Tanto las instalaciones solo de verano o de invierno, son incompletas y no constituyen un verdadero sistema de aire acondicionado. Los sistemas de *invierno* suelen basarse en el calentamiento, con filtrado y aportación de aire nuevo con la posibilidad de ventilar en verano y en épocas intermedias y generalmente se deja prevista la instalación para el montaje futuro de la parte de frío en forma sencilla, sin grandes modificaciones.

Para ello, puede recurrirse a una central de producción de agua caliente, efectuándose la circulación del agua mediante cañerías y bombas a serpentines situado en una o varias unidades de tratamiento de aire, dejando los espacios preparados para la futura central de frío. Otra forma es calentar directamente el aire en intercambiadores a gas, electricidad, etc., con la adición a estas unidades de un *sistema de humectación* y regulación de temperatura y humedad para completar la instalación.

Los sistemas de *verano* suelen basarse en la utilización de equipos individuales o compactos con el objetivo de refrigerar y deshumectar el aire, complementado con un sistema de calefacción independiente, mediante estufas, radiadores, etc. Estos equipamientos están diseñados para funcionar solo en verano y solo en invierno, y sin un adecuado control en las épocas intermedias.

Los sistemas de aire acondicionado en realidad deben ser *para todo el año*, constituyendo un conjunto integral completos y su objetivo es el mantener las condiciones requeridas en los locales a lo largo de cualquier estación, *por lo que se requiere contar con una fuente de calor y frío disponible en todo momento.*

Por su forma de instalación

Las instalaciones según su instalación pueden ser de los siguientes tipos:

- *Central*
- *Semicentral*
- *Individual*

En las instalaciones del tipo *central*, la planta de calefacción o refrigeración se ubica en un lugar del edificio, denominado *sala de máquinas*, sirviendo a todas las zonas del edificio. En las del tipo *semicentral*, se emplean equipos de calefacción o refrigeración pero de uso totalmente independiente por piso o departamento y en las *individuales*, se utilizan unidades por local como equipos auto-contenidos o estufas.

Los sistemas centrales tienen ventajas técnicas con respecto a los semicentralizados o individuales, entre las que se pueden mencionar:

- *Climatización mas uniforme del edificio*
- *Ocupan menos espacios útiles*
- *Menores redes de distribución de energía*
- *Mas económicos*
- *Mejor rendimiento térmico*
- *Mayor durabilidad*

Sin embargo, en el caso específico de instalaciones de departamentos en propiedad horizontal o edificios con oficinas individuales, el usuario con las instalaciones semicentrales o individuales tiene dos ventajas básicas en el uso que son:

- *Supedita el funcionamiento de la instalación a sus propias necesidades y usos particulares.*
- *Asegura sus propios gastos de operación y mantenimiento*

Por el tipo de equipamiento

Según los tipos de equipamientos a emplear para el ciclo de refrigeración se pueden clasificar en dos grandes grupos:

- *Sistemas de expansión directa*
- *Sistema de expansión indirecta o agua enfriada*

En los sistemas de *expansión directa,* el refrigerante enfría directamente el aire que se distribuye a los locales en los serpentines de los equipos, constituyendo la manera mas efectiva de lograr el objetivo de enfriar y deshumectar el aire, dado que se logra el intercambio directo con el refrigerante.

En los sistemas de *expansión indirecta*, se los suele denominar de *agua enfriada* porque una enfriadora de líquidos enfría un refrigerante secundario como el agua, el cual es distribuido en forma adecuada a *unidades terminales* ubicadas en los locales, denominadas *fan-coil* (ventilador–serpentín), inductores o a unidades de tratamiento de aire centrales denominadas *manejadoras de aire* o *fan-coil centrales* que son las que a su vez enfrían el aire que se circulan en los locales.

Equipos de expansión directa

Autocontenidos

Se definen los *equipos autocontenidos* a aquellos que reúnen en un solo mueble o carcaza el compresor, evaporador y todas las operaciones requeridas para el funcionamiento del aire acondicionado.

Exteriores:

- *Acondicionador de aire individual de ventana o muro.*
- *Acondicionador de cubierta o techo (Roof-Top).*

Interiores:

- *Acondicionador interior con condensador enfriado por aire incorporado (Wall Mounted).*
- *Acondicionador interior con condensador remoto enfriado por aire exterior.*
- *Acondicionador interior con condensador enfriado por agua (torre de enfriamiento).*
- *Acondicionador interior individual con enfriamiento por agua (WLHP).*

Separados *(Split)*

Con sección evaporadora individual y unidad condensadora separada, enfriada por aire:

- *Simple Split*
- *Multi Split*
- *VRV (volumen de refrigerante variable)*

Con sección evaporadora central y unidad condensadora separada, enfriada por aire

Equipos de expansión indirecta (agua enfriada)

Las unidades enfriadoras pueden ser por compresión mecánica o eventualmente por absorción.
Se pueden mencionar:

- *Fan-coil Central* (Unidad de tratamiento de aire) - *Todo aire*
- *Fan-coil Individual – Todo agua*
- *Equipos de Inducción – Agua-aire*
- *Techos fríos – Agua-aire*

Clasificación por sistemas de aire acondicionado

Se pueden clasificar de acuerdo a los fluidos de distribución del aire acondicionado en los locales en:

- *Sistemas unitarios o autónomos*
- *Sistemas todo refrigerante*
- *Sistemas todo aire*
- *Sistemas todo agua*
- *Sistemas aire agua*

Los *sistemas unitarios* o *todo refrigerante* consisten en equipos de expansión directa mientras que los *todo agua* o *aire-agua* utilizan equipos de expansión indirecta o agua enfriada y los *todo-aire* emplean equipos de expansión directa o indirecta.

Unitarios o autónomos

Estos sistemas consisten en equipos compactos autocontenidos de expansión directa colocados en ventana, pared o los mismos locales a servir, sin utilización de conductos o solo pequeños tramos de distribución, empleando rejillas o plenos de distribución de aire, tal cual se muestra en el esquema de la *figura 1.3*. Para calefacción se complementan normalmente estos equipos con bomba de calor o resistencias eléctricas y pueden ser:

- *Con equipos individuales de ventana o muro del tipo roof-top exteriores.*
- *Con equipos compactos autocontenidos interiores.*

Todo refrigerante *(split-systems)*

A los sistemas todo refrigerante se los conoce como *sistemas separados* o *split-systems* consistiendo en *unidades terminales* en el espacio acondicionado, que constan de un serpentín de expansión directa con ventilador que recircula el aire del local, que es alimentado con refrigerante transportado por cañerías desde una unidad condensadora separada ubicada en el exterior. La calefacción se realiza generalmente utilizando el mismos sistema mediante la bomba de calor y pueden consistir en:

- *Sistemas separados simples – Split*
- *Sistemas separados múltiples – Multisplit*
- *Sistemas VRV (volumen de refrigerante variable)*

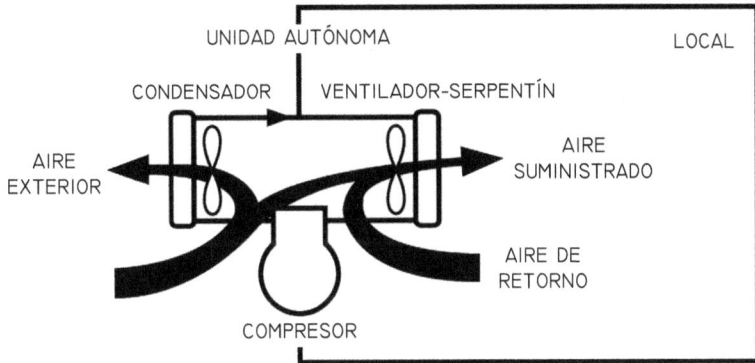

Fig. 1.3: Esquema de un sistema unitario o autónomo

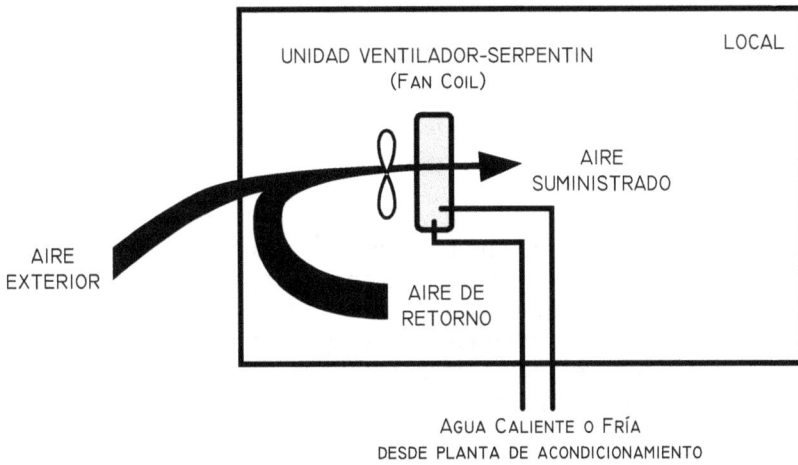

Fig. 1.4: Esquema de un sistema todo agua

Todo agua

El sistema todo agua es aquel en que en el espacio acondicionado hay unidades terminales, denominadas *fan-coil individuales*, que constan de un ventilador para circular el aire y un serpentín que se alimentan de agua fría por cañerías y bombas desde una unidad enfriadora de agua y por agua caliente desde una caldera, como se indica en el esquema de la *figura 1.4*. Pueden considerarse según la conexión de cañerías en:

- *Dos tubos*
- *Tres tubos*
- *Cuatro tubos*

Todo aire

En estos sistemas el aire se prepara en un equipo unitario o unidad de tratamiento del aire con un serpentín de expansión directa o agua fría que se ubica alejado de los espacios que se acondicionan y se utiliza solo *el aire como fluido termodinámico* que llega a los locales, distribuido mediante un sistema de conductos y que sirve tanto para refrigerar como para calefaccionar, tal cual se detalla en la *figura 1.5*.
Pueden establecerse:

- *Sistemas de volumen constante*
  - *Simple zona*
  - *Multizona*
- *Sistemas de volumen variable*

Aire-agua

Son sistemas mixtos donde los locales acondicionado están servidos por unidades terminales ubicados dentro de los locales y suministran el aire denominado *secundario* y el designado como *primario* proviene de unidades o equipos de tratamiento de aire remotos, tal cual se señala en el esquema de la *figura 1.6*. El fluido que se utiliza es agua fría o caliente proveniente de la caldera y se pueden considerar:

- *Fan-coil individual con aire primario*
- *Inducción*
- *Techos fríos con aire primario*

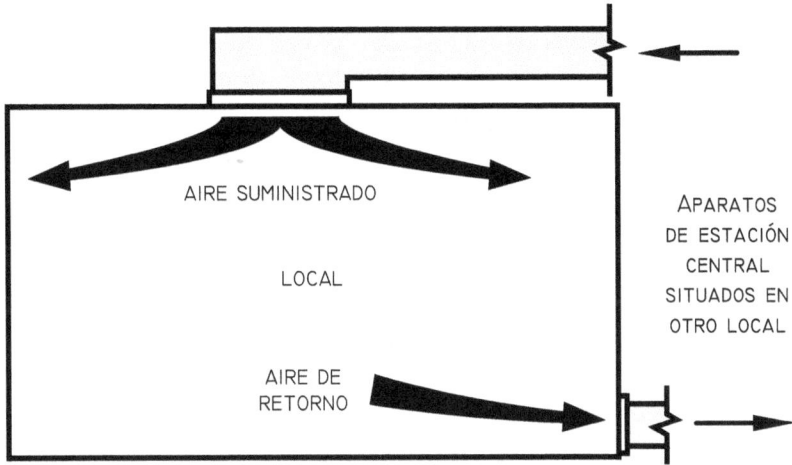

Fig. 1.5: Esquema de un sistema todo aire

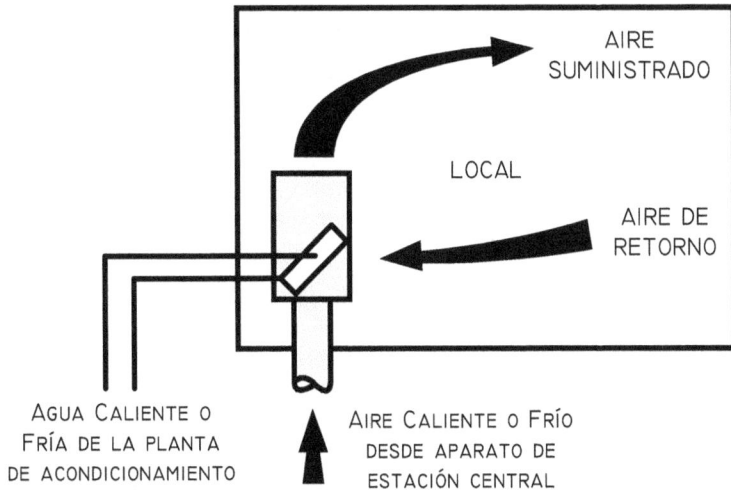

Fig. 1.6: Esquema de un sistema aire-agua

En la tabla 1.2 se resume la clasificación general de los sistemas de aire acondicionado.

Tabla 1.2 Clasificación general de sistemas de aire acondicionado

Tipo de equipamiento	Equipos	Características	Sistemas
Expansión directa	Autocontenidos exteriores enfriados por aire	Individual de ventana o muro	Unitarios
		Roof - top	Unitarios o todo aire
	Autocontenidos Interiores	Wall - Mountend enfriado por aire	Unitarios o todo aire
		Compacto central con condensación exterior separada por aire o por agua	Unitarios o todo aire
		Compacto individual con condensación exterior separada por agua – WLHP	Unitarios
	Separados con unidades condensadoras enfriadas por aire	Split - systems.	Todo refrigerante
		Multi-split	Todo refrigerante
		VRV - volumen de refrigerante variable	Todo refrigerante
Expansión Indirecta	Unidades enfriadoras de agua, enfriadas por aire o agua	Unidad de tratamiento o manejadora de aire - Air Handlers o Fan coil central. Distribución a volumen constante o volumen variable	Todo aire
		Fan-coil individual	Todo agua
		Fan coil individual con Unidades de tratamiento de aire- Air Handlers o Fan coil central para tratamiento primario	Agua aire
		Inducción	Agua-aire
		Techo frío	Agua-aire

CAPITULO 2

CONFORT TÉRMICO

Bases fisiológicas para el acondicionamiento

El mantenimiento de un clima interior que sea satisfactorio fisiológica e higiénicamente, es de vital importancia para el diseño de una instalación de aire acondicionado, destinado al confort ambiental de las personas. Para poder determinar la influencia de los factores que afectan al bienestar, es necesario estudiar las relaciones que existen entre el hombre, su actividad y el ambiente en que vive.

Se puede definir el *confort ambiental* como un estado de satisfacción del ser humano, respecto al medio en que vive, denominándose *ergonomía* a la ciencia que estudia los problemas de adaptación del hombre al ambiente. Las variables de las cuales depende esa sensación de bienestar pueden ser:

- *Individuales*
- *Ambientales*

Las *variables individuales* del confort dependen de la característica particular del ser humano y de muchos factores como ser el nivel de actividad, tipo de ropa, sexo, edad, estado de salud y para su análisis se debe considerar el intercambio de calor del cuerpo humano con el ambiente. En cambio, las v*ariables ambientales* están relacionadas con las modificaciones a producir al clima del local a acondicionar y los parámetros básicos que debe controlar un sistema de climatización, a fin de lograr el bienestar son la t*emperatura del aire y superficiales*, la *humedad relativa*, el *movimiento* y la *calidad del aire interior*.

Metabolismo

Uno de los procesos biológicos fundamentales del cuerpo humano es el *metabolismo*, mediante el cual los elementos provenientes de los alimentos, como el carbono e hidrógeno, se combinan con el oxigeno absorbido por los pulmones, para producir el calor y la energía destinada a la realización de los trabajos internos y externos que requieren energía mecánica. Estos esfuerzos físicos son voluntarios para el movimiento o involuntarios para la respiración circulación de la sangre, etc., constituyendo la porción de energía mecánica consumida de un 5 a 25% según el trabajo realizado y el resto de la energía es disipada al ambiente.

El cuerpo humano se comporta como una máquina térmica que tiende por si mismo a mantener en su interior una temperatura constante de aproximadamente 37ºC, utilizando un mecanismo de autorregulación sensitivo y complicado, combinando varios medios físicos y químicos, como la variación de la cantidad de sangre enviada a la periferia del cuerpo y la modificación de la exudación producida por el organismo. De esa manera, si bien se logra compensar la variación de la temperatura ambiente, se origina cierta incomodidad desde el punto de vista térmico y por ese motivo, las instalaciones de climatización deben proporcionar las condiciones ambientales aptas *para que el mecanismo de regulación de la temperatura del cuerpo funcione con el mínimo esfuerzo.*

Balance energético

Debido al proceso metabólico, es necesario que el cuerpo humano disipe calor al ambiente, lográndose el estado ideal cuando hay un equilibrio entre la producción de calor y la emisión, el que va a depender de diversos factores como por ejemplo, el tipo de alimentos, actividad física, vestidos, edad, etc. Según el modelo presentado por Fanger, un balance energético ideal se basa en considerar que la energía calórica disipada por el cuerpo humano debe ser igual a la generada por metabolismo, menos la energía gastada por el trabajo mecánico, para mantener constante su temperatura interna, de modo que:

$$Q = M - T$$

donde:

Q   calor disipado por el cuerpo humano (kcal/h)
M   calor metabólico (kcal/h)
T   energía calórica equivalente al trabajo mecánico (kcal/h)

Para poder analizar la cantidad de energía neta generada por el metabolismo del cuerpo humano, se define el concepto de ser humano típico standard de la siguiente manera:

- *Hombre adulto: peso 70 kg y altura 1,73m*
- *Mujer adulta: peso 60 kg y altura 1,60 m*

El hombre estándar promedio presenta un *área superficial* de aproximadamente *1,80 m²* y la mujer de *1,60 m²*. La producción de calor metabólico por parte del ser humano crece en proporción a la intensidad de la actividad que desarrolla y cuando el cuerpo se encuentra en completo reposo, se produce el mínimo metabolismo que se denomina *metabolismo basal,* que es de aproximadamente *40 kcal/hm²*.

La unidad de medida del calor metabólico es el *met* (*metabolic energy termal*) que equivale a *50 kcal/hm²* y corresponde a una persona sentada inactiva. La generación de calor suele estar comprendida entre *0,8* y *1,4 met* para las actividades normales en los espacios ocupados, pudiendo llegar hasta algo mas de *8* en el caso de actividades físicas muy pesadas. En la *tabla 2.1* se consignan algunos valores establecidos por la ASHRAE:

Tabla 2.1: Valores de metabolismo en MET
para distintas actividades de las personas

Actividad de las personas	Metabolismo en MET(50 kcal/m²h)
Durmiendo	0,8
Sentado inactivo	1
De pie	1,2
Trabajo de oficina	1,1 a 1,3
Caminando despacio – 3,2 km/h	2
Caminando normal – 4,8 km/h	2,6
Caminado rápido – 6,4 km/h	3,8
Gimnasia	3 a 4
Baile	2,4 a 4,4
Tenis	3,6 a 4,6
Lucha	7 a 8
Trabajos ligeros de taller	2 a 2,4
Trabajo pesado de taller	3,5 a 4,5

La forma de que se vale el cuerpo humano para eliminar el calor remanente es la siguiente:

- *Conducción*: a través de la piel y los vestidos del individuo.
- *Convección*: desde la periferia de la piel al aire que la circunda.
- *Radiación*: mediante la emisión de calor del cuerpo a las superficies frías del entorno del local.
- *Evaporación*: por la exudación de la piel y una pequeña parte contenida en el aire de respiración.

La disipación total del cuerpo humano al aire del local puede expresarse mediante la siguiente expresión:

$$Q = R + C + E$$

donde:

Q   Disipación total del calor del cuerpo humano (kcal/h)
R   emisión de calor por radiación (kcal/h)
C   disipación de calor por convección (kcal/h)
E   disipación de calor por evaporación (kcal/h)

La cantidad de calor emitida por radiación R y convección C, es del tipo sensible, mientras que el calor por evaporación E, se trata de una forma de calor latente o húmedo. Con temperaturas normales, el 75% de la disipación de calor del cuerpo humano es por radiación y convección y el 25% restante por evaporación de la piel y una pequeña parte por el proceso respiratorio.

Regulación del calor del cuerpo humano

La regulación de emisión de calor se efectúa por medio de un complicado proceso, cuyo objeto es mantener la temperatura del cuerpo en 37ºC, mediante un equilibrio entre la producción y la emisión de calor al ambiente. Cuando este equilibrio se rompe, el organismo humano pone en marcha en forma involuntaria mecanismos naturales de regulación, que tienden compensar esas perturbaciones, para mantener la temperatura interna constante, que se dividen en dos partes:

* *Periférico*
* *Central*

El mecanismo de *regulación periférico* efectúa el control de la circulación sanguínea cerca de la piel, mediante un centro de órdenes del cerebro, de modo que cuando desciende la temperatura del ambiente comienza a disminuir la disipación de calor del cuerpo, mediante la reducción de la circulación sanguínea y en forma inversa, si la temperatura aumenta, se incrementa la emisión mediante un mayor flujo sanguíneo.

La regulación del calor periférico es insuficiente por si solo, cubriendo cierto margen de temperatura. De modo que, la *regulación del calor central* del cuerpo aparece cuando la periférico no es suficiente, mediante el efecto de exudación en caso de altas temperaturas y tensiones musculares y escalofríos si se producen bajas temperaturas.

La regulación de la emisión de calor por evaporación, se produce por glándulas de sudor del cuerpo de alrededor de 2.000.000 que normalmente producen líquido, pero si la regulación periférica no es suficiente, se activan y si por ejemplo, durante un período de gran actividad la transpiración llega a 1 litros por hora, ello representa considerando un calor latente de evaporación de 600 kcal/kg, una disipación de 600 kcal/h. De modo que el proceso de evaporación se incrementa en función del grado de actividad y temperatura el cuerpo y si pese a la exudación no se logra compensar el calor originado, empieza a aumentar la energía interna y cuando se llega a los 43ºC las consecuencias pueden ser letales.

En el caso contrario, si la temperatura desciende y no es suficiente la regulación periférica, se reduce la circulación sanguínea y comienza a actuar la regulación central mediante el aumento de las tensiones musculares y si ello aún no es suficiente, se producen los escalofríos. Finalmente si pese a esté último mecanismo, la variación de energía interna sigue siendo negativa, el cuerpo cesa su actividad y se produce el inevitable descenso de la temperatura interna del mismo y cuando se alcanzan los 31ºC, las consecuencias pueden también ser mortales.

Vestimenta

La indumentaria del individuo juega un papel importante para el equilibrio térmico del cuerpo humano, dado que la misma tiene la función de aislar térmicamente la transmisión de calor del cuerpo al ambiente. La resistencia térmica del aislamiento de la vestimenta se expresa en la unidad *clo*, prefijo de la palabra ingresa *clotting* que significa vestido.

$$1 \ clo = 0,18 \ m^2 \ hºC/kcal$$

En general se suele tomar un valor de aislamiento global efectivo de la vestimenta de *0,5 clo* para el verano y *1 clo* para el invierno como los valores medios en el interior de los locales para conjuntos de prendas para hombres y mujeres. Por ejemplo, se considera 0,5 clo una persona con pantalones livianos, camisas de manga corta y remera y 1 clo utilizando pantalones gruesos, camisa de manga larga y suéter.

Condiciones del local

Las características del ambiente para lograr las condiciones de confort son muy importantes, si bien el cuerpo humano a causa de su mecanismo de regulación mantiene el equilibrio térmico dentro de un gran margen de variaciones. El confort térmico esta íntimamente relacionado con las condiciones del clima del local a acondicionar y los parámetros básicos que debe controlar un sistema de climatización, a fin de lograrlo son:

- *Temperatura del aire y superficiales*
- *Humedad relativa*
- *Movimiento del aire*

Los márgenes de temperatura dentro de los cuales la gente se siente cómoda dependen además, de gran parte de la ropa que usa, el grado de actividad física y el contenido de humedad de la atmósfera, pero para las personas ocupadas en actividades ligeras, los márgenes de confort son los siguientes:

- *Invierno (ropaje normal)*   1 clo: 18 - 23ºC
- *Verano (ropas livianas)*   0,5 clo: 23 - 27ºC

El hecho de que los valores sean diferentes según se trate de invierno o verano se debe, al distinto ropaje y a las modificaciones del metabolismo.

Temperaturas del aire y superficiales

La situación de las personas en el ambiente juega un rol determinante en el equilibrio calórico, dado que si bien la temperatura del aire es el parámetro mas importante para lograr las condiciones de confort, debe considerarse también la temperatura de las superficies del local que circundan al cuerpo humano, dado que afectan la disipación de su calor radiante.

Las temperaturas superficiales no deben ser demasiado bajas en invierno o altas en verano, debiendo estar en lo posible dentro del entorno de la temperatura del aire del local, con una diferencia que no supere los 5ºC y estas condiciones, generalmente se originan en locales con grandes superficies vidriadas y muros o techos con poco aislamiento térmico. Para el análisis se adopta el promedio de las temperaturas superficiales del contorno de un local, denominándose *TRM o temperatura radiante media,* pudiendo en forma simplificada calcularse con esta ecuación:

$$TRM = \frac{A_1 \cdot t_1 + A_2 \cdot t_2 + A_3 \cdot t_3 + \cdots + A_n \cdot t_n}{A_1 + A_2 + A_3 + \cdots + A_n}$$

donde:

> *t*   *temperaturas de las superficies que rodean el local, como pisos, paredes, techos, superficie de calefacción, etc. (ºC)*
>
> *A*   áreas que rodean el local (m^2).

Las temperaturas superficiales dependen del grado de aislación térmico del elemento, por ejemplo se puede hacer un análisis comparativo de las mismas para un muro de albañilería de espesor e: *30 cm* y otro de *15 cm*, según se detalla en la *figura 2.1*.

Muro de mampostería de ladrillos comunes de 0,30 m.

> *K*   coeficiente de transmitancia térmica 1,62 kcal/hm^{2}ºC (*Norma IRAM 11601*)
>
> R_{si} resistencia superficial interna: 0,14 m^{2}ºCh/kcal (*Norma IRAM 11601*)
>
> t_e temperatura aire exterior 0ºC (para las condiciones de Buenos Aires)
>
> t_i temperatura aire interior 20ºC

La cantidad de calor Q que se transmite por unidad de área vale:

$$Q = K \cdot \left(t_i - t_e\right) = 1,62 \times 20 = 32,4 \ kcal \, / \, hm^2$$

La temperatura de la cara interior del muro t_{pi} se deduce de:

$$Q = \frac{1}{R_{si}} \left(t_i - t_{pi}\right)$$

por lo que:

$$t_{pi} = t_i - \left(R_{si} \cdot Q\right) = 20 - 0,14 \times 32,4 = 20 - 4,5 = 15,5 °C$$

O sea que en este caso la diferencia entre la temperatura del aire interior de 20ºC y la superficie de la pared es de 4,5ºC menor que 5ºC, que es el límite aceptable.

Muro de mampostería de ladrillos comunes de 0,15 m.

> *K*   coeficiente de transmitancia térmica 2,30 kcal/hm^{2}ºC (*Norma IRAM 11601*)

La cantidad de calor Q que se transmite por unidad de área vale:

$$Q = K \cdot \left(t_i - t_e\right) = 2,3 \times 20 = 46 \ kcal \, / \, hm^2$$

La temperatura de la cara interior del muro t_{pi} es de:

$$t_{pi} = t_i - (R_{si} \cdot Q) = 20 - 0,14 \times 46 = 20 - 6,4 = 13,6° C$$

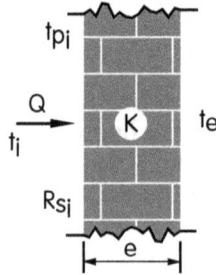

*Fig. 2.1:
Transmisión de
calor a través
de un muro de
mampostería*

O sea que el muro está mas frío que el anterior, de modo que la diferencia con el aire interior es de 6,4°C; mayor que 5°C, siendo en invierno menos confortable y en climas exteriores mas severos debe desecharse como cerramiento exterior.

Humedad

Una gran parte del calor que posee el cuerpo humano se disipa por evaporación a través de la piel, favoreciéndose con una humedad relativa del aire baja y retardándose si es alta, por lo que la misma ejerce una importante influencia en el confort y demás sensaciones físicas y en general *la humedad relativa ideal para todo el año es del 50%*. No es conveniente que la humedad relativa baje del 30% dado que pueden producirse reacciones fisiológicas perjudiciales por una sensación de resecamiento de las mucosas respiratorias, sequedad en la piel, etc. pudiéndose originarse además, descargas electrostáticas en los locales por efectos de fricción.

Las humedades relativas por encima del 70% son aún mas perjudiciales en los aspectos fisiológicos de las personas, pudiendo causar nauseas debido a la reducción de la capacidad de generar sudor del cuerpo, reacciones alérgicas y la modificación de las cualidades de muchas sustancias contenidas en el lugar como el crecimiento de microorganismos muy particularmente sobre los vestidos, muebles, etc. Además, puede provocar la condensación sobre las paredes frías, favoreciendo la formación de hongos, mohos, etc.

Así, para invierno en las instalaciones de calefacción es necesario proceder a la humectación para mantener la humedad relativa controlada, dado que la misma tiende a disminuir cuando se produce el calentamiento del aire.

En general en Buenos Aires no existen problemas dado que la humedad relativa nunca disminuye del 30%, debido a que el clima exterior es sumamente húmedo y en general hay un aporte permanente y constante de la humedad generada por las mismas personas, sin embargo, en climas muy fríos secos como los del sur de nuestro país, puede ser necesario incorporar vapor de agua al aire de los locales.

En instalaciones de refrigeración por el contrario, es imprescindible la deshumectación, dado que no son tolerable humedades relativas altas, teniendo en cuenta que hay una ganancia permanente en el ambiente por las personas y el aire exterior de ventilación mas húmedo incorporado al sistema.

Movimiento del aire

El movimiento del aire sobre el cuerpo humano incrementa la proporción de humedad y calor disipados con respecto a la que correspondería a un aire de reposo, dando lugar a variaciones en las sensaciones de calor. Por ello, y especialmente en invierno, el movimiento del aire no debe ser excesivo, admitiéndose una muy pequeña brisa alrededor del cuerpo cuando la temperatura y humedad alcanzan las condiciones ideales.

En general se estipula de *6 m/min.* en *invierno* admitiéndose hasta *12 m/min.* en *verano*, debiéndose indicar que el aire estanco no es confortable, dado que provoca una sensación de encierro.

Calidad del aire interior

La *calidad del aire interior* depende de su composición y comprende diversos elementos que pueden afectar a las personas, debido a factores como la disminución de la proporción de oxígeno contenido, así como el aumento del anhídrido carbónico por la combustión fisiológica que obligan a la introducción de aire nuevo de ventilación a fin de eliminar sus efectos y diluir olores. Además, la eliminación de polvo o partículas sólidas en suspensión es muy importante, no solo para proteger al aire de respiración, sino para eliminar suciedades en los locales y equipos de acondicionamiento.

Otro elemento que debe tenerse en cuenta es el humo, ya sea producido en el interior de la habitación o introducido desde el exterior de la misma y si en un local hay muchos fumadores se debe incrementar la proporción de aire nuevo de ventilación a introducir. Por otra parte, la misma instalación y los elementos del edificio difunden una serie de gases que pululan el ambiente, lo que se denomina *síndrome del edificio enfermo*.

Otro factor a considerar son los aparatos de calefacción que no deben eliminar el producto de la combustión en los locales, dado que los mismos contienen vapor de agua y anhídrido carbónico y eventualmente monoxido de carbono cuando la combustión no es correcta, debiéndose evitar estufas de cualquier tipo que emitan los gases de la combustión dentro de los locales.

Ecuación del bienestar

Para determinar las condiciones de confort, Fanger ha elaborado una ecuación de bienestar derivada del balance térmico del cuerpo humano que es una función de seis variables básicas:

f (*Met, clo, velocidad del aire, TRM, Temperatura aire* y la *presión de vapor del aire*).

Debido a que se trata de una ecuación compleja que constituye un modelo matemático, se requiere un programa de computadora para resolver los muchos casos prácticos que se presentan.

En las curvas indicadas en la *figura 2.2* confeccionadas con dicha ecuación, se indican las condiciones de confort para personas en invierno o verano para locales donde t_a = *TRM*, actividad sedentaria de 1 Met y vestimenta ligera para verano y media para invierno. Sobre cada diagrama están trazadas las líneas de confort para cuatro velocidades del aire, que relacionan diferentes combinaciones de humedad relativa del aire y de temperatura ambiente para obtener un óptimo confort.

Ejemplo:

En una oficina los empleados están ocupados en un trabajo sedentario M = 1 met = 50 kcal/hm^2, para una velocidad del aire de 6 m/min (0,1 m/seg) y una humedad relativa del 50% en invierno y verano, se desea saber cual es la temperatura ambiente óptima. Según el diagrama en invierno t_a = 22°C y en verano 24,5°C.

Escala de sensación térmica

El bienestar térmico que en principio se logra cuando el cuerpo mantiene su equilibrio con el mínimo esfuerzo es una percepción de satisfacción fisiológica que por su subjetividad es necesario definirla en virtud de ecuaciones empíricas determinadas mediante estudios estadísticos.

Para valorar las condiciones climáticas de un ambiente Fanger, ha elaborado un índice de ponderación de las sensaciones térmicas denominado *PMV* o *valor medio previsto (Predilected mean vote)*, que permite mediante respuestas subjetivas, ponderadas sobre gran nú-

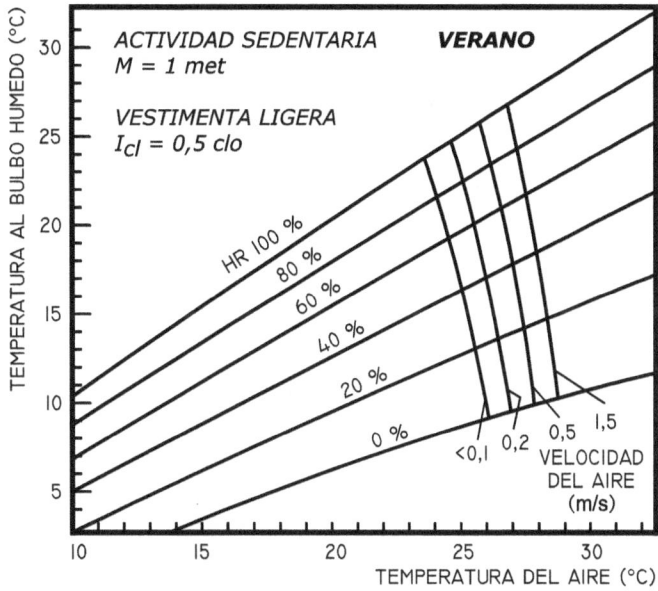

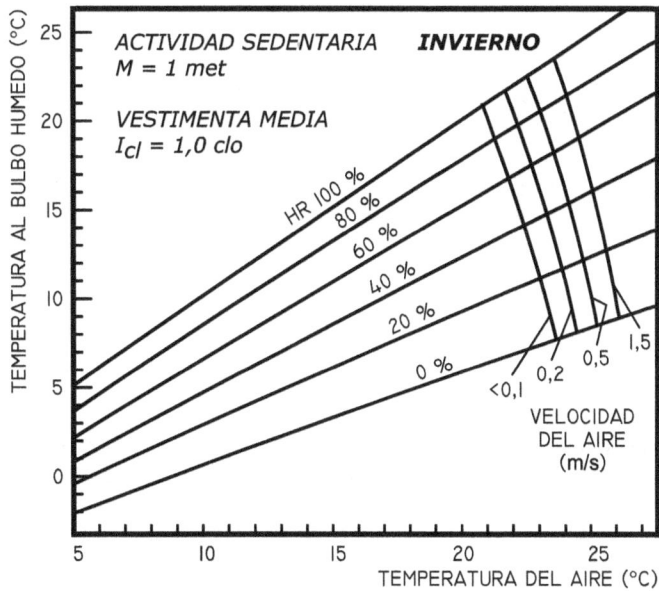

Fig. 2.2: Diagramas de confort para invierno y verano

mero de personas evaluar mediante una escala de sensaciones, el *PPD o porcentaje de personas insatisfechas (Predilect Porcentaje of Dissatisfied)*.

+ 3   *muy caliente*
+ 2   *caliente*
+ 1   *ligeramiente caliente*
  0   *confort*
− 1   *ligeramente frío*
− 2   *frío*
− 3   *muy frío*

En la *tabla 2.2* se indican los valores de PMV para 1 Met, HR 50% y temperatura del aire e igual a la temperatura de radiación media, para valores comprendidos entre −1 y +1 de la escala.

Tabla 2.2: Valores de PMV para HR 50% y t_a = TRM

Vestimenta (clo)	Temp. amb. (°C)	Velocidad del aire (m/s)			
		<0,1	0,2	0,3	0,4
0,5	23	-1,1	-1,51	-1,78	-1,99
	24	-0,72	-1,11	-1,36	-1,55
	25	-0,34	-0,71	-0,94	-1,11
	26	0,04	-0,31	-0,51	-0,66
	27	0,42	-0,09	-0,08	-0,22
	28	0,80	0,49	0,34	0,23
	29	1,17	0,90	0,77	0,68
	30	1,54	1,30	1,20	1,13
1,00	20	-0,85	-1,13	-1,29	-1,41
	21	-0,57	-0,84	-0,99	-1,11
	22	-0,30	-0,55	-0,69	-0,80
	23	-0,02	-0,27	-0,39	-0,49
	24	0,26	0,02	-0,09	-0,18
	25	0,53	0,31	0,21	0,13
	26	0,81	0,60	0,51	0,44
	27	1,08	0,89	0,81	0,75

Cabe considerar que el ambiente térmico no es juzgado en forma satisfactoria por todos los ocupantes de un ambiente, aún cuando estén vestidos de la misma manera y desarrollen la misma actividad. Sobre la base de esos valores, Fanger construyó una curva que se muestra en la *figura 2.3*, que relaciona el PMV con el PPD. Se observa que la curva es simétrica con un valor mínimo para PMV = 0 valor que corresponde a un PPD igual al 5%, que es en la práctica el mejor resultado que se puede obtener de insatisfacción de las condiciones ambientales.

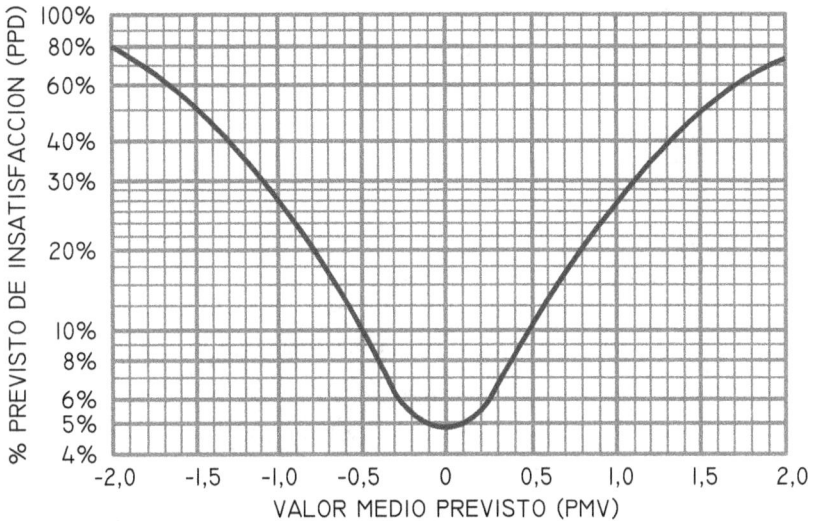

Fig. 2.3: Porcentaje de individuos insatisfechos en función del PMV

Ejemplo:

En el ejemplo anterior supóngase determinar el PPI o porcentaje de insatisfacción en invierno y verano. Según la tabla de PMV:

En *verano* para 0,5 clo y temperatura ambiente de 24,5ºC y velocidad del aire de 0,1 m/seg el PMV vale interpolando, aproximadamente: - 0,5.

En *invierno* para 1 clo y temperatura ambiente de 22ºC y velocidad del aire de 0,1 m/seg el PMV vale aproximadamente: - 0,3

Según la curva de PPI se determina:

- *Verano*: Con PMV - 0,5 el PPI o sea que el 10% de las personas sienten el ambiente levemente frío.
- *Invierno*: Con PMV - 0,3 el PPI o sea que el 7% de las personas sienten el ambiente levemente frío.

Abaco de Confort

Tomando como base los estudios de Fanger, para el diseño de

las instalaciones de aire acondicionado la norma la ASHRAE estándar 55-92 define los rangos aceptables de temperatura y humedad
para verano o invierno en el ábaco de confort que se indica en la
figura 2.4, teniendo en cuenta los parámetros de temperatura del
aire y radiante media, humedad relativa y velocidad del aire, siem-

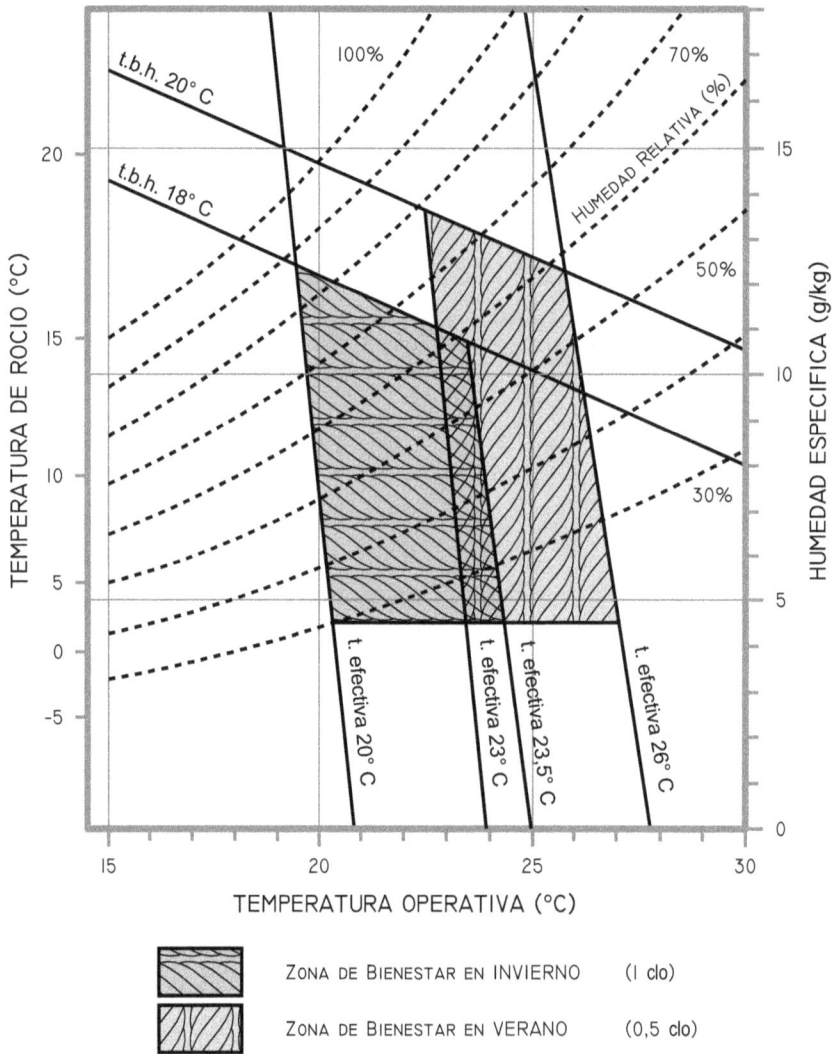

Fig. 2.4: Abaco de confort ASHRAE

pre considerando obviamente una adecuada calidad o pureza del aire interior.

Las superficies rayadas del diagrama se denominan *zonas de confort*, habiendo una para verano y otra para invierno, debido a los diferentes vestidos usados en las dos estaciones y de la aclimatación de las personas a los cambios climáticos exteriores.

Esas zonas de bienestar se define en términos de *temperatura efectiva* y está basado en actividad sedentaria, vestidos con una resistencia de 1 clo en invierno y 0,5 en verano y para aire en relativa calma de 6 m/min en la zona de permanencia. La temperatura efectiva o *índice de igual sensación térmica o confort constante* establecida en el ábaco, combina los efectos de la temperatura seca del aire, humedad relativa, velocidad del aire y la temperatura radiante media.

La zona de bienestar del gráfico esta basada en un máximo de 10% de personas insatisfechas que corresponde a un PMV de ±0,5. Los límites de humedad relativa ideal es del 50% pudiendo oscilar entre 30 y 70%, siendo conveniente limitarlas entre el 40 al 60%.

La variación de temperatura y humedad en el espacio y el tiempo debe ser tal que el valor quede siempre dentro de la zona de bienestar correspondiente del ábaco. Se observa que las temperaturas operativas que satisfacen a los ocupantes del edificio, son mayores en verano que en invierno y que la tolerancia puede estar comprendida en 1,5ºC si se elige una temperatura de diseño en el centro de la zona de confort y que existen dos zonas superpuestas en el ábaco de 23 a 23,7 de temperatura efectiva, donde las personas en verano tiene una cierta sensación de frío y en invierno de calor.

Condiciones aconsejables

Los rangos de temperaturas operativas en que teóricamente no mas que el 10% de los ocupantes se encuentran insatisfechos, desarrollando actividades livianas o sedentarias menor o igual a 1,2 Met, puede considerarse según lo indicado en la *tabla 2.3*.

Limitaciones al ábaco de confort

Aunque el ábaco de confort es muy útil para la resolución de los problemas de diseño, se lo debe utilizar con cuidado, teniendo en cuenta las siguientes consideraciones:

- *Vestimentas normales para la vida interior. Se adopta 0,5 clo en verano y 1 clo en invierno.*

Tabla 3.2: Rangos óptimos y aceptables de temperatura operativa en los locales para actividades livianas o sedentarias.

Met ≤ 1,2   50% HR   Movimiento aire ≤ 6 m/min

Estación del año	Vestimenta típica	Id (clo)	Optima temperatura operativa	Rango de temp. operativa con 10% insatisfacción
Invierno	Pantalones gruesos, camisa manga larga y suéter	1	22ºC	20,5 a 23,5°C
Verano	Pantalones livianos o cortos, camisas de manga corta o remeras	0,5	24,5°C	23 a 26°C
	Mínima Persona en short	0,05	27°C	26 a 29°C

- Ocupación en actividades livianas como lectura, trabajo de oficina, etc.
- Se ha tomado el promedio de todos los climas. En zonas de climas extremos los valores pueden diferir.
- Movimiento de aire pequeño. Si las velocidades de la zona de permanencia aumentan, se produce una disminución de la temperatura efectiva.
- No se tiene en cuenta los efectos de radiación que a menudo son muy significativos, como una pared fría en invierno o una caliente en verano.
- Las diferencias entre el aire interior y las temperaturas medias superficiales no deben ser mayores de 5ºC, tendiendo en lo posible a ser iguales.
- Los valores del ábaco se refieren a períodos de permanencia prolongados. Cuando la permanencia es breve, no deben provocarse bruscos descensos de temperaturas, admitiéndose en verano 8 a 10ºC como máximo con respecto al aire exterior.

Por otra parte, deben tenerse en cuenta las variaciones inherentes a las reacciones individuales de las personas, como el estado de la salud, edad, sexo y el grado de adaptación al medio ambiente.

CAPITULO 3

CALIDAD DEL AIRE INTERIOR

Características

Se puede decir que una persona se encuentra térmicamente confortable cuando existe un equilibrio entre la producción de calor de su cuerpo por su actividad metabólica y la eliminación del mismo al ambiente, lo que depende de las temperaturas del aire y de radiación media del entorno, humedad relativa, movimiento del aire, así como de la resistencia térmica de los vestidos.

Sin embargo, aún habiéndose alcanzado el grado de confort térmico adecuado puede presentarse disconformidad en los usuarios debido a problemas de la calidad o pureza del aire interior. El organismo humano altera la composición del aire de los ambientes en los que vive elevando el porcentaje de anhídrido carbónico y disminuyendo el del oxigeno, emitiendo olores, humo de tabaco y aumentando la concentración de bacterias patógenas.

La ventilación es el método mas empleado para mantener la calidad del aire interior, pudiéndosela definir como un proceso destinado a obtener una condición atmosférica más agradable en los locales, mediante la renovación del aire reemplazándolo con igual cantidad obtenida del exterior. De esa manera, se efectúa la *dilución* de parte del aire de los locales que retornan con contaminantes, con el aire nuevo exterior que se va incorporando al sistema en forma permanente y constante, el que luego es filtrado para su distribución.

Para analizar el concepto de *dilución* de los contaminantes, supóngase que se admite un determinado contaminante hasta un límite máximo de 50 mg/m^3 y en un ambiente se sobrepasa ese valor, por ejemplo hay 80 mg/m^3. Si se inyecta un m^3 de aire nuevo por cada m^3 de aire ambiente, la concentración baja la mitad o sea 40 mg/m^3, estando debajo del límite establecido.

En instalaciones convencionales de confort se emplean los filtros sólo para las partículas de polvo que puede contener el aire, con el fin de proteger además el mismo equipo de modo que no se ensucien las serpentinas o ventiladores. En los casos más comunes de diseño de instalaciones de aire acondicionado el ingreso de aire exterior en el sistema crea un sobrepresión en los locales acondicionados eliminándose en los mismos por las hendijas al exterior, en el supuesto que los conductos sean herméticos y si se quiere una forma mas controlada, pueden emplearse dos ventiladores uno de los cuales elimina el aire de viciado de recirculación de los locales al exterior.

Muchas veces la característica del aire interior es causa de alergias, jaquecas, problemas respiratorios, fatiga mental, etc. Estos factores de contaminación provienen de los elementos que pueda tener el mismo aire exterior destinado a la ventilación, así como las propias de la actividad humana, como olores, humo de tabaco, etc.

Además, investigaciones de la OMS Organización Mundial de la Salud han demostrado una relación entre el grado de quejas de los usuarios y el deterioro de la calidad del aire en el interior de los edificios producido por los propios componentes del mismo. A diferencia de los ambientes industriales en la que las concentraciones de gases están íntimamente ligadas a la actividad que se desarrolla, las concentraciones en los edificios comunes son ínfimas y el número de componentes enorme.

Norma ASHRAE 62/89

La Norma ASHRAE 62/89, que se refiere a las necesidades de ventilación para el mantenimiento de la Calidad del Aire Interior es la mas ampliamente utilizada en la planificación de las instalaciones de aire acondicionado en los edificios. Los requisitos exigidos pueden ser considerados como el criterio mínimo que se puede adoptar en la práctica para diseñar un sistema de ventilación, con el menor consumo energético.

Se considera que el espacio ocupado se refiere a todas las áreas habitadas o locales del edificio considerándose a la *zona ocupada* como un plano comprendido entre 7,5 cm y 1,80 m sobre el suelo y más de 60 cm de las paredes y al *aire nuevo* se lo define como el aire exterior, mientras que al de *ventilación* como la cantidad de aire nuevo que compone o forma parte del aire de suministro o impulsión a los locales, cuyo propósito es mantener la calidad del aire interior aceptable.

La Norma recomienda dos procedimientos alternativos para obtener una calidad de aire aceptable:

- *Cantidad de aire de ventilación (VR) "Ventilación Rate Procedure"*
- *Calidad del aire interior (IAQ) "Indoor Air Quality Procedure"*

Procedimiento de cantidad de aire de ventilación *(VR)*

El procedimiento mas común empleado en el diseño de aire acondicionado es el de cantidad de aire de ventilación (VR) de la Norma ASHRAE 62/89 que consiste en suministrar en el espacio un caudal específico de aire nuevo para *diluir los contaminantes en la zona ocupada*. El aire nuevo destinado a la dilución, debe ser aceptable para la ello, por lo que debe evaluarse la calidad del mismo en la zona exterior del edificio donde se capta, debiéndose asegurar que los contaminantes no excedan niveles de concentración mínimos que puedan ser perjudiciales para la salud.

Tabla 3.1 Resumen de requerimiento mínimo de aire exterior

Aplicaciones	m^3/min. persona
OFICINAS	
Espacio de oficinas	0,57
Sala de reuniones	0,57
Areas de recepción	0,43
RESIDENCIAL	
Livings y dormitorios	0,43
Espectáculos- teatros- cines	
Auditorios, estudios	0,43
Boleterías	0,57
COMIDAS	
Restaurante	1,42
Bar	0,85
Comedor, cafetería, fast food	0,57
Salas con muchos fumadores	1,71
HOTEL	
Salas de conferencias	0,57
Areas de dormir	0,43
Sala de juegos, casinos	0,85
EDUCACION	
Aulas	0,43
Laboratorios	0,57
Sala de música	0,43
Librerías	0,43
MEDICINA	
Sala de operaciones	0,57
Habitación de pacientes	0,71
Procedimientos médicos, recuperación, terapia	0,43

El método de la Norma consiste en asignar *un cierto caudal de aire nuevo exterior mínimo por persona o en algunos casos por unidad de superficie o por tipo de habitación*, en función del uso de los locales. En general, estas cantidades son determinadas asumiendo niveles de ocupación humana y generación de CO_2, calculadas para producir la dilución manteniendo una concentración inferior a las 1.000 ppm.

La *tabla 3.1* que presenta un resumen de los requerimientos mínimos de ventilación exigidos por la Norma, está orientada sólo a aplicaciones comerciales, institucionales y residenciales. En el caso de medios industriales debe analizarse los datos del fabricante sobre el nivel concentración de contaminante para determinar la cantidad de dilución requerida o analizar la extracción directa de los agentes polucionantes, empleándose generalmente el procedimiento alternativo de Calidad de Aire Interior (IAQ).

En el diseño mediante el Procedimiento de Cantidad de Ventilación (VR), se puede especificar un sistema de limpieza para el aire reciclado, pero no se debe considerar el uso del mismo para reducir el requisito del caudal de aire nuevo requerido para cada espacio. Es decir que el caudal de aire asignado a un local particular, *debe ser completamente nuevo*, no una mezcla de aire nuevo y reciclado.

Ello se debe que si no se logra limpiar adecuadamente algunos contaminantes del caudal de aire recirculado, los mismos pueden aumentar en el espacio ocupado, alcanzando niveles de concentración inaceptables y por consiguiente, debe determinarse la calidad del aire interior aceptable usando el Procedimiento alternativo de Calidad de Aire Interior (IAQ).

Procedimiento de Calidad del Aire Interior *(IAQ)*

El Procedimiento de cantidad de aire (VR) indicado precedentemente, determina los caudales de aire necesarios para diluir los bioefluentes humanos sobre la base del número de personas, consideradas como las únicas fuentes de polución. Sin embargo, en la actualidad, hay otras fuentes de polución originadas por los nuevos materiales empleados en los edificios, muchos de los cuales emiten substancias que afectan el aire interior.

El procedimiento denominado de calidad del aire interior (IAQ) es un método alternativo que consiste en limitar la concentración de todos los contaminantes conocidos de importancia a niveles aceptables específicos para el ser humano, ya sea por dilución o por medios químicos, estableciendo valores límites para los contaminantes. Las substancias contaminantes consignadas en la norma ASHRAE 62-89, son los asbetos, monóxido de carbono, folmadehídos, partículas de polvo, dióxido de nitrógeno, ozono, radón, dióxido de sulfuro, etc., definiéndose los niveles o umbrales de concentración interior máxima admisibles.

En la mayoría de los casos los contaminantes no son fáciles de ser detectados, por lo que debe recurrirse a análisis de laboratorio para establecer su grado de concentración. Sin embargo, el apéndice de la Norma, propone un *método subjetivo*, estableciendo que si el 80% de una muestra de por lo menos 20 observadores inexpertos juzgan inobjetable el aire contrastándolos con los olores de los contaminantes establecidos, la calidad del aire es aceptable.

Se especifica que se puede *usar el aire recirculado* para reducir el caudal de aire nuevo debajo de los valores establecidos para el método de Cantidad de aire de Ventilación (VR), cuando se utiliza este Procedimiento. Si el nivel de las partículas totales es demasiado alto, se recomienda el uso de filtros convenientemente seleccionados para el tamaño de las partículas y si los contaminantes ofensivos son gaseosos, se propende al uso de sistemas de limpieza del aire apropiados, como el *carbono activado*.

La filtración, es un medio de controlar las partículas contaminantes reduciendo sus concentraciones a los niveles aceptables, o quitándolos en total del flujo de aire utilizando filtros o colectores de polvo seleccionados para el tamaño de las partículas. Las partículas de 10 micrones o menos generalmente originan el mas grande de riesgo a la salud porque ellas son bastantes pequeñas y penetran en las defensas naturales del sistema respiratorio del cuerpo y lamentablemente, su tamaño microscópico las hace difíciles de quitar del sistema.

Las partículas no son los únicos contaminantes que preocupan en la recirculación del aire nuevo, dado que dentro de un edificio, las concentraciones de ciertos gases y vapores pueden ser perjudiciales a la salud del ocupante. Los contaminantes interiores gaseosos más comunes incluyen monóxido del carbono, radón, ozono, óxidos de nitrógeno y los compuestos orgánicos volátiles (VOC) y la reducción de las concentraciones mediante la filtración y control de la fuente son difíciles, porque un edificio contiene muchos VOC diferentes de orígenes innumerables, incluso los materiales de la construcción, muebles y suministros de limpieza y la manera más común de reducirlos es eliminar sus fuentes siempre que sea posible.

Se debe considerar cuidadosamente las emanaciones de contaminantes gaseosos al especificar materiales de la construcción y muebles en función de las necesidades del edificio evaluando el impacto en la ventilación y mantenimiento del edificio.

En resumen, el Procedimiento de IAQ de ASHRAE 62/89 constituye un esfuerzo por proporcionar un método alternativo para determinar la calidad del aire interior aceptable a través de la medición directa del contaminante.

Evaluación de la polución

Fanger ha establecido una ecuación que incorpora todas las fuentes de polución en un espacio, tratando de emular el olfato humano como sentido subjetivo de detección y paralelamente desarrolla un sistema de medida y control de la *calidad del aire*, entendiéndose por tal, aquel que no contiene ninguna substancia nociva en concentraciones perjudiciales y que es aceptable para mas del 80% de las personas que lo respiran. Para ello, se han tenido que definir las siguientes unidades de medida:

Olf: (del latín olfactus)

Es la polución del aire producida por un adulto medio que realiza una actividad sedentaria en un local climatizado y que mantiene una higiene personal de 0,7 duchas al día.(1 ducha cada 1,4 días)

Pol: (del latín polutio)

Es la polución de 1 olf, percibida en el aire por una persona estándar, en un local ventilado con aire limpio a razón de 1 l/seg.

$$1 \; pol = \frac{olf}{1 \; l/seg}$$

En la práctica, el submúltiplo mas utilizado es el *Decipol*, considerando una ventilación de 10 l/seg (0,6 m^3/min).

$$decipol = 0,1 \; olf = \frac{1 \; olf}{10 \; l/seg}$$

Aún no se ha conseguido un sensor capaz de medir en decipoles el malestar percibido por causa de los olores en un local. Se utilizan analizadores de dióxido de carbono (CO_2) para aquellos lugares donde el cuerpo humano es la principal fuente de polución del aire y sensores de mezcla de gases en locales con fumadores y en los que los materiales constructivos puedan constituir una fuente de contaminación. Así, sobre la base de los estudios de Fanger, la cantidad de aire de ventilación requerido para lograr un nivel de confort aceptable se calcula con la siguiente expresión:

$$C = 10 \cdot \frac{G}{C_1 - C_0} \cdot \frac{1}{\epsilon}$$

donde:

- C caudal de ventilación requerido (l/s)
- G carga de polución (olf)
- C_1 concentración percibida de calidad del aire (decipol)
- C_0 concentración percibida de productos químicos del aire de entrada (decipol)
- ϵ eficiencia de la ventilación

Carga de polución G

La carga de polución total G comprende la del edificio mas las personas. Para los edificios en el caso de oficinas, incluyendo el mobiliario, alfombrado y el mismo sistema de aire acondicionado, varía entre 0,02 y 0,95 olf/m^2 de superficie de piso, pudiéndose a-doptar para edificios actuales un valor medio de 0,05 a 0,2 olf/m^2. Para la carga de polución por personas puede considerarse:

0% fumadores	*1 olf*
20% fumadores	*2 olf*
40% fumadores	*3 olf*
100% fumadores	*6 olf*

En oficinas puede suponerse una densidad de ocupación de 1 persona cada 7 a 10 m^2.

Calidad del aire percibido C_1

Para determinan la calidad del aire percibido C_1 se establecen tres categorías dependiendo la calidad del aire deseado de consideraciones económicas y del uso dado al espacio.

Nivel o categoría	Calidad del aire percibido	
	% de personas insatisfechas	*Decipol*
A	10	0,6
B	20	1,4
C	30	2,5

Calidad del aire de entrada C_0

Se pueden adoptar los siguientes valores en decipol:

Mar o montaña: *calidad muy buena:* $C_0 = 0$

Ciudad: *calidad buena:* $C_0 = 0,1$
                    calidad mala: $C_0 = 0,5$

Eficiencia

Se puede adoptar:

Difusión del aire desde arriba mezclando el aire en el local 0,9
Difusión del aire desde abajo desplazando el aire del local 1,3

Ejemplo de aplicación

Edificio de oficinas
Aire exterior calidad muy buena: 0 decipol
Porcentaje de fumadores: 20%

G es la suma de la carga de la polución sensorial originada por el edificio y sus ocupantes y considerando que es construido con materiales standard medios en los que no hay niveles de substancias químicas peligrosas para la salud se considera de 0,10 olf/m². Los ocupantes con un 20% de fumadores contribuyen por término medio con 2 olf cada uno y como la densidad de población se supone de 1 personas por cada 10 m², ello equivale a 0,2 olf/m²
De modo que:

Materiales del edificio	0,10 olf/m²
Personas	0,20 olf/m²
Total:	0,30 olf/m²

La ventilación por mezcla equivale a una eficiencia = 0,9

Cálculos:

Categoría A (10% PPI y 0,6 decipol)

$$C = 10 \cdot \frac{G}{C_1 - C_0} \cdot \frac{1}{\epsilon} = 10 \cdot \frac{0,3}{0,6 - 0} \cdot \frac{1}{0,9} = 5,55 \ l/sm^2$$

Considerando 10 m² por persona, equivale a *55,5 l/s* persona (3,33 m³/minpers).

Categoría B (20% PPI y 1,4 decipol)

$$C = 10 \cdot \frac{G}{C_1 - C_0} \cdot \frac{1}{\epsilon} = 10 \cdot \frac{0,3}{1,4-0} \cdot \frac{1}{0,9} = 2,38 \ l/sm^2$$

Equivale a *23,8 l/s* persona (1,43 m³/minpers)

Categoría C (30% PPI y 2,5 decipol)

$$C = 10 \cdot \frac{G}{C_1 - C_0} \cdot \frac{1}{\epsilon} = 10 \cdot \frac{0,3}{2,5-0} \cdot \frac{1}{0,9} = 1,33 \ l/sm^2$$

Equivale a *13,3 l/s* persona (0,80 m³/minpers)

Comparación con la norma ASHRAE 62/89

Los caudales de aire exterior son bastante elevados y superan el valor mínimo de 0,57 m³/minpers para el caso de oficinas según el Procedimiento de cantidad de aire ventilación (VR) de la norma ASHRAE (ver Tabla 3.1).

Se tendrían los valores de la norma si se tomaran materiales tradicionales de muy baja emisión 0,02 olf/m² y en caso de no fumadores 1 olf por persona y puesto que la densidad de población se supuso de 1 personas por cada 10 m² ello equivale a 0,1 olf/m² De modo que:

Materiales del edificio	0,02 olf/m²
Personas	0,10 olf/m²
Total:	0,12 olf/m²

Cálculos:

Considerando *Categoría B* con el 20% de insatisfacción.

$$C = 10 \cdot \frac{G}{C_1 - C_0} \cdot \frac{1}{\epsilon} = 10 \cdot \frac{0,12}{1,4-0} \cdot \frac{1}{0,9} = 0,95 \ l/sm^2$$

Equivale a *9,5 l/s* persona (0,57 m³/minpers)

Por lo tanto, solo en estos casos en que no se consideran personas fumando y materiales sin prácticamente emisión son coincidentes ambos criterios.

Solución al problema de la contaminación interior

La contaminación interior en un grave problema en los nuevos edificios y por supuesto en los existentes siendo imprescindible actuar lo mas enérgicamente posible, pero aumentar los caudales de ventilación representa un mayor consumo energético y costo operativo. Por ello, la forma de actuar consiste en reducir las fuentes de contaminación, antes que incrementar en forma excesiva los caudales de ventilación, mediante acciones como por ejemplo:

- *No permitir fumar en lugares cerrados*
- *Reducir el empleo de revestimientos de fibras artificiales*
- *Disminuir al mínimo el empleo de barnices, materiales aislantes y productos contaminantes.*
- *Diseñar los sistemas de climatización para permitir la realización de limpiezas periódicas de conductos, fan-coil, unidades terminales, equipos autocontenidos, plenun, baterías, humectadores, etc.*
- *Vigilar permanentemente la eficacia y limpieza de los filtros*
- *Ubicar las tomas de aire exterior en lugares donde no exista la posibilidad de contaminación con otras fuentes (garajes, cocinas, baños)*

En resumen, el proyecto debe estar realizado para facilitar la limpieza de todos los elementos de la instalación y hay que capacitar al usuario para que la efectúe periódicamente.

Síndrome del Edificio Enfermo

El *Síndrome del Edificio Enfermo* (SBS) fue reconocido como enfermedad por la Organización Mundial de la Salud (OMS) en 1982, comprendiendo los edificios en los que un porcentaje de mas del 20% de personas experimentan efectos agudos sobre la salud y el bienestar. Se ha demostrado mediante estudios realizados, que cuando las personas permanecen gran cantidad de tiempo en el interior de los edificios y especialmente en oficinas o lugares de trabajo, pueden ser afectadas en su salud debido a que los niveles de polución pueden llegar a ser elevados.

El malestar físico, la irritación o la sequedad de los ojos, la nariz y la garganta, tos, nauseas y problemas respiratorios así como fatiga mental, alteraciones de memoria, somnolencia, apatía, mareos o el estrés son algunos de los problemas de salud en las personas afectadas por el *Síndrome del Edificio Enfermo*, tipificado por los estudios realizados por la Organización Mundial de la Salud (OMS).

Se ha demostrado fehacientemente que los síntomas desaparecen o disminuyen de forma significativa cuando las personas salen del espacio afectado. Una característica de estas molestias es que se acentúan durante los días hábiles y que mejoran ostensiblemente durante el descanso del fin de semana.

El uso en los edificios de nuevos materiales en lugar de los empleados tradicionalmente en estructuras, revestimientos, aislaciones, muebles, instalaciones eléctricas, iluminación, etc. sin tener en cuenta las emanaciones producidas, unido a otros factores, contribuyen a enrarecer el ambiente interior. Se considera que este fenómeno tuvo su origen en los esfuerzos por ahorrar la energía, derivados de la tecnología usada a partir de la década del 70, que tiende a la reducción del consumo energético recurriendo al empleo de nuevos aislantes térmicos y efectuado el cerramiento hermético de ventanas y puertas para disminuir la infiltración natural del aire exterior, sin contemplar una adecuada ventilación de los locales.

Tabla 3.2: Substancias contaminantes típicas del aire

Aire exterior

Biosfera	Polen
Calefacción	Productos de la combustión, dióxido de azufre, anhídrido carbónico, etc.
Vehículos de motor	Anhídrido y monóxido de carbono, hidrocarbonos
Comercio e industria	Dióxido de azufre, partículas en suspensión, óxido de nitrógeno

Fuentes humanas

Metabolismo	Anhídrido carbónico, olores corporales, vapor de agua
Actividades humanas	Humo de tabaco, partículas en suspensión, agentes de limpieza, aerosoles
Cocinas	Anhídrido y monóxido de carbono, óxido de nitrógeno, partículas en suspensión, olores de comida

Materiales de construcción y mobiliario

Aglomerados, papel, pinturas.	Aldehídos y fomaldehídos, Disolventes, adhesivos de alfombras
Materiales aislantes	Compuestos orgánicos, aldehídos, asbesto
Humidificadores	Microorganismos, esporas de hongos y bacterias
Cubiertas edificios	Radón, asbesto
Planta baja	Radón

Se resumen y detallan algunos de los contaminantes típicos en la *tabla 3.2.*

La contaminación del aire de interior proviene de una serie de diferentes fuentes de polución y virtualmente todo el entorno interior emite partículas y/o gases. Los suministros comunes de equipos de oficinas han sido descubiertos como emisores potenciales de niveles peligrosos de sustancias químicas.

Muchos de los materiales utilizados actualmente tanto en la construcción como el mobiliario y la decoración, producen emanaciones que lentamente van incorporándose al aire ambiente interior, como los barnices, tinturas, pinturas, pegamentos, etc. Las ropas, tapicerías, alfombras, cortinas y otros tejidos aportan al aire del interior del local diversas fibras y otros contaminantes.

El *humo del tabaco*, que es quizá el que más motiva las protestas de las personas, por ser visible a simple vista y percibirse su olor, produce molestias, irritaciones y malestares. Inclusive, los *desodorantes ambientales* como el ozono, utilizados frecuentemente para proporcionar una falsa sensación de aireación y pureza del aire en los locales, producen el encubrimiento o enmascaramiento de olores desagradables y substancias contaminantes.

El aislamiento de las viviendas es una característica en la construcción actual y el confort y el ahorro de energía se han convertido en premisas importantes para los moradores, pero algunos de los materiales empleados pueden plantear, problemas de salud. Las placas de poliestireno, pueden considerarse un buen aislante, pero si arden desprenden vapores tóxicos.

Los aislantes minerales como el *asbesto* por sus características de flexibilidad, incombustibilidad y aislamiento térmico y eléctrico desde la década de los 50 se ha utilizado ampliamente en numerosos elementos de la construcción como el fibrocemento, cielorrasos suspendidos, pisos vinílicos, etc. Son fibras minerales que con el desgaste se dispersan en el ambiente y que como tienen menos de tres micrones de diámetro, como pequeñas agujas penetran directamente en el aparato respiratorio, provocando lesiones que comprenden derrames, fibrosis pulmonar, cáncer de pulmón y pleura.

Ello ha obligado a la sustitución progresiva de estas fibras por otros materiales alternativos y son ya varios los países que poseen una normativa con el fin de proteger la salud de la población. La Organización Internacional del Trabajo (OIT), en su convenio de junio de 1986, ha establecido su utilización en condiciones de seguridad, obligando a todo centro de trabajo en donde exista exposición a no superar unas concentraciones máximas de fibras de asbesto por milímetros cúbicos y a establecer medidas de control, con exámenes periódicos de toda la planta de trabajadores.

El *formaldehído* de carácter irritante muy volátil y presente en el papel, pinturas, productos de limpieza, cementos de contacto, colas y maderas de aglomerado, puede provocar en quienes pasan horas en los edificios, cefaleas y náuseas.

El *polvo* es el principal agente transportador de sustancias alérgicas, compuesto de una gran variedad de elementos orgánicos e inorgánicos, que incluyen fibras, esporas, granos de polen, mohos, insectos y ácaros. Se estima que aproximadamente un 40 a 80% de los asmáticos están sensibilizados a alguno de estos compuestos y los síntomas que produce van desde una pequeña irritación a problemas respiratorios graves, que pueden derivar incluso en patologías crónicas.

Los procesos de limpieza tales como barrer y pasar la aspiradora normalmente eliminan las partículas más grandes de suciedad, pero con frecuencia aumentan las concentraciones de partículas pequeñas de polvo en el aire. Los *ácaros* son unos arácnidos diminutos que pueden encontrarse en el polvo que se almacena en los edificios se concentra principalmente en los suelos, sobre todo en sofás, sillones, y también en los tapizados y se alimentan de los tejidos humanos, como la piel, las uñas y el pelo.

Los agentes alérgicos de los ácaros están presentes en su propio cuerpo, en sus secreciones y básicamente en sus deyecciones. Las heces, de escaso peso, se mantienen flotando en el aire, se depositan en las vías respiratorias de las personas, y pueden causar una reacción de hipersensibilidad a la que son proclives quienes sufren problemas respiratorios. Estos pequeños microorganismos se desarrollan con facilidad, pero alcanzan sus óptimas condiciones con temperaturas entre 22 y 26º C y humedades por encima del 50%.

Anteriormente, cuando las construcciones eran abiertas, en general no había problemas dado que se eliminaba con el aire en forma natural por las aberturas del edificio, pero en las construcciones herméticas aparece el *gas radón*, que es un gas natural de la tierra que es radiactivo que en su desintegración desprende metales pesados como el plomo o bismuto que penetran en los epitelios por los poros y es cancerígeno. Por otra parte, la cocina, el gas y los quemadores de combustible, generan también un gran número de partículas en suspensión y gases que afectan a las personas.

Los *campos magnéticos* generados por electrodomésticos pueden tener una acción desequilibradora en el organismo. Los televisores, radios, computadoras, teléfonos, aparatos en la cocina y el baño, las fotocopiadoras, el fax, las líneas de alta tensión y muchos otros accesorios, crean campos electromagnéticos a los que se está expuesto si no hay una distancia adecuada de separación.

La *iluminación artificial* es otro de los factores que deben ser tenidos en cuenta, no sólo por su intensidad, que debería oscilar entre los 300 y los 1000 lux, ya que si su valor es menor produce fatiga visual y dolor de cabeza y el *nivel de ruido* en las oficinas modernas es otro factor de contaminación, ya sea de los aparatos de acondicionamiento en el interior como los ruidos provenientes del exterior del edificio.

Otros tipos de contaminantes de los ambientes interiores son los que se encuentran frecuentemente en los sistemas de acondicionamiento de aire, los cuales constituyen lugares cerrados y resguardados, de difícil acceso para su limpieza frecuente y en los cuales existen condiciones de humedad y temperatura que facilitan su proliferación. Además, estos sistemas constituyen también un medio de distribución de los microorganismos, tanto los que se incuban en sus conductos, como de los que puedan distribuirse de un local hacia todas las diferentes zonas de un edificio.

Los contaminantes de los conductos de aire pueden clasificarse desde el polvo común hasta roedores, hojas, bacterias, hongos y mohos que son un caldo de cultivo perfecto para la reproducción de contaminantes biológicos, debido a sus espacios cerrados, temperatura constante, humedad y suciedad como nutrientes.

Probablemente el ejemplo más trágico y que más público se ha hecho sobre las situaciones extremas de polución del aire interior es la epidemia de 1977, en el Hotel Bellevue-Strafford, de Filadelfia, durante la celebración de una convención de la Legión Americana, donde un brote de una misteriosa enfermedad infecciosa afectó a 182 individuos, de los cuales 12 fallecieron. Más tarde logró aislarse el germen culpable, que fue bautizado por tal motivo con el nombre de *legionella*, que fue difundido por la red de conductos de aire acondicionado y que se desarrolla en humectadores, bateas de recolección de agua de condensado y torres de enfriamiento.

Ha sido demostrado en numerosos estudios realizados, que la existencia de acumulación de contaminantes en un edificio, en la mayoría de los casos es un síntoma causado por la ventilación deficiente del aire distribuido por el sistema de aire acondicionado.

Una calidad pobre del aire de interior puede mejorarse substancialmente aumentando el porcentaje de ventilación de modo de diluir los contaminantes.

AIRE ACONDICIONADO
En los conductos interiores puede desarrollarse la bacteria Legionella, a causa del exceso de humedad.

En contacto con el ser humano, la bacteria puede producir desde neumonitis infecciosa hasta la muerte. No debe existir ninguna

MALA VENTILACION
No ventilar los ambientes produce dióxido de carbono.

Puede causar efectos depresores sobre el sistema nervioso central.

HUMO DE CIGARRILLO
Las concentraciones más altas de nicotina se dan en los ambientes mal ventilados.

Aumenta el riesgo en las enfermedades coronarias.
Posibles efectos cancerígenos.
También afecta a los fumadores pasivos

MUEBLES, ALFOMBRAS
El pegamento, los barnices y pinturas pueden liberar en el aire compuestos volátiles orgánicos.

Produce irritaciones en la vista, mareos y dificultades en la respiración. Se aconseja no superar 0,03 parte por millón.

ACUMULACION DE PAPEL
Libera formaldehído, el más peligroso de los compuestos volátiles orgánicos.

Si supera 1 miligaus puede producir liberación de radicales libres, una alteración de oxidación en el colesterol LDL que promueve arterioesclerosis y envejecimiento

COMPUTADORAS
Algunas computadoras que no funcionan correctamente producen excesiva radiación electromagnética

BAÑOS
Concentraciones bacterianas.
Para no favorecer su formación se recomienda no superar el 75% de humedad ambiente.

Los daños en la salud dependen del tipo de bacteria u hongo.

En la actualidad los edificios de oficinas se conciben con criterios herméticos, con paredes y ventanas selladas.

Muchos tienen deficiente ventilación

Además de los contaminantes internos, también están los del exterior.

Monóxido de carbono
Producido por los autos de la calle y de los estacionamientos tiene incidencia en los pisos inferiores

Ruido
Si no está bien aislado

Radón

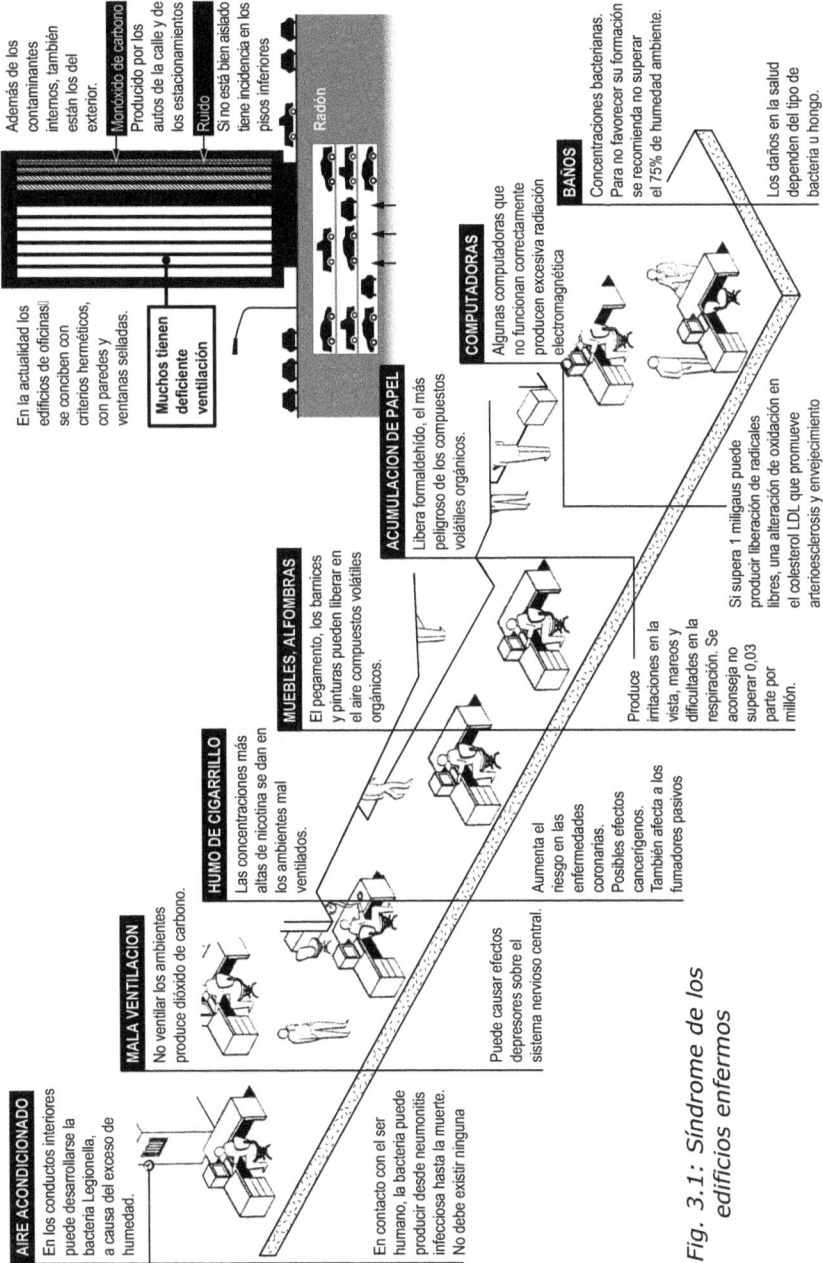

Fig. 3.1: Síndrome de los edificios enfermos

El buen diseño de los elementos de filtrado y su mantenimiento es fundamental para evitar el ingreso de partículas e impurezas, así como la adecuada ubicación de las tomas de aire exterior, de modo de que no absorban los de gases de escape de automóviles, humos de cocinas, productos de la combustión, sanitarios, etc.

Para resolver esos problemas, además de una adecuada ventilación es necesario un buen mantenimiento, no sólo de limpieza de los conductos de aire acondicionado, sino también por la higienización permanente de los locales, pisos, alfombras, etc., verdaderos caldos de cultivo de bacterias, hongos y ácaros. Es importante evitar las decoraciones hechas con materiales que acumulen polvo y que se necesiten limpiar con frecuencia con la aspiradora.

También, pueden realizarse algunas acciones simples como controlar que los elementos y mobiliarios que se introducen en los ambientes cerrados no emitan gases nocivos o utilizar plantas anti-polucionantes como el *potus* que se alimenta con los contaminantes del ambiente.

A pesar de esta alarmante descripción lamentablemente no hay una clara evidencia de adopción de tecnologías y diseños tendientes a mejorar la calidad del aire interior. El ingreso de un adecuado caudal de aire nuevo que posteriormente debe calentarse o enfriarse según la estación, supone un gasto energético que muchas empresas escatiman y como consecuencia de ello, se produce la consecuente acumulación de los elementos polucionantes, polvo y microorganismos mencionados precedentemente.

Sin embargo, mejorar las condiciones del hábitat y reducir los posibles efectos del síndrome del edificio enfermo constituye un desafío que debe adoptarse indefectiblemente, dado que está en juego la salud de la población. Por otra parte, los beneficios económicos de la resolución de los problemas de la calidad del aire interior en el caso de los locales laborables pueden ser significativos, reduciendo el ausentismo de los trabajadores, aumentando el confort e incrementando la productividad.

En la *figura 3.1* se resume en forma esquemática los defectos de los ambientes modernos y sus consecuencias, lo que constituye el síndrome de los edificios enfermos.

CAPITULO 4

PREMISAS BÁSICAS DEL PROYECTO

Conceptos básicos

Para definir en los proyectos la aplicación de los diversos sistemas de aire acondicionado deben tenerse en cuenta las siguientes condiciones básicas de operación y diseño:

- *Funcionamiento a cargas parciales*
- *Zonificación*

Funcionamiento a cargas parciales

Todos los sistemas destinados a las instalaciones de aire acondicionado deben ser dimensionados para que satisfagan las *cargas máximas*, tanto en verano como en invierno, pero deben poder mantener en el ambiente las condiciones psicrométricas determinadas en el proyecto, para las distintas variables que puedan tener lugar a lo largo del año, denominadas *cargas parciales*.

La capacidad de adaptación de la instalación a las diversas exigencias del ambiente es de gran importancia y obliga a adoptar para cada caso un sistema especifico de aire acondicionado. Conseguir que las capacidades frigoríficas suministradas en cada momento por los equipos componentes de la instalación sean idénticas a las necesidades instantáneas de los locales a acondicionar, es el aspecto básico y primordial del diseño, lo que lleva en muchos casos a la necesidad de considerar en el proyecto *el desdoblamiento de los equipos* para satisfacer con uno de ellos, las pequeñas cargas parciales.

Muchas veces la carga de calor sensible disminuye, por ejemplo, debido a la diferente radiación solar, mientras que el calor latente del ambiente permanece constante e igual al máximo considerado por lo que, la instalación de acondicionamiento debe poder adaptarse a esas variaciones, para mantener los ambientes permanentemente a los valores prefijados de temperatura y humedad relativa, que se denominan *puntos de consigna* o *set-point*.

La ecuación básica que establece la cantidad de calor sensible que debe extraerse en todo momento del aire de los espacios acondicionados, está relacionada con la cantidad de aire circulante, su calor específico y el salto térmico, de acuerdo a la siguiente ecuación:

$$Q_{si} = C_e \cdot G \cdot (t_A - t_I)$$

donde:

Q_{si} calor sensible a extraer del interior de los locales (kcal/h)
C_e calor específico del aire: 0,24 kcal/h kg °C
G gasto horario o cantidad de aire circulante por hora (kg/h)
t_A temperatura de diseño del ambiente o de retorno de los locales (°C)
t_I temperatura del aire de impulsión a los locales (°C)

En general se trabaja con caudal en lugar de gasto horario

$$G_h = C_h \cdot \varphi$$

en la que:

C_h caudal horario o volumen de aire circulante por hora (m³/h)
φ peso específico (kg/m³). Se adopta para aire normal a 15°C = 1,2 kg/m³

De modo que, si se considera el caudal C en m³/min en lugar de C_h m³/h se tiene:

$$Q_{si} = 0,24 \times 1,2 \times 60 \ C \ (t_A - t_I)$$

Adoptándose entonces en la práctica, la fórmula:

$$Q_{si} = 17 \ C \ (t_A - t_I)$$

donde el valor 17 puede considerarse como constante para los cálculos prácticos.

Toda vez que la temperatura del aire del ambiente (t_A) debe permanecer constante, se deduce de esta fórmula que si se quiere regular la cantidad de calor sensible a extraer para el funcionamiento en cargas parciales, se tiene dos posibilidades de variables a modificar:

- *Temperatura de impulsión (t_I)*
- *Caudal circulante (C)*

Por ello, existen dos tipos de sistemas básicos de distribución de los caudales de aire en función de este tipo de regulación, como se indican en los esquemas de las *figuras 4.1 y 4.2:*

- *Sistemas de caudal o volumen constante y temperatura variable*
- *Sistemas de caudal o volumen variable y temperatura constante*

Los sistemas de *volumen constante* constituyen la mayoría de las instalaciones realizadas, diseñándose para mantener el caudal circulatorio contante y se varía la temperatura de impulsión tI a los locales. De esa manera, en los sistemas de volumen constante un termostato en el local o en el retorno actúa sobre el mecanismo de regulación del equipo acondicionador o la unidad de tratamiento de aire, a fin de variar la temperatura de impulsión de aire, para suministrar en cada instante, la cantidad de calor sensible requerida.

Los sistemas de *volumen variable* basan su regulación modificando el caudal circulante y manteniendo la temperatura de impulsión contante, utilizando un accesorio denominado *persiana, compuerta o caja de regulación* que varia el caudal de aire impulsado de acuerdo a lo requerido por el termostato de ambiente.

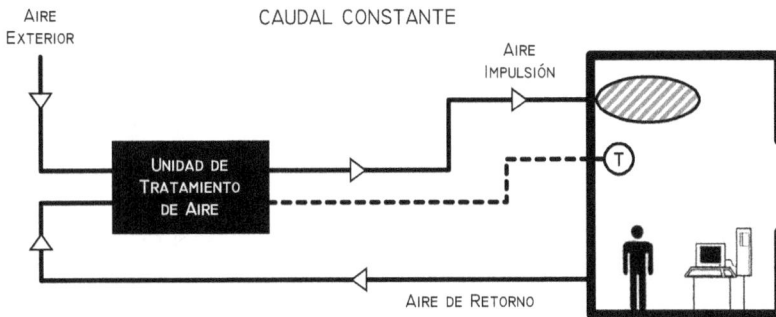

Fig. 4.1: Sistemas de volumen constante y temperatura variable

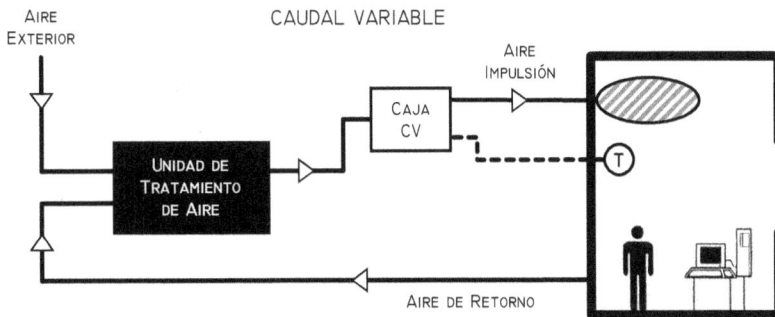

Fig. 4.2: Sistemas de volumen variable y temperatura constante

Sistemas de volumen constante y temperatura variable

En las instalaciones de acondicionamiento para confort y en lo que se refiere al ciclo de verano, los métodos mas empleados *para lograr el objetivo de regulación de la temperatura de impulsión* a los ambientes o zona climatizada del edificio son:

- *Regulación todo-nada.*
- *By-pass del aire*
- *Reducción del caudal de agua*
- *Recalentamiento del aire*

Regulación todo o nada

Este tipo de regulación todo o nada es el mas elemental y típico en los equipos con serpentines de expansión directa, consistiendo básicamente en un termostato de ambiente o situado en el conducto de retorno que *para y arranca periódicamente el equipo frigorífico*, manteniendo en funcionamiento permanente el sistema de circulación de aire, como se indica en la *figura 4*.3. La instalación alterna los períodos de marcha en los que suministra el máximo de potencia con los de parada del compresor en los que no tiene lugar ningún proceso de enfriamiento y deshumidificación.

Durante los períodos de parada, el aire exterior que penetra en el sistema no es deshumidificado así como el aire de retorno y la condensación que se forma sobre la batería se vuelve a evaporar, por lo que se produce siempre una *elevación de la humedad relativa ambiente*. Por ello, solo es aceptable este sistema de regulación en locales con factores de calor sensible elevados, pocas personas y moderados porcentajes de aire exterior.

Regulación mediante by-pass del aire

Se utiliza una persiana de regulación para reducir el caudal de aire que atraviesa por la batería en caso de cargas parciales y con eso ajustar la temperatura del aire de impulsión. El aire de by-pass que no atraviesa el serpentín puede ser:

- *Solamente aire de retorno (persiana de by-pass en el serpentín)*
- *Aire de mezcla (retorno y aire nuevo)*

De las dos soluciones es mejor el by-pass de solamente el aire de retorno, como se observa en la *figura 4.4*, de modo que siempre la totalidad del aire exterior pase por la batería de refrigeración y

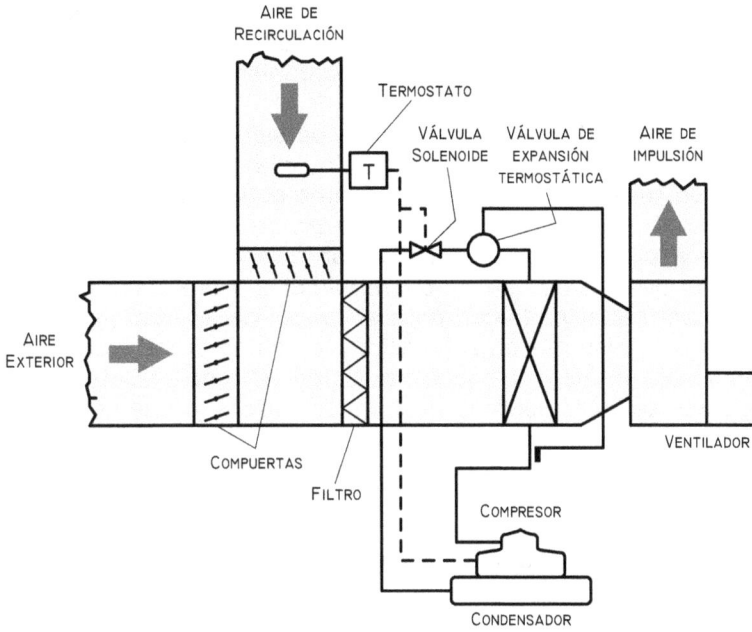

Fig. 4.3: Instalación de expansión directa con regulación todo-nada

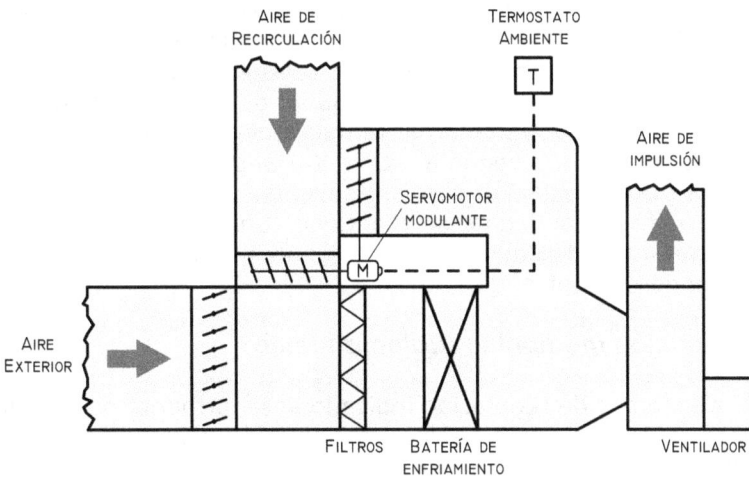

Fig. 4.4: Instalación con by-pass para acondicionamiento

sea adecuadamente deshumidificado. Debe aclarase que no es conveniente efectuar el by-pass solamente del aire exterior porque se estaría ingresando directamente en el ambiente aire con una humedad específica muy elevada.

En los casos de carga máxima, la persiana de by-pass debe estar completamente cerrada. Al disminuir la carga sensible del ambiente un termostato ya sea en el ambiente o en contacto con el aire de retorno, provoca la apertura progresiva de la persiana de by-pass accionada por un servomotor y de esa manera, *se reduce el caudal de aire enfriado y deshumidificado que pasa por el serpentín*, permaneciendo contante el caudal de aire del ventilador.

Con este sistema de regulación, la temperatura efectiva de la batería baja al disminuir la cantidad del aire que la atraviesa, de modo que se incrementa la deshumidificación, lo que es beneficioso porque tiende a reducir la humedad relativa del ambiente en cargas parciales, si bien no permite realizar un control estricto de la misma.

Regulación del caudal de agua enfriada

En los sistemas de expansión indirecta con unidades enfriadoras de agua, se puede regular el caudal de agua generalmente mediante una válvula de tres vías modulante en función de un termostato en el conducto de retorno, de manera de ajustar la temperatura de impulsión en condiciones de carga parcial, tal cual se muestra en la *figura 4.5*. Se puede sustituir la válvula de tres vías, por una de dos vías, generalmente con una bomba de caudal variable.

Con este tipo de regulación el caudal de aire que atraviesa la batería es constante variando la temperatura efectiva de la superficie de la misma, tendiendo a *aumentar al disminuir la carga,* por lo que la deshumectación va disminuyendo paralelamente y si la carga latente del ambiente se mantiene constante en cargas parciales, la humedad relativa de los ambientes tiende a aumentar, no permitiendo un control de la misma.

Regulación mediante recalentamiento

Los sistemas de regulación indicado anteriormente no permiten realizar un control eficaz de la humedad relativa ambiente en condiciones de carga parcial Si se quiere mantener una humedad relativa controlada en el funcionamiento a cargas parciales generalmente en usos específicos como centros de cómputos, laboratorios

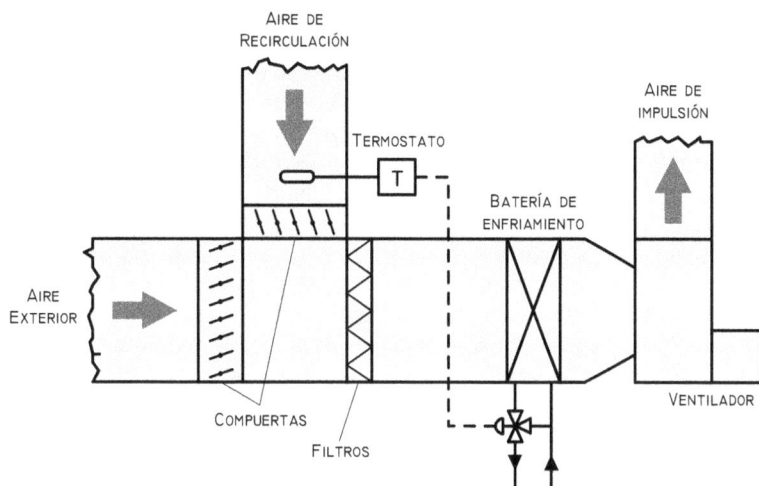

Fig. 4.5: Instalación con válvula de tres vías

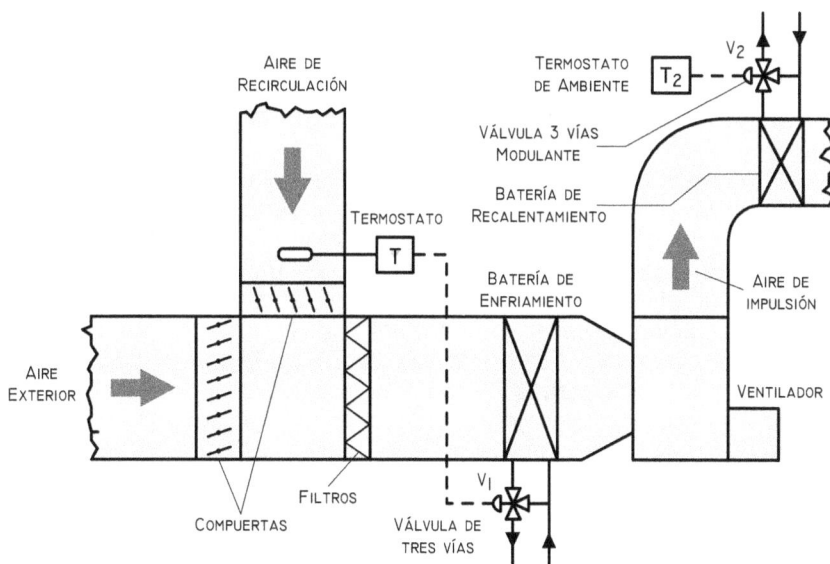

Fig. 4.6: Instalación con batería de recalentamiento

o aplicaciones industriales, se puede utilizar el método de recalentamiento.

En este procedimiento, el caudal del aire ambiente es enfriado y deshumidificado como para las condiciones previstas en el diseño de la instalación o sea a máxima carga, y se emplea una batería de recalentamiento por agua caliente o normalmente una resistencia eléctrica, comandada por un sensor de temperatura en el local o grupos de locales servidos, para regular los casos de funcionamiento en cargas parciales, como se detalla en la *figura 4.6.*

De esa manera, el proceso es escalonado, consiste primero en el enfriamiento y deshumectación del aire de la mezcla hasta la condición de impulsión con una batería de refrigeración y segundo en un calentamiento sensible del aire hasta la nueva temperatura de impulsión que requiere el local en cargas parciales. Por lo tanto, si bien el sistema de regulación es adecuado técnicamente es antieconómico desde el punto de vista de gasto energético, dado que es necesario enfriar y deshumidificar el aire en todo momento para satisfacer las cargas máximas, agregando calor sensible de recalentamiento que supone un gasto energético suplementario.

Por tal motivo, este sistema se usa solamente cuando es estrictamente imprescindible regular las condiciones de humedad del local y en casos de cargas latentes lo mas constante posible, como puede ser un centro de cómputos.

Sistemas de volumen variable y temperatura constante

Este sistema la regulación, se basa en disminuir el caudal de aire enviado al ambiente en función de la reducción de las cargas, utilizando un sistema de persianas o cajas reguladoras de caudal. En la *figura 4.7* se muestra un esquema de un sistema de volumen variable empleando un ventilador de *caudal constante* con by-pass de recirculación, pero puede emplearse directamente un ventilador de *caudal variable* mediante la regulación de la velocidad de giro o la variación de los álabes de regulación colocados en la aspiración, como se verá posteriormente al detallar específicamente estos sistemas.

En estos sistemas, la temperatura de la superficie de la batería tiende a descender al disminuir la carga térmica y se incrementa la deshumidificación en forma no controlada, dependiente de la reducción de la carga, por lo que el efecto es similar al sistema de by-pass del aire de mezcla.

El sistema con *ventiladores de caudal variable* si es adecuada-

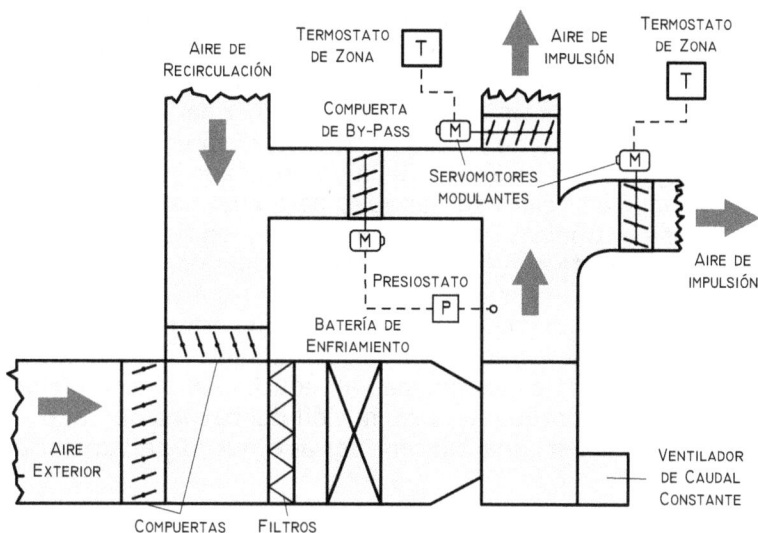

Fig. 4.7: Instalación de volumen variable con by-pass

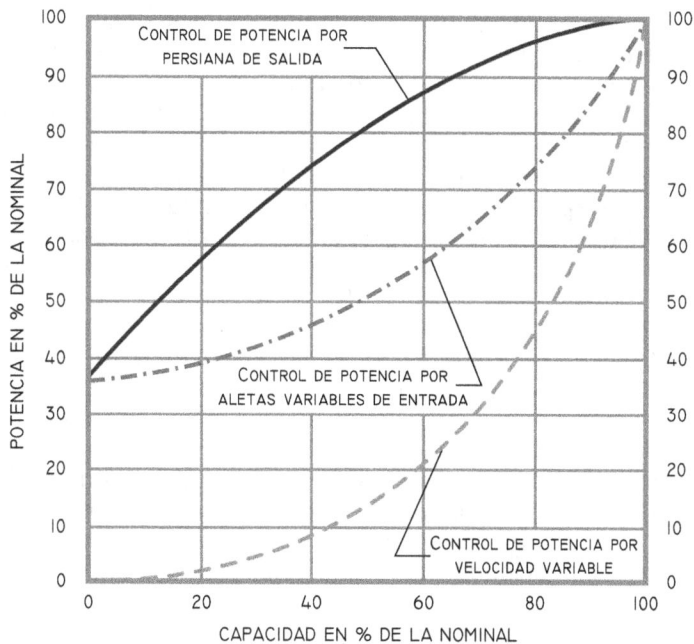

Fig. 4.8: Consumo de potencia de ventiladores centrífugos

mente diseñado permite hacer un ahorro en la energía consumida en relación directa a la disminución de la carga térmica. En efecto, en la *figura 4.8* se muestran las curvas de un ventilador y las potencias absorbidas con los métodos para regular el caudal de aire de acuerdo a lo indicado precedentemente, desprendiéndose de ellas que la mejor forma de ahorro de la potencia absorbida es utilizando un ventilador de velocidad variable, para cual debe disponerse de variadores electrónicos de velocidad de los motores.

Por razones de que el movimiento del aire es uno de los factores que hacen a la sensación de confort de las instalaciones de aire acondicionado, la disminución del caudal en los locales ante las cargas parciales debe estudiarse con detenimiento, porque puede llevar a sensaciones de incomodidad al reducirse el porcentaje de aire de ventilación y porque la disminución del barrido del aire puede originar una inadecuada dilución del aire nuevo de ventilación en los locales.

Zonificación

El diseño de todos los aparatos destinados a las instalaciones de aire acondicionado deben ser dimensionados para que *satisfagan las cargas máximas*, tanto en verano como en invierno.

Sin embargo, en muchos casos una instalación de aire acondicionado debe ser proyectada para servir a un conjunto de locales que difieren entre sí, ya sea por su orientación, cargas internas, efecto solar, distintas condiciones de funcionamiento, etc. De esa manera, debe aplicarse en el diseño de los sistemas, el criterio de *zonificación* que *consiste en agrupar en una misma zona de acondicionamiento todos aquellos ambientes cuyas cargas térmicas varíen en forma similar.*

Para poder regular las condiciones en cada uno de esos ambientes caracterizados por sus distintas exposiciones o en general por cargas térmicas diferentes que varían de manera diversa a lo largo del día, es necesario subdividir el edificio en zonas de similares características, cada una de las cuales debe ser controlada independientemente de las otras y esta necesidad condiciona el tipo de sistema a adoptar y su proyecto. Los principales factores que provocan las condiciones variables en el funcionamiento de los sistemas de aire acondicionado son los siguientes:

- *Radiación solar*
- *Horarios de uso*
- *Disipaciones internas*

Radiación solar

Por sus características, muchas veces los edificios presentan dos zonas básicas a considerar:

- *Zona periférica*
- *Zona interior*

En general, mientras en las fachadas de las zonas periféricas las cargas de energía solar son variables las cargas interiores son prácticamente constantes, por lo que surge la necesidad de agrupar zonas de ambientes por orientación de fachada y por otra parte las zonas internas del edificio. Esto se materializa especialmente en el caso de edificios en torre.

En efecto, en la mayoría de los casos las zonas interiores están situadas en el centro del edificio y no sufren la influencia de los elementos exteriores a excepción del último piso y tienen una carga de iluminación y de ocupantes relativamente constante, por tanto, muchas veces deben ser refrigerados tanto en verano como en invierno. Las zonas periféricas pueden penetrar de 3 a 5 metros en el interior de los edificios a partir del muro exterior como se observa en la *figura 4.9* y están expuestas a la acción del sol, viento, temperatura exterior y efecto de sombra de los edificios adyacentes.

Las zonas exteriores se caracterizan por las variaciones extremas de carga, desde un máximo de radiación solar a través de las ventanas, acompañadas por transmisiones de calor, iluminación y ocupantes, pasando por la ausencia de cargas durante las estaciones intermedias del año, hasta unas cargas de transmisión negativas máximas durante el invierno. Además, muchas veces está sometida también al movimiento de sombras de los elementos estructurales de la fachada, edificios adyacentes y nubes y en invierno, sobre estructura externa del edificio se producen corrientes de aire en los muros exteriores.

Por dicho motivo, es evidente la necesidad de establecer un sistema de acondicionamiento muy flexible y capaz de equilibrar las cargas variables que puedan ir produciéndose en todas las fachadas del edificio y espacios adyacentes con la misma exposición.

En un edificio, la radiación solar incidente se produce al este por la mañana, al oeste por la tarde y al norte al mediodía y si se tiene un edificio alargado y con oficinas a ambos lados, no se puede alimentar con un sistema central único que inyecte una cantidad de aire constante a todos los ambientes como se muestra en la *figura*

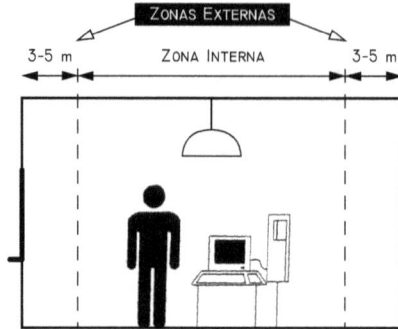

Fig. 4.9: Zonas internas y externas de un edificio

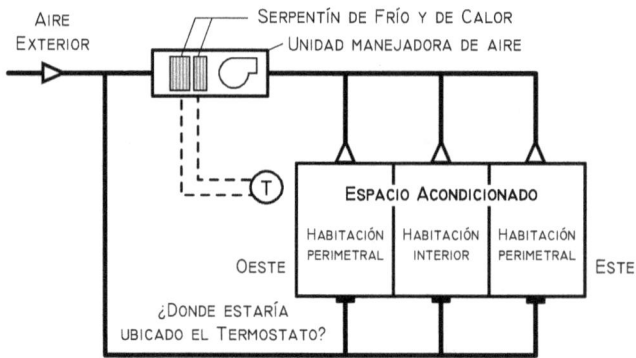

*Fig. 4.10: Instalación central atendiendo
a espacios con distinta orientación*

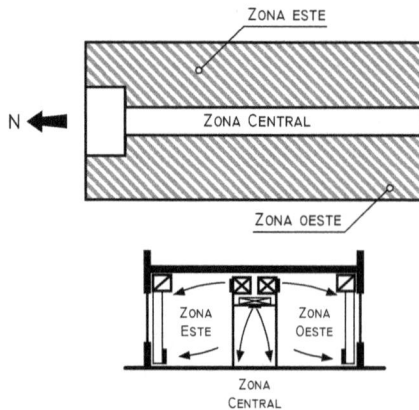

Fig. 4.11: Zonificación de un edificio

4.10. En el funcionamiento de la instalación las oficinas del este se climatizan bien en las horas de la mañana, mientras que las del oeste están subenfriadas y ocurre lo inverso a la tarde y si se quiere corregir este defecto cambiando el punto de ajuste del termostato, de manera que a la mañana se evite el excesivo enfriamiento de la zona oeste, ocurre que la temperatura de la zona este, aumenta a límites incompatibles con las necesidades de confort.

Una forma de solucionar ese problema es igualar la temperatura ambiente en ambas zonas mediante el agregado de carga térmica artificial con *recalentadores* de conductos que pueden ser un serpentín de agua caliente o resistencias eléctricas. Sin embargo, esta solución no es del todo adecuada, porque se esta gastando energía para enfriar el aire excesivamente y luego mas energía para recalentarlo, tal cual lo explicado precedentemente.

Por ello, el edificio como se muestra en la *figura 4.11,* debe dividirse en dos zonas perfectamente caracterizadas, *este y oeste* de carga variable y una zona *central* de carga prácticamente constante. Cada zona de acondicionamiento debe tener su propio equipo o sistema acondicionador con un termostato de control y conducto de alimentación independiente.

La radiación solar es uno de esos factores determinantes de la necesidad de zonificación y obliga además a dividir el funcionamiento de los equipos alternativamente para la temporada de verano o la de invierno y el sistema debe adaptarse permanentemente a la naturaleza variable de las cargas solares y a la altura del sol en el horizonte a lo largo del año. En efecto, el sol está mas alto al norte en verano el 21 de diciembre y va disminuyendo la altura hasta que la menor se produce el mes 21 de junio.

Así, puede considerarse las siguientes ganancias instantáneas de calor en kcal/hm^2 de superficie de vidrio a las 12 horas orientación norte para Buenos Aires o sea 35º latitud sur:

Diciembre	110 kcal/hm^2
Enero	143 kcal/hm^2
Febrero	223 kcal/hm^2
Marzo	332 kcal/hm^2
Abril	416 kcal/hm^2
Mayo	441 kcal/hm^2

El clima de Buenos Aires es variable y se tienen días relativamente cálidos en abril o mayo y con alta radiación solar en los locales orientados al norte, en los que, generalmente se requiere enfriamiento, mientras que en el mismo momento en los que dan al sur, este o sudeste puede necesitar calefacción. La radiación indicada precedentemente es al mediodía pero en los locales con fachada al norte a la mañana, cuando el sol aún no alcanza a incidir, se puede requerir calefacción, por lo que en determinados momentos, estos locales pueden necesitar por la mañana calefacción, al mediodía refrigeración y a última hora cuando no incide el sol puede requerir otra vez calefacción.

Por ello, para hacer frente a las variaciones de carga de las zonas periféricas, el sistema de acondicionamiento *debe disponer de dos fluidos termodinámicos en los espacios que se acondicionan, uno frío y otro caliente durante todos los días del año*, además de contar con una gran flexibilidad mediante una zonificación adecuada.

Horarios de uso

Un factor importante de zonificación es el horario de uso u ocupación de los locales a acondicionar lo largo del día, que puede requerir o no acondicionamiento. Por ejemplo, puede darse el caso del funcionamiento de un local de negocios en planta baja de un edificio de departamentos en el que debe independizarse el funcionamiento con el fin de evitar el suministro de aire acondicionado en horas de la noche o días feriados. Otro caso típico lo constituye una casa de vivienda, donde en horas del día debe climatizarse la zona de estar, mientras que en horas de la noche se requiere el acondicionamiento de los dormitorios.

Disipaciones térmicas internas

Las distintas características de las disipaciones térmicas constituyen un elemento importante a considerar en la zonificación de los sistemas, como las particulares propias del edificio a acondicionar, tales como la diversidad de cargas térmicas interiores debidas a máquinas o dispositivos que disipan calor ambiente o simplemente los diferentes coeficientes de ocupación que hace necesario una subdivisión en zonas.

Por ejemplo, una necesidad de zonificación es el caso del funcionamiento de un centro de cómputos con una oficina administrativa, servida por el mismo sistema de acondicionamiento, porque si ambos locales se diseñan sobre la base de las cargas pico en verano, solo en esas condiciones el equipo puede satisfacer adecuadamente a los dos locales. Sin embargo, mientras el centro de cómputos tiene una carga interior casi constante y preponderante con respecto a las otras cargas, en la oficina administrativas el diseño está determinado fundamentalmente por las cargas exteriores variables como la transmisión y el efecto solar. Por ello, en horas de la mañana, las cargas de la oficina son bastante menores que las requeridas para las condiciones de diseño mientras que el centro de cómputos requiere un valor constante y permanente, donde prácticamente es despreciable la influencia de la variación de las condiciones exteriores.

Si se diseña una sola zona y el termostato de operación se instala en el centro de cómputos, como se requiere refrigeración constante durante todo el día, el equipo funciona permanentemente a la mañana y el local de oficina se subenfría. Mejora muy poco si se coloca el termostato en el conducto de retorno, porque las condiciones del aire siguen siendo determinadas por el gran porcentaje de cargas térmicas del centro de cómputos.

En invierno, se magnifica el problema, porque el centro de cómputos por su gran disipación puede incluso requerir refrigeración, mientras el de la oficina necesita calefacción. Una solución de este problema es emplear por ejemplo una batería eléctrica de recalentamiento a la salida del aire de la oficina comandado por un termostato en el local, lo que permite satisfacer las condiciones de ambos locales, tanto en verano como en invierno, pero ello es a expensas de un gasto energético adicional.

Colocar una persiana que regule la salida de aire en la oficina administrativa comandada por un termostato en el local, es una solución adecuada para verano, pero no permite resolver el problema de invierno. Esto demuestra la *necesidad de dividir el sistema en dos zonas características*, una destinado al centro de cómputos y otro a la oficina administrativa.

CAPITULO 5

EQUIPOS PRIMARIOS

Sistemas de refrigeración

En los ciclos que utilizan un *fluido refrigerante* se emplea la propiedad de hacerlos absorber calor en estado líquido para evaporarse a temperaturas y bajas presiones. Luego para restituirlos nuevamente a las condiciones iniciales se los hace condensar a mayor presión y temperatura, para ceder el calor al medio circundante normalmente aire o agua y los métodos o sistemas normalmente empleados son:

- *Compresión*
- *Absorción*

En el sistema de *compresión* la presión es incrementada desde el evaporador al condensador mediante el empleo de un *compresor*, que produce la succión del evaporador y la compresión al condensador y por ello, a estos sistemas se los denomina de *refrigeración mecánica* que son los mas utilizados. En el sistema de *absorción*, la succión del evaporador se origina por un fluido absorbente y el aumento de presión se produce por el calor que suministra una fuente de calor.

Refrigeración Mecánica

En la *figura 5.1* se muestra un sistema básico de refrigeración, el que está compuesto de los siguientes elementos:

- *Compresor*
- *Condensador*
- *Dispositivo de expansión*
- *Evaporador*

Estos elementos, están incorporados en un circuito cerrado vinculados por medio de tuberías de interconexión, que permiten hacer circular el fluido refrigerante durante el ciclo, de forma continua, empleando ventiladores en el evaporador y condensador, para favorecer la transferencia del calor mediante la circulación forzada del aire.

El funcionamiento se basa en un *fluido refrigerante*, al cual mediante una serie de dispositivos se le hace absorber calor en un

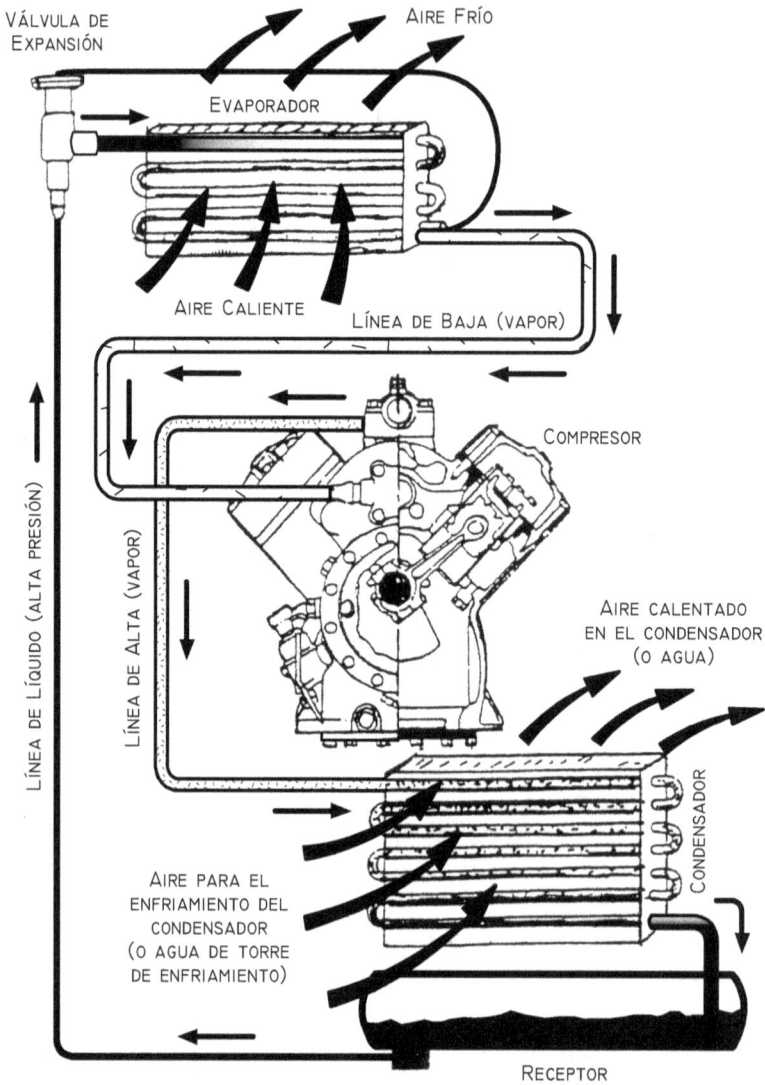

Fig. 5.1: Sistema frigorífico de compresión mecánica

lugar de baja temperatura como es el aire del local, transportarlo y cederlo a otro lugar de mayor temperatura, como puede ser el aire exterior y como el calor debe fluir de una fuente de baja a una de alta temperatura en contra de la tendencia natural, para lograr ese objetivo es necesario aportar energía o trabajo mecánico mediante un compresor. El ciclo de refrigeración se basa en aprovechar las propiedades de cambios de estados físicas de las substancias, como ser la vaporización o la condensación.

Refrigerantes

Las características de los refrigerantes son importantes en lo que respecta al proyecto del sistema, aplicación y funcionamiento del ciclo frigorífico. En refrigeración mecánica, los compuestos clorofluorcarbonados ClFC adquirieron aplicación masiva para la industria de la refrigeración, como fue el caso de los refrigerantes 11, 12, y 22, conocidos con el nombre comercial de *freon*.

Estos refrigerantes tienen las características que se deben requerir para su utilización ya que son incoloros, insípidos, transparentes y prácticamente inodoros incluso en altas concentraciones no siendo tóxicos, irritantes ni explosivos. Son incombustibles, estables e inertes de gran resistencia eléctrica y ligeramente solubles en agua y no sufren disociaciones, pudiéndose detectarse fácilmente las pérdidas con una lampara de haluros siendo además, miscibles con el aceite arrastrado del cárter del compresor, para favorecer su retorno al mismo y sus características básicas son las siguientes:

- *Freon 11 (Cl_3 FC) Tricloromonofluormetano*
  Se ha empleado en sistemas de aire acondicionado de cierta envergadura a base del compresores tipo centrífugo. Punto de ebullición a presión atmosférica normal: -23,8ºC

- *Freon 12 (Cl_2 F_2C) Diclorodifluormetano*
  Se ha empleado en sistemas de aire acondicionado de cierta envergadura, en refrigeradores de automóviles y refrigeradores eléctricos. Punto de ebullición a presión atmosférica normal: -29,8ºC

- *Freon 22 (Cl F_2CH) Monocloro difluormetano*
  Se emplea en sistemas de aire acondicionado en forma generalizada en equipos compactos. Punto de ebullición a presión atmosférica normal: -40ºC

Sin embargo, en el año 1985 equipos de investigadores detectaron la disminución del nivel de la capa de ozono en la Antártida e informes posteriores demostraron que la concentración de ozono en la estratosfera (15 a 20 Km de altitud) estaba decreciendo en el mundo. La creación y eliminación del ozono en la estratosfera ocurre naturalmente a través de reacciones químicas, dado que la radiación ultravioleta del sol destruye una molécula de oxigeno O_2 dejando liberados dos átomos de oxigeno y cada uno de ellos se une a otra molécula de O_2 para formar dos moléculas de ozono O_3, que es impermeable a la UV.

De esa manera, el ritmo de formación de ozono depende de la radiación solar, protegiendo a la tierra de la radiación ultravioleta, permitiendo el desarrollo de la vida humana. Sin embargo, se ha demostrado que los *clorofluorcarbonos (ClFC)* normalmente utilizados como refrigerantes en aire acondicionado, contribuyen a la disminución de la capa de ozono.

En efecto, estos refrigerantes tienen gran estabilidad y son transportados a la estratosfera donde la radiación ultravioleta destruye los enlace de los ClFC dejando radicales libres de *cloro C*, que actúa como *catalizador* en la destrucción del ozono. El primer hecho para evitar estos problemas se planteó en el *Protocolo de Montreal*, firmado en 1987 por mas de 100 países, entre ellos la Argentina, que obliga a los países signatarios a establecer progresivas restricciones al uso de estos compuestos llevando a la prohibición total al cabo de cierto plazo.

Así, en la reunión de Copenhague de noviembre de l992 se determinó la prohibición de los ClFC R11 y R12 a partir del 1/1/96. En cuanto al R22 se exige una reducción al consumo al 65% hasta el año 2004, al 35% hasta el 2010 y 0,05% al 2020 y se prohibe en el año 2030 y este refrigerante todavía está en uso, dado que es el que menos cantidad de cloro posee en su composición. Por tal motivo, han aparecido en el mercado numerosos refrigerantes alternativos a fin de cumplir las funciones indicadas precedentemente, entre los que se puede mencionar:

- *R134-a ($C_2H_2F_4$) tetrafluoretano*, reemplaza al refrigerante R12
- *R123* que reemplaza al refrigerante R11 en algunas máquinas centrífugas, pero en altas concentraciones es cancerígeno y tiene una pequeña proporción de cloro por lo que también afecta la capa de ozono, aunque se estableció su eliminación recién en el 2030. De todas maneras, algunas máquinas centrífugas que normalmente funcionaban con freon 11 se han rediseñado para utilizarse con el R134-a.

- *R407-C* que reemplaza al freon 22. De propiedades termodinámicas equivalentes, estando compuesto por una mezcla zeotrópica de 3 refrigerantes que son el R-32 (23%), R-125 (25%) y el R-134-a (52%).

También se puede emplear el *Amoníaco (NH₃)* que no afecta la capa de ozono pero resulta tóxico y corrosivo, por lo que solo puede aplicarse en instalaciones de enfriamiento indirecto, mediante unidades enfriadoras de agua.

Otro de los temas que se están tratando se refieren al *calentamiento global* debido al efecto invernadero que producen los gases en la atmósfera superior como el anhídrido carbónico producto de las actividades humanas. Los gases refrigerantes también juegan un papel en este tema y tienen un grado de efecto sobre el calentamiento global.

En diciembre de 1997 se estableció el *protocolo de Kyoto* en Japón en la que participaron mas de 160 países signatarios, en la que se demanda de los mas industrializados la reducción de las fases de efecto invernadero, por lo que, se está estudiando ahora la influencia que tienen estos refrigerantes sustitutos en el calentamiento global a través de un índice de potencial con respecto al anhídrido carbónico considerado como la unidad y el tiempo de vida en la atmósfera.

Compresores

El compresor constituye uno de los puntos de división entre el lado de baja presión y el lado de alta presión del circuito de refrigeración, dado que recibe vapor refrigerante a baja presión y baja temperatura proveniente del evaporador y la descarga a alta presión y temperatura en el condensador.

Según la forma de funcionamiento los compresores pueden clasificarse en:

- *Alternativo*
- *Rotativo*
- *Centrífugo*
- *Axihelicoidal o tornillo*
- *Espiral o scroll*

Compresor alternativo

Son similares en muchos aspectos a un motor de automóvil en la que el pistón al moverse alternativamente, produce la succión en la carrera descendente y la compresión en la ascendente. Cuando el pistón se mueve hacia abajo, la presión de succión obliga al vapor refrigerante a penetrar dentro del cilindro a través de una *válvula de succión*, pero tan pronto el pistón se mueve hacia arriba, la presión dentro del cilindro crece y obliga a cerrarse a la válvula de succión, disminuyendo su volumen, tal como puede verse en el detalle de la *figura 5.2*.

Cuando la presión del gas llega a ser mayor que la presión en el condensador, se abre una *válvula de descarga* y prácticamente todo el vapor es forzado fuera del pistón a medida que este se aproxima el final de la carrera. Cuando menor es el volumen final que quede ocupado por vapor dentro del cilindro cuando el pistón está en su punto final del recorrido, mayor es el aprovechamiento que se obtiene, denominado *rendimiento volumétrico*.

En cuanto el pistón comienza su carrera descendente, la presión baja y cierra la válvula de descarga, hasta llegar al punto en que ha descendido tanto que es menor que la del lado del evaporador o presión de succión y provoca la apertura de la válvula de succión, repitiéndose el proceso en forma permanente.

Las presiones de baja y alta, o sea en la succión y en la descarga del compresor respectivamente, están relacionados entre sí, y dependen además de las condiciones de funcionamiento del equipo.

Los compresores pueden ser:

- *Herméticos o blindados*
- *Semiherméticos*
- *Abiertos*

Los compresores son *hermético o blindados* cuando el compresor y motor están incluidos en una carcaza herméticamente sellada como se muestra en la *figura 5.3*, donde el motor eléctrico está refrigerado por los vapores de refrigerante que pasan sobre las bobinas inmediatamente después de entrar en la carcaza del motocompresor, llevándose consigo el calor proveniente de las pérdidas eléctricas del motor el cual es disipado después en el condensador. Los *semiherméticos* son similares a los anteriores pero el motor y el compresor no se encuentran en una carcaza sellada y en los *abiertos* el motor y el compresor están separados completamente, vinculados en forma directa o mediante poleas y correas.

Compresor rotativo

Consta de una cámara cilíndrica cerrada, dentro de la cual gira un cilindro metálico cuyo eje de rotación no coincide con el eje de

SUCCIÓN   SUCCIÓN   COMPRESIÓN   DESCARGA

SUCCIÓN   DESCARGA

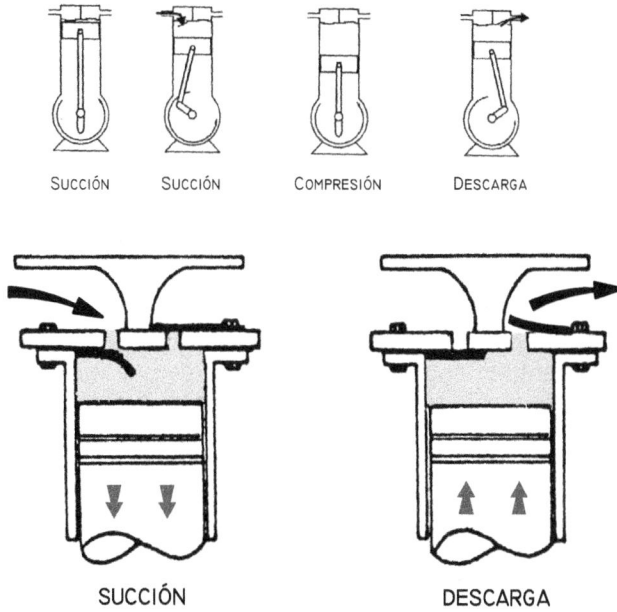

Fig. 5.2: Ciclo de compresión de un compresor a pistón

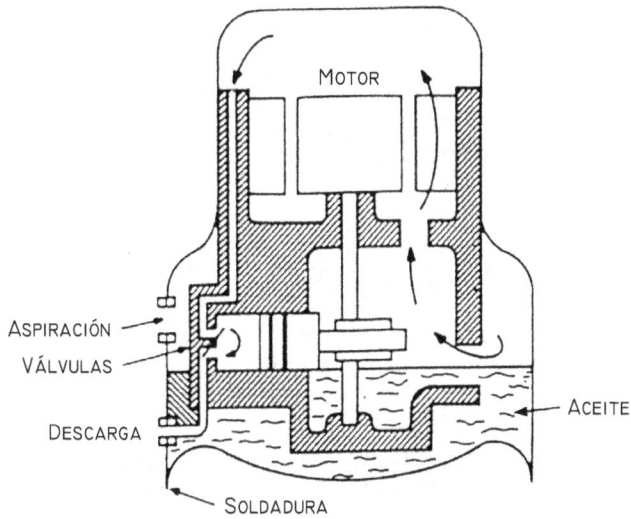

Fig. 5.3: Detalle de compresor alternativo blindado o hermético

la cámara como se detalla en la *figura 5.4*. Mediante unas aletas, que pueden introducirse más o menos profundamente en el cilindro giratorio, el espacio comprendido entre éste y las paredes interiores de la cámara, está dividido en recintos separados, cuyos volúmenes varían a causa de la excentricidad del eje de rotación con respecto al cilindro hueco.

Si se introduce el vapor refrigerante donde los espacios están creciendo de tamaño, habrá una aspiración del mismo y al proseguir su rotación el cilindro giratorio, el espacio particular se va estrechando y la expulsión del gas, ya comprimido, se produce donde el mismo alcanza el mínimo tamaño. Los compresores rotativos se aplican a los pequeños acondicionadores individuales debido a su funcionamiento silencioso, construcción compacta, reducido número de piezas móviles y facilidad para acoplarlos directamente al árbol de un motor eléctrico, requiriendo un ajuste muy preciso en su elaboración.

Compresor centrífugo

En estos compresores se impulsa el gas refrigerante, gracias a la fuerza centrífuga de un rotor que gira a alta velocidad, dotado de paletas de diseño especial el que toma el refrigerante de baja presión cedido por el evaporador y lo arroja hacia la periferia con una velocidad que da lugar a una elevada presión de descarga. Estos equipos se utilizan, en la generalidad de los casos, como máquinas enfriadoras de agua como se muestra en la *figura 5.5*, o sea, el evaporador no es más que un enfriador de agua, el cual está cerca del condensador formando junto con el compresor centrífugo una unidad integral y son adecuadas para sistemas de gran capacidad, por encima de 100 toneladas de refrigeración.

Compresor axihelicoidal *(tornillo)*

Este tipo de máquina origina la compresión del gas refrigerante mediante la utilización de dos engranajes helicoidales de desplazamiento positivo y por tal motivo suele denominárselos generalmente como compresores *a tornillo*. Mediante la aplicación de dicho dispositivo se produce el desplazamiento del fluido refrigerante mediante la acción de ambos rotores, sin la intervención de válvulas, pistones u otros elementos que requiere el compresor alternativo produciéndose de esa manera, un flujo continuo del refrigerante, tal como se muestra en la *figura 5.6*.

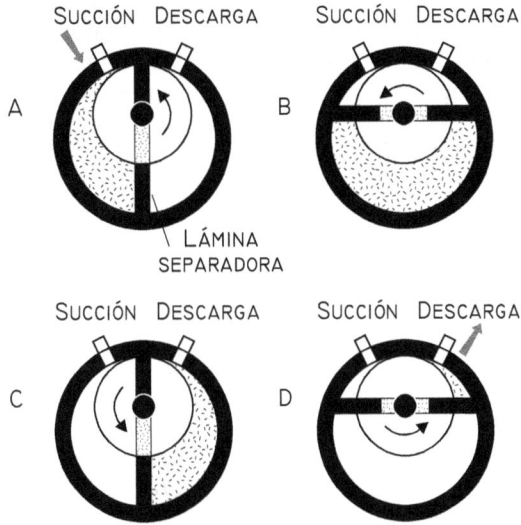

Fig. 5.4: Detalle de compresor de aletas rotativas

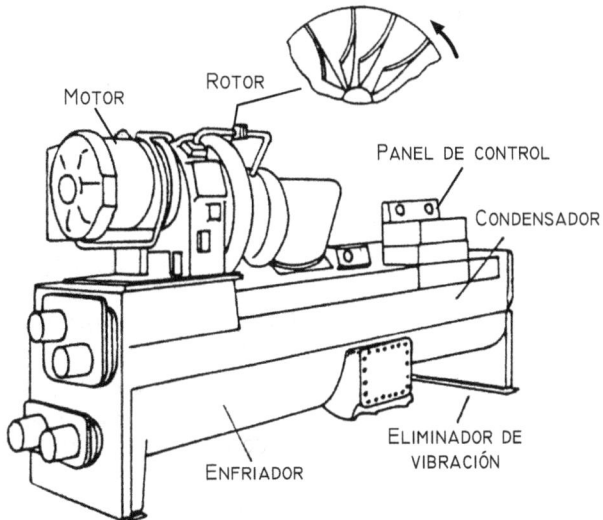

Fig. 5.5 Unidad enfriadora de agua centrífuga

Además, tienen la ventaja con respeto a los alternativos que son de tamaño menor para la misma potencia y permiten una mejor regulación para funcionamiento a cargas parciales pequeñas. Se los utilza en enfriadores de agua de más de 30 toneladas de refrigeración.

Compresor a espiral

Se los suele denominar *scroll* y su principio de funcionamiento se basa en dos piezas en forma de *espiral* que forman al interactuar entre si bolsillos de gas, en la que un espiral permanece fijo mientras el otro orbita con un movimiento continuo que impulsa el gas refrigerante a espacios que van haciéndose mas pequeños, aumentando su presión hasta alcanzar la descarga en el centro y de esa manera, se logra una compresión continua y uniforme, tal cual se muestra en el esquema de la *figura 5.7.*

El compresor básicamente está formado por cuatro partes móviles, constituidas por un *cigüeñal*, un *scroll móvil*, una *corredera* cuya función es la de trasformar el movimiento rotatorio del cigüeñal en orbitante del espiral móvil y una *válvula de descarga*. Los dos scroll deben ser apretados entre si con suficiente presión y precisión para evitar la fuga de gas desde los bolsillos mas pequeños a mayor presión y mas cercanos al centro hacia los mas grandes cercanos a la periferia del dispositivo y para ello, se emplea un sello flotante que empuja al scroll fijo contra el móvil.

Es un compresor de buen rendimiento y de bajo nivel de ruido de características similares a los rotativos, fabricándose actualmente de 1 a 30 toneladas de refrigeración.

Condensadores

El condensador es un elemento del circuito frigorífico donde el gas refrigerante sobrecalentado y proveniente del compresor transfiere la carga térmica a un medio exterior que puede ser agua, aire o la combinación de ambos. Cuando el vapor refrigerante entra en el condensador está caliente dado que contiene el calor recogido por el evaporador del ambiente más el equivalente en calor del trabajo efectuado por el compresor para comprimirlo y como en general se trata de unidades compresoras herméticas en las cuales el motor eléctrico esta enfriado por el mismo refrigerante, hay que agregar también a la capacidad del condensador las pérdidas de calor por el rendimiento eléctrico del motor, pudiendo como regla estimativa adoptar que disipan un 25% mas del calor extraído al ambiente acon-

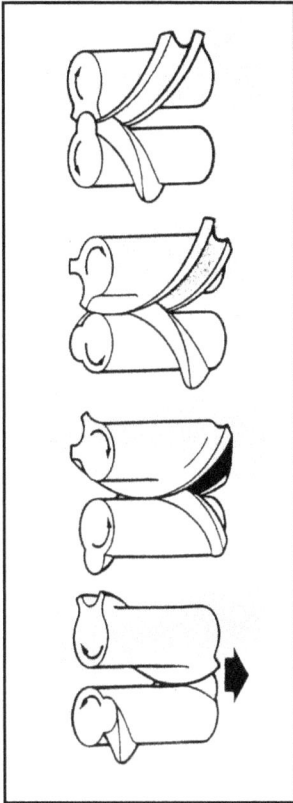

Fig. 5.6 (izq.): Detalle simplificado del principio de funcionamiento de un compresor a tornillo

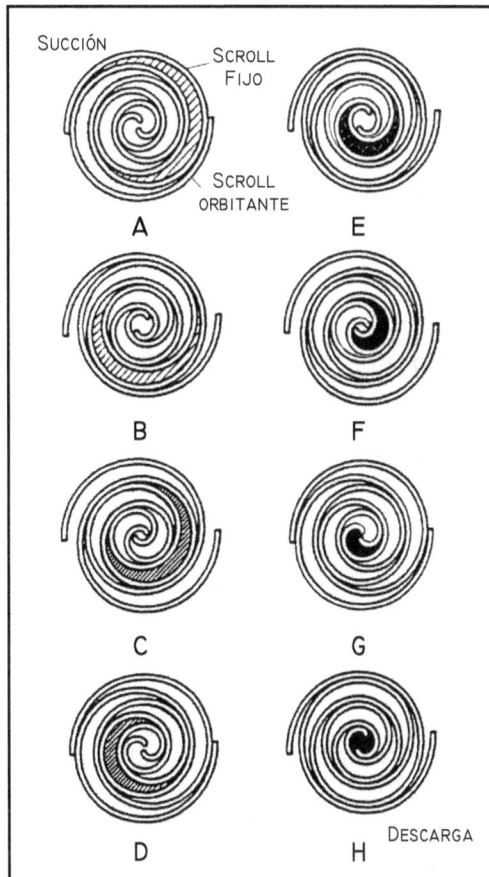

Fig. 5.7 (der.): Detalle simplificado de principio de funcionamiento de un compresor scroll

dicionado. Se puede considerar el funcionamiento de un condensador dividido en tres partes fundamentales.

- *El refrigerante que ingresa al condensador en forma de vapor sobrecalentado y para poder ser condensado debe eliminar el exceso de calor sensible de modo de disminuir su temperatura a la de saturación.*
- *Una vez lograda la temperatura de vapor saturado se produce la condensación o sea el cambio del estado de vapor a la de líquido sin variación de temperatura*
- *Luego de condensado el líquido sufre un subenfriamiento para lograr reducir la reevaporación del refrigerante en la línea de líquido antes de que éste alcance el dispositivo de expansión y aumentar el efecto refrigerante neto.*

Las cantidades de calor sensible que el condensador debe eliminar para enfriar el sobrecalentamiento y producir el subenfriamiento es reducida comparada con la que tiene que eliminar para condensar el vapor saturado. Para lograr esos objetivos debe utilizarse un medio mas frío que puede ser el mismo aire exterior o agua reciclada y enfriada mediante una *torre de enfriamiento* y por ello, los condensadores pueden clasificarse en:

- *Enfriados por aire*
- *Enfriados por agua*

Condensadores enfriados por aire

En la condensación por aire se utilizan serpentines de tubo aleteado que se refrigeran con el aire exterior circulado por medio de un ventilador, por lo que se debe tener la posibilidad de ubicar el equipo próximo a una fuente de aire exterior. El rendimiento de este sistema es menor que los de agua, pero es un muy sencillo y representa una ventaja por ser el costo de mantenimiento menor.

Condensadores enfriados por agua

Utilizan el agua como fluido receptor del calor de condensación del refrigerante, y son vinculados mediante cañerías y bomba a una *torre de enfriamiento* para eliminación del calor al exterior y volver a reutilizarla, pudiendo clasificarse los condensadores en:

- *Tubo en tubo*
- *Multitubular con envolvente*

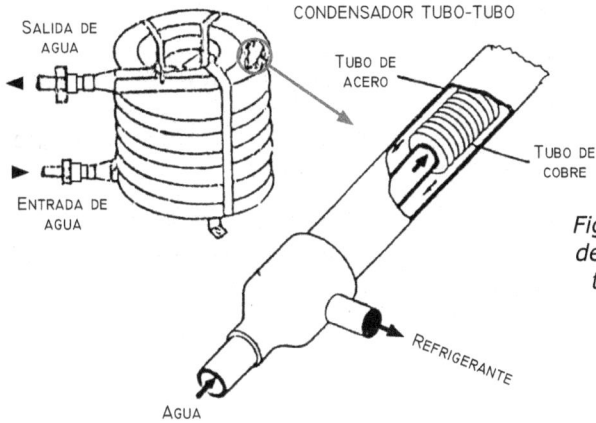

CONDENSADOR TUBO-TUBO

SALIDA DE AGUA

TUBO DE ACERO

TUBO DE COBRE

ENTRADA DE AGUA

REFRIGERANTE

AGUA

Fig. 5.8: Detalle de condensador tubo en tubo

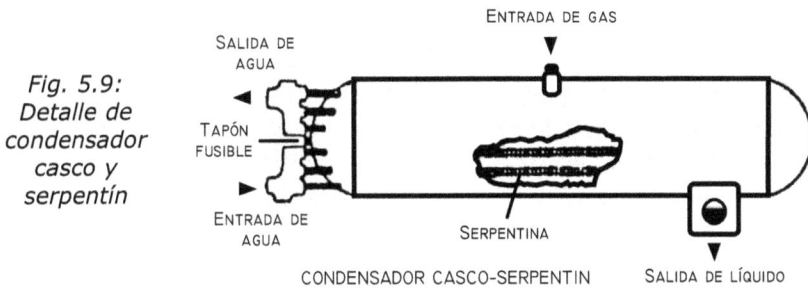

Fig. 5.9: Detalle de condensador casco y serpentín

ENTRADA DE GAS

SALIDA DE AGUA

TAPÓN FUSIBLE

ENTRADA DE AGUA

SERPENTINA

SALIDA DE LÍQUIDO

CONDENSADOR CASCO-SERPENTIN

Los del tipo *tubo en tubo*, como se observa en la *figura 5.8*, están formados por un arrollamiento de dos tubos concéntricos en los que por uno circula el refrigerante y por el otro, en sentido contrario a contracorriente, el agua para enfriar el refrigerante. Los *multitubulares* o *serpentín con casco envolvente* detallado en la *figura 5.9* están compuestos por un haz tubular o un serpentín dentro de una carcasa, donde el agua circula por el serpentín tubos y el fluido refrigerante por el envolvente.

Existen sistemas de condensación denominados *condensadores evaporativos*, consistentes en un serpentín aleteado situado en el interior de un recinto por el cual circula el refrigerante y en sentido a contracorriente una cortina de agua y un caudal de aire forzado por un ventilador. Su aplicación es como condensador remoto.

La condensación por agua requiere caudales importantes que no suelen estar disponibles, y existen normativas locales que no autorizan la utilización de agua de red para estas aplicaciones por el importante consumo que supone, por lo que es indispensable el reciclaje del agua mediante las torres de enfriamiento.

Torre de enfriamiento

La torre de enfriamiento es un dispositivo que recibe el agua impulsada por una bomba circuladora desde el condensador del equipo frigorífico y la vierte finamente distribuida sobre una superficie laberíntica y mediante un extractor se hace circular aire para facilitar la evaporación del agua y su consecuente enfriamiento, para luego ser recogida en una batea recolectora. En las *figuras 5.10* y *5.11* se muestran dos tipos característicos de torres de enfriamiento de tiro inducido vertical y horizontal.

Las torres de enfriamiento utilizadas en instalaciones de acondicionamiento de aire se componen de las siguientes partes:

- *Bandeja de almacenamiento de agua con suministro y control de nivel por válvula a flotante.*
- *Cámara de entrada de aire forzado atmosférico.*
- *Retén de agua o relleno formando un laberinto generalmente de plástico corrugado, para distribuir y laminar el agua y permitir el paso de aire en contacto con ella con el fin de enfriarla.*
- *Sistema de entrada de agua por medio de toleras o pulverizadores que reparten el agua por todo el área de relleno.*
- *Separador de gotas para reducir al mínimo las pérdidas de agua por arrastre.*
- *Ventiladores axial o eventualmente centrífugo para aportación del caudal necesario para el enfriamiento del agua.*
- *Cerramiento y estructura que soporten los componentes.*

Dispositivos de expansión

El líquido refrigerante que se encuentra a elevada presión y temperatura debe ser devuelto al evaporador para continuar el proceso cíclico, pero en ese estado no está listo para ser evaporado, pues su presión y su temperatura son muy altas. Por ello, se utiliza el artificio de disminuir la presión del líquido en forma brusca, de modo que se produzca la repentina formación de vapor denominado *flash-gas*, que para generarse absorbe calor latente de la misma masa del líquido en forma de calor sensible y por lo tanto disminuye la temperatura.

De esa manera, se produce la entrada de refrigerante líquido al evaporador a baja presión y temperatura, listo para absorber calor del aire ambiente y reiniciar el ciclo. Los dispositivos de expansión constituyen pues el otro punto de división entre el lado de alta y

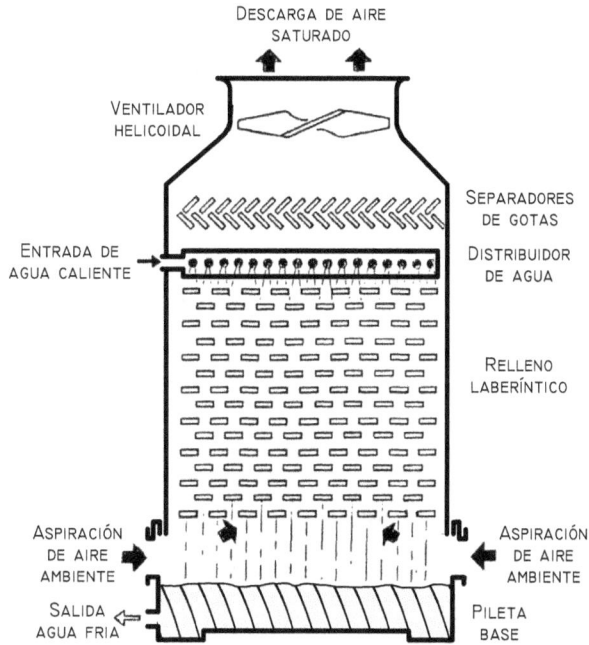

Fig. 5.10: Torre de enfriamiento de tiro inducido vertical

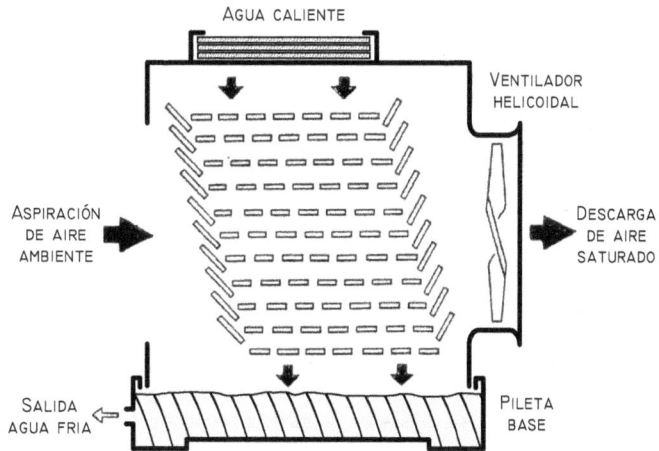

Fig. 5.11: Torre de enfriamiento de tiro inducido horizontal

baja presión, y son, en los equipos de refrigeración, de dos tipos:

- *Válvula de expansión.*
- *Tubo capilar*

Válvula de expansión

Su misión es reducir la presión y además, regular el sobreca-lentamiento del gas en la línea de succión, para evitar que llegue líquido no evaporado al compresor. La más común es la válvula de *expansión termostática*, que consta de un diafragma en la que actúa por un lado a la presión de un resorte y la salida del evapo-rador mediante un tubo de vinculación y por el otro la presión de un bulbo termostático fijado a la línea de succión, a la salida del evaporador, como se observa en la *figura 5.12,* en la que se deta-lla esquemáticamente todo el ciclo básico de refrigeración de un equipo de aire acondicionado. De esa manera, si sube la carga ca-lorífica en el evaporador, aumenta la temperatura del gas, sobre-calentandose por sobre el punto prefijado a la salida del mismo y ello se refleja en el bulbo que aumenta la presión de un lado del diafragma, por lo que se abre la válvula, permitiendo así, el paso de mayor cantidad de refrigerante líquido.

Tubo capilar

El tubo capilar es el dispositivo de expansión más sencillo con-sistiendo en un tubo de longitud más o menos grande cuyo diáme-tro interior es considerablemente más pequeño que aquel que se usa para la línea del líquido del mismo sistema. El capilar adecuado para cada equipo sólo es posible obtenerlo después de rigurosos cálculos y ensayos en calorímetros especiales y su ventaja principal reside es su sencillez debido a no existir mecanismo alguno y la carga de refrigeración debe ser exacta pues diferencias más o en menos pueden alterar el correcto funcionamiento del sistema.

Evaporador

Una vez que el liquido ha pasado por el dispositivo de expansión, el evaporador constituye el serpentín que en la zona a baja presión, produce la reducción de temperatura y quita la humedad del aire que mediante un ventilador circula exteriormente a través de él. Tanto las válvulas de expansión como los capilares van en general provistos de un distribuidor de liquido, como se observa en la *figu-*

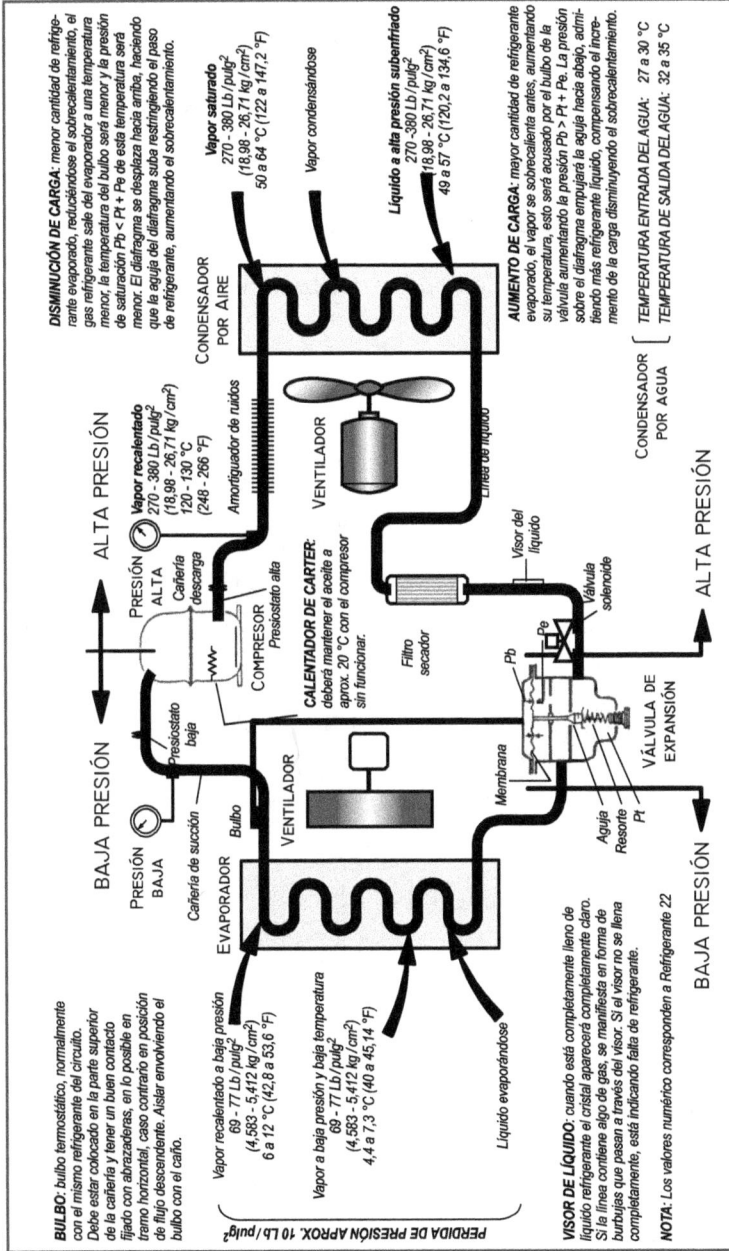

Fig. 5.12: Funcionamiento de un ciclo básico de refrigeración mecánica

ra 5.13, para asegurar la correcta distribución del liquido por todo el evaporador.

El calor absorbido del aire ambiente, hace que el liquido se vaporice, proceso que debe terminar antes de haber alcanzado la salida del serpentín, de manera que el vapor se recaliente para asegurar una vaporización completa antes de la entrada al compresor, permitiendo además un mayor rendimiento del ciclo del refrigerante.

La humedad extraída por condensación del aire es recogida en una bandeja y eliminada, ya sea por cañería a un desagüe o por dispersión en el aire por el ventilador del condensador en los equipos de ventana.

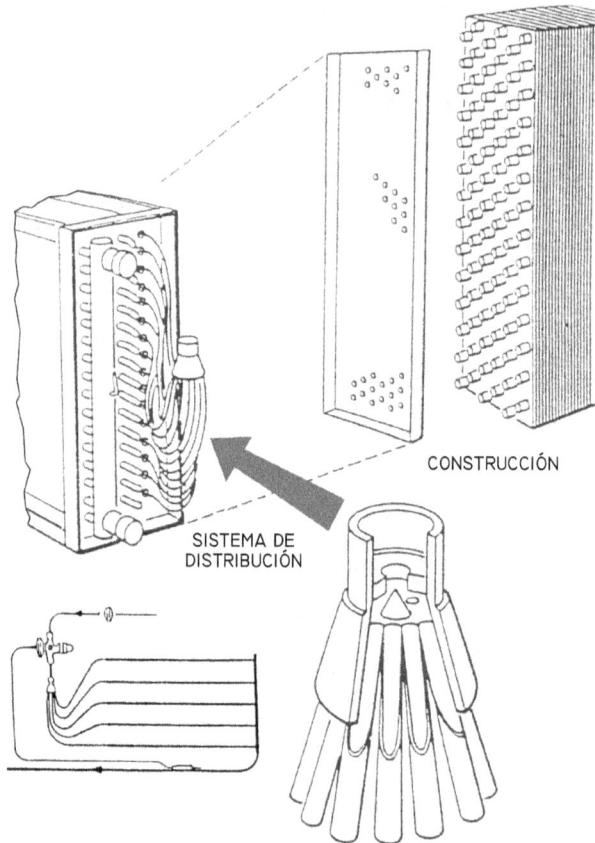

CONSTRUCCIÓN

SISTEMA DE
DISTRIBUCIÓN

Fig. 5.13: Detalle de evaporador

Accesorios

Filtro secador

El objetivo del filtro secador es absorber la humedad que pueda haber en el refrigerante o en el aceite, dado que siempre hay presente algo de humedad, aún en equipos correctamente deshidratados, debiéndose instalar en la línea de líquido. La humedad no es sólo un inconveniente por el hecho de que puede producir congelamiento en la válvula de expansión o en el capilar, sino que su presencia resulta nociva por ser un importante factor en la formación de ácidos y corrosión.

Indicador de líquido

El propósito del indicador de líquido denominado *visor*, es determinar si suficiente cantidad de líquido llega al dispositivo de expansión y debe instalarse entre el filtro secador y el dispositivo de expansión, lo más cerca posible de este último. Algunos tipos de indicadores de líquido muestran mediante cambios de coloración la presencia de humedad debiéndose reemplazar inmediatamente el filtro secador y si el visor muestra burbujas en el líquido, ello puede deberse generalmente a una poca carga de refrigerante.

Bomba de calor

La bomba de calor tal cual se utiliza en el acondicionamiento de aire funciona según el ciclo común de refrigeración, en verano. Sin embargo, una máquina refrigerante puede hacerse funcionar en invierno a los fines de calefacción, de manera de extraer calor de una fuente externa fría como por ejemplo, el aire, agua o la tierra, para entregarlo a una fuente interna mas caliente como puede ser el aire del local.

Para ello, se necesita invertir las funciones del condensador y evaporador, de manera de transformar al primero en superficie fría apta para absorber el calor de una fuente exterior y al segundo en superficie caliente, capaz de ceder calor al aire interior a acondicionar. En verano, se absorbe calor del espacio acondicionado y se descarga al medio exterior desde el condensador mas caliente y en invierno se conmuta el ciclo absorbiendo calor del medio exterior mediante un evaporador mas frío y este calor, junto con el calor de compresión se descarga en el espacio acondicionado, tal cual se detalla en los esquemas de la *figura 5.14*.

CICLO DE REFRIGERACIÓN

EXTERIOR

INTERIOR

DISTRIBUCIÓN
DE AIRE FRÍO

VÁLVULA DE
EXPANSIÓN

LÍQUIDO

VAPOR BAJA PRESIÓN

VAPOR ALTA PRESIÓN

VÁLVULA
INVERSORA

COMPRESOR

CONDENSADOR

EVAPORADOR

CICLO DE CALEFACCIÓN

EXTERIOR

INTERIOR

DISTRIBUCIÓN
DE AIRE CALIENTE

VÁLVULA DE
EXPANSIÓN

LÍQUIDO

VAPOR ALTA PRESIÓN

VÁLVULA
INVERSORA

VAPOR BAJA
PRESIÓN

COMPRESOR

EVAPORADOR

CONDENSADOR

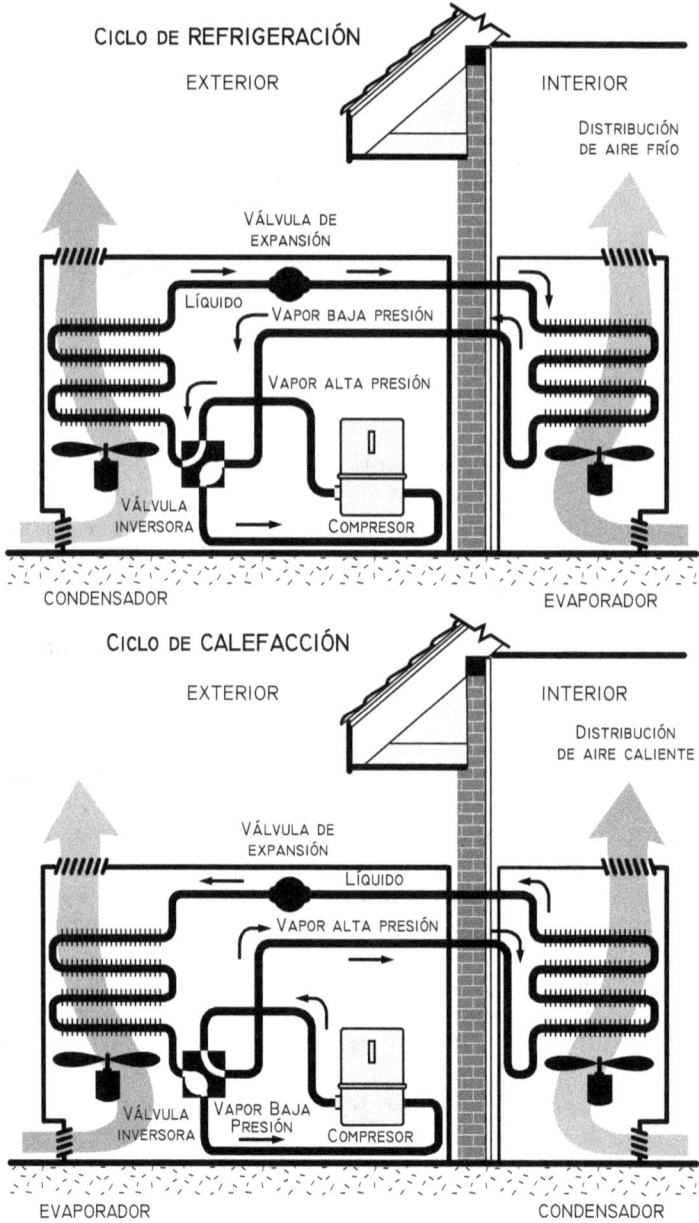

Fig. 5.14: Esquema de funcionamiento de la bomba de calor

En general, suele estimarse la eficiencia o performance de una bomba de calor por el cociente entre la energía entregada al local o *efecto útil* y la energía absorbida de la red eléctrica. Por ejemplo el coeficiente de comportamiento de las bombas de calor que funciona con una temperatura de aire exterior a 5°C y una temperatura interior de 21°C es de alrededor de 3.

Por ello, pueden lograrse rendimientos caloríficos de alrededor de 3 veces la energía eléctrica que se requeriría para obtener una determinada capacidad de calor por medio de una resistencia eléctrica. Esto se debe a que mediante el empleo del ciclo de refrigeración el

Fig. 5.15: Tipos comunes de bombas de calor

FUENTE DE CALOR	DISTRIBUCIÓN DE CALOR	INVERSIÓN CICLO TÉRMICO	DIAGRAMAS		
			CALEFACCIÓN	REFRIGERACIÓN	AMBAS
AIRE	AIRE	REFRIGERANTE			
AIRE	AIRE	AIRE			
AGUA	AIRE	REFRIGERANTE			
AIRE	AGUA				
TIERRA	AIRE	REFRIGERANTE			
AGUA	AGUA	AGUA			

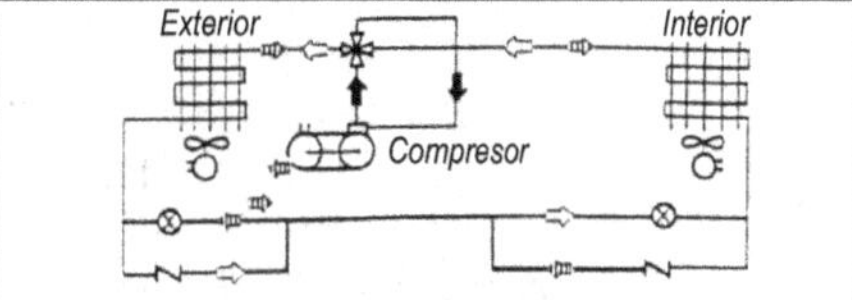

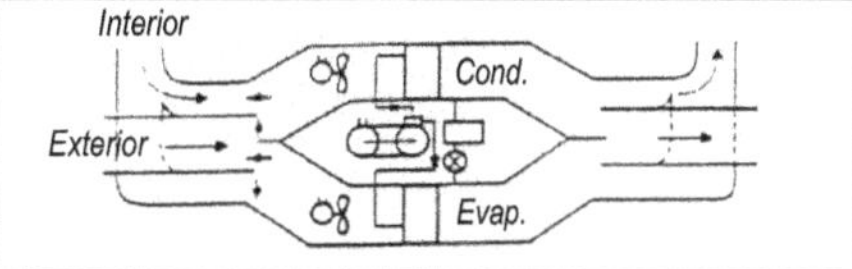

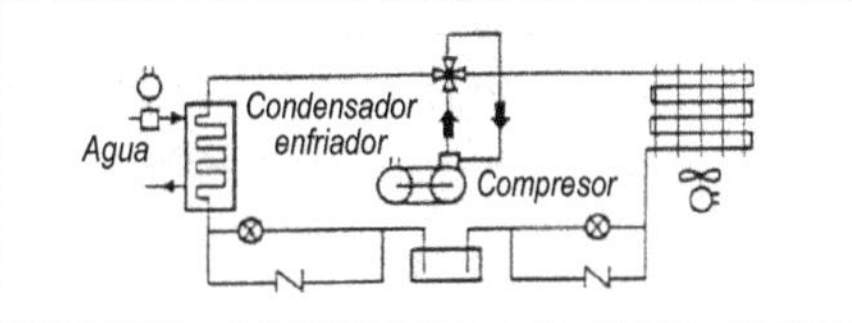

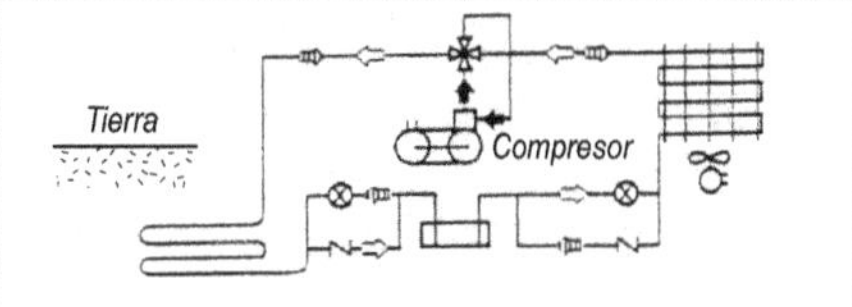

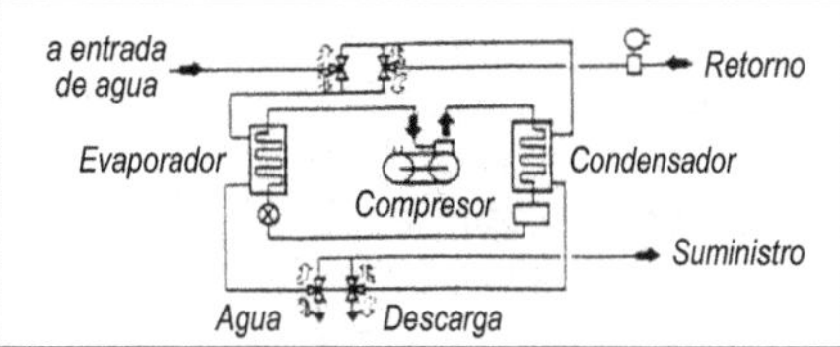

calor se *bombea* del exterior al interior del local mediante el motor del compresor, mientras que con la resistencia la energía calórica se *transforma* de la energía eléctrica, por efecto Joule. De esa manera, utilizando resistencias eléctricas para calefacción

$$1\ Watt = 0,86\ kcal/h$$

Con la bomba de calor utilizando la energía eléctrica para accionar el motor del compresor

$$1\ Watt = 0,86\ kcal/h \times 3 = 2,58 \approx 2,6\ kcal/h$$

El costo mensual de la energía no es el único factor económico a considerar con respecto al uso de la bomba de calor relacionado con otros combustibles, dado que hay que considerar los factores de reducción de espacio, no necesidad de almacenamiento de combustible, limpieza de funcionamiento y seguridad que se combinan a menudo a favor de la bomba de calor, por lo que actualmente compiten con los sistemas convencionales de calefacción. Debe tenerse en cuenta en el análisis de los costos la disminución de la vida útil de los equipos de refrigeración, dado que deben funcionar en forma permanente durante todo el año.

Se distinguen los siguientes modelos de bomba de calor, según se indica en la *figura 5.15.*

- *Aire- Aire* (conmutando el circuito de refrigeración)
- *Aire- Aire* (conmutando el circuito de aire)
- *Agua-Aire* o *Aire-Agua* (conmutando el circuito refrigerante)
- *Tierra-Agua* (conmutando el circuito refrigerante)
- *Agua–Agua* (conmutando el circuito de agua)

Sistema Aire-Aire

En un acondicionador de ventana tradicional, funcionando en condiciones típicas de verano, el aire del local a acondicionar, supuesto a 25 °C, es aspirado por el ventilador del evaporador, enfriado y deshumidificado en éste, y finalmente impulsado al local, a unos 15 ºC aproximadamente. Por la parte opuesta del equipo, es decir la situada en el exterior, circula el aire de condensación, el que se toma del exterior, por ejemplo a 35ºC, se calienta a su paso por el condensador y finalmente se expulsa a una temperatura más alta, por ejemplo a 45°C. De esa forma, el enfriamiento del aire del local se hace a costa del calentamiento del aire exterior, o sea que el calor que se extrae del local, se transfiere al ambiente exterior junto con el calor de compresión del compresor. Supóngase ahora que el equipo de ventana se invierte físicamente, de modo que el evaporador, que estaba en el interior del local, pasa a situarse fuera del mismo, y el condensador, que estaba en el exterior, se sitúa dentro del local, por esta nueva disposición el equipo funciona en condiciones típicas de invierno.

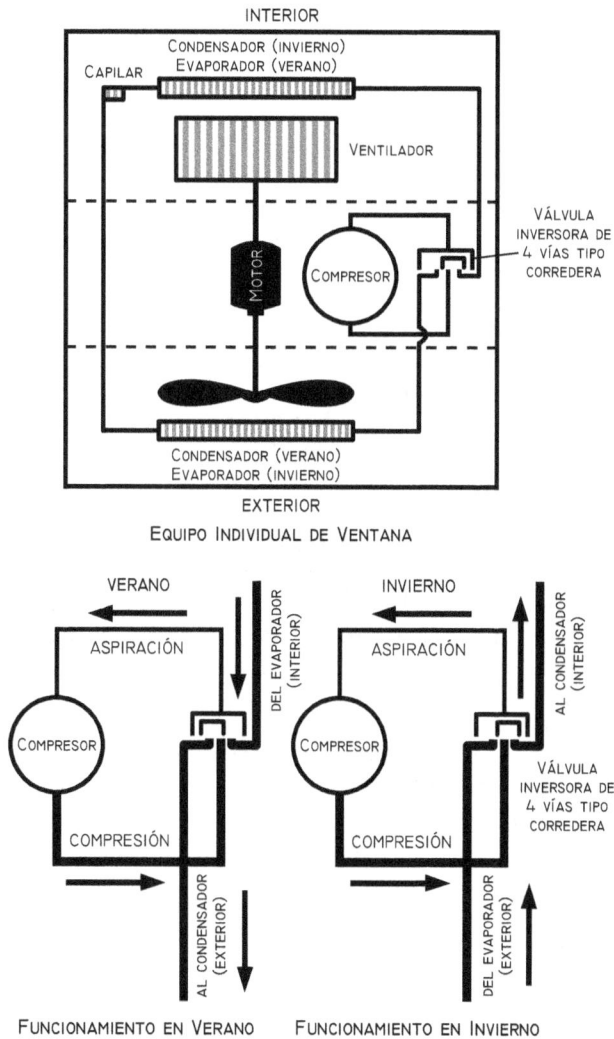

EQUIPO INDIVIDUAL DE VENTANA

FUNCIONAMIENTO EN VERANO   FUNCIONAMIENTO EN INVIERNO

Fig. 5.16: Bomba de calor aire-aire

Al invertir el emplazamiento físico del equipo, el evaporador ubicado en el exterior sigue enfriando, pero ahora enfría aun mas el aire exterior absorbiendo la energía térmica del mismo. El condensador ubicado en el interior sigue calentando, pero en régimen de invierno el aire que aspira es el del local y a éste le devuelve el aire caliente.

Lógicamente, en la práctica no es preciso invertir la posición del equipo para pasar del funcionamiento de verano al de invierno, sino que la bomba de calor está dotada de unos dispositivos internos que le permiten trabajar de un modo u otro, sin manipular el aparato, bastando actuar sobre los controles del equipo para que de un modo automático se establezca el régimen de frío o calor deseado.

Esa función la cumple una *válvula inversora* del sentido de circulación del refrigerante a través del sistema, consistiendo en una válvula del tipo *corredera* hermética, que es accionada por una válvula solenoide piloto que forma parte integrante del conjunto tal cual se indica en las *figuras 5.16* y *5.17*.

En el ciclo de enfriamiento, el solenoide no está energizado y con la corredera a la izquierda, se cumple el ciclo normal de refrigeración. Al pasar al ciclo de bomba de calor, el solenoide se energiza cambiando entonces la posición de la corredera hacia la derecha y en esta posición, el refrigerante circula según un nuevo recorrido, invirtiendo las funciones de los serpentines del condensador y del evaporador.

Descongelación del serpentín exterior

En invierno el serpentín exterior es el evaporador y enfría aire que está a muy baja temperatura por lo que, la escarcha se acumula sobre el serpentín y con el tiempo la cantidad de hielo formada es suficiente para afectar su funcionamiento, por lo que, normalmente mediante un *presostato*, se detecta la caída de presión a través del serpentín exterior, que se produce como consecuencia de la acumulación de hielo.

De esa manera, se produce la inversión temporaria del ciclo mediante la válvula inversora, haciendo trabajar el sistema en refrigeración, de modo que el gas caliente es enviado al serpentín exterior acelerando el proceso de descongelamiento y al mismo tiempo, se detiene el ventilador del equipo evitando introducir aire frío al ambiente. Cuando se ha eliminado la escarcha del serpentín exterior, la presión vuelve a los valores establecidos y se reanuda el ciclo de calefacción por bomba de calor.

Las bombas de calor con aire exterior sufren una seria limita-

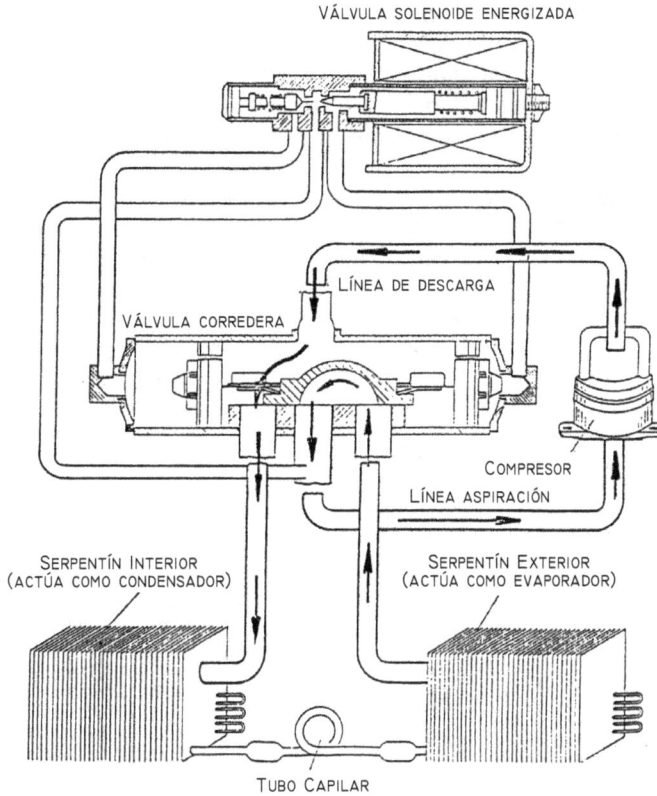

Fig. 5.17: Esquema de funcionamiento de la bomba de calor

ción inherente al hecho de que el calor disponible en el exterior disminuye, precisamente cuando se necesita mas calefacción. Por ello, la mejor elección práctica es aquella en la que los requisitos de refrigeración en verano y los de calefacción en invierno estén dentro los límites de la capacidad de la máquina.

Desequilibrio crítico

Para la calefacción de invierno cuando la cantidad de calor de la bomba a una temperatura dada no es suficiente para compensar las pérdidas de calor del edificio a esa misma temperatura, se produce una condición de *desequilibrio*. Para alcanzar la condición de equilibrio se debe agregar una *fuente de calor suplementaria*, por lo general por medio de resistencias eléctricas.

Supóngase por ejemplo, analizar el calentamiento de un local con un equipo con bomba de calor. En la *figura 5.18* se ha representado la recta de las necesidades de calor de una habitación cualquiera, para mantener una temperatura de 20ºC cuando en el exterior hace una temperatura de 0ºC siendo necesario de acuerdo al balance térmico una cantidad de calor de 2500 frig/h.

Para determinar dicha recta de necesidades, es evidente que para mantener 20°C un día en que hay 20°C no se necesita calor, motivo por lo cual la recta del local corta la horizontal en 20°C, suponiendo que la variación de calor con la temperatura del local es lineal. Sobre el mismo gráfico se ha trazado una curva que representa la variación de la capacidad de calefacción de un equipo con bomba de calor de 2.500 kcal/h que se ha seleccionado para ese local, en función de la temperatura exterior.

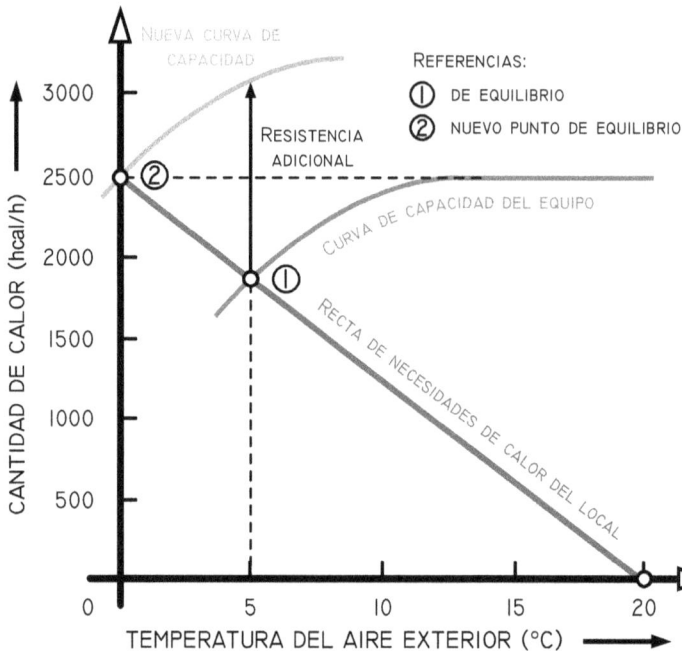

Fig. 5.18: Gráfico de funcionamiento de un equipo con bomba de calor

Se observa que la recta de la habitación corta a la curva del equipo en un punto 1 que constituye lo que se denomina *punto de equilibrio* del sistema, que en este caso es de 5°C. A la derecha el equipo entrega o es capaz de entregar mas calor que el necesario, por lo que mediante un termostato interior se mantiene la temperatura establecida en el local, sin embargo, a la izquierda de dicho punto son mayores las necesidades de calor del local que lo que suministra el equipo por lo que el mismo es insuficiente.

Por ello, es necesario agregar a partir de ese punto de equilibrio *calor suplementario*, por lo que se utiliza una resistencia eléctrica adicional, con lo que se aumenta la capacidad del equipo hasta alcanzar un nuevo punto de equilibrio 2, cuando la temperatura exterior llega a la condición de diseño.

Refrigeración por absorción

La máquina de absorción consta de evaporador y condensador, tal cual los sistemas de refrigeración mecánica, pero difiere de ésta, en la manera de transformar el vapor refrigerante a baja presión y temperatura, apto para pasar al condensador. En la máquina de compresión, para tal efecto, se utiliza un compresor, mientras que en la absorción se emplean un conjunto de elementos constituidos por *un depósito de absorción, bomba de agua, una fuente de calor y un depósito separador*, de modo que el vapor refrigerante que se produce en el evaporador no es aspirado por un compresor, sino que es *absorbido* por un medio absorbente, de allí el nombre de este sistema.

En efecto, hay ciertas sustancias que tienen avidez entre sí, o sea, que tienen la propiedad de absorber a otra. Por ejemplo, el *agua* tiene avidez por el vapor de *amoníaco,* que se usa como sustancia refrigerante y de esta manera, una vez producida la vaporización del amoníaco en el evaporador, es absorbido por el agua que se encuentra en el depósito de absorción o absorbedor.

El *amoníaco*, si bien es un buen refrigerante desde el punto de vista termodinámico, no lo es en cuanto a su utilización en aire acondicionado ya que tiene el inconveniente de ser tóxico y corrosivo, por lo que estos equipos de absorción se emplean en forma de enfriadores de agua en pequeñas potencias. En instalaciones de cierta envergadura se utilizan el *bromuro de litio como absorbente y el agua como refrigerante,* por lo que al emplearse el agua como refrigerante, el sistema funciona con muy baja presión.

Los principios teóricos del ciclo, aplicado a un sistema de absorción de bromuro de litio y agua, se basan en dos aspectos principales:

• *Absorción: una solución salina de bromuro de litio tiene la propiedad de absorber vapor de agua.*

- *Evaporación: el agua usada como refrigerante se evapora a las temperaturas adecuadas para aire acondicionado, pero a baja presión.*

Supóngase un recipiente lleno con una solución de bromuro de litio concentrado y otro recipiente que contiene agua y una cañería conecta a ambos recipientes habiéndose efectuado en ambos recipientes un alto vacío. El agua hierve a 100ºC a presión atmosférica normal de 760 mmHg, pero a una presión de 6,5 mmHg disminuye su temperatura de ebullición a 5°C y el bromuro de litio comienza a absorber el vapor generado, con el calor del agua que circula por los tubos de un serpentín que alimenta una unidad de tratamiento de aire.

Como el agua se puede evaporar con mas facilidad si está pulverizada se utiliza una bomba para circular desde la parte inferior del evaporador hasta el pulverizador situado en la parte superior. Debajo de dicho pulverizadores se encuentra el serpentín del agua enfriada, como se observa en el esquema de la *figura 5.19*.

La solución de bromuro de litio, si está pulverizada también absorbe mas fácilmente el vapor de agua, por lo que se utiliza una bomba para hacerla circular desde la parte inferior de la cámara de absorción o absorbedor hasta el pulverizador también ubicado en la parte superior. Como la solución se va diluyendo al absorber el vapor de agua del enfriador, es necesario contar con algún medio para mantener la concentración de la solución para que ésta pueda seguir constantemente absorbiendo el vapor de agua del evaporador.

Por ello, la solución diluida es bombeada al generador donde se le aporta calor mediante un serpentín con vapor de agua de una caldera para hacer que el agua contenida en la dilución hierva, separándose en forma de vapor. Actualmente existe en plaza enfriadora de agua de *fuego directo* utilizando combustible como el gas natural, que es de aplicación mas sencilla.

De esa forma, la solución vuelve a concentrarse y es retornada a la cámara de absorción y para aumentar el rendimiento se intercala un intercambiador de calor para que el bromuro de litio que retorna concentrado caliente se refrigere calentando a su vez la solución diluida que va al separador, como se observa en la *figura 5.20* de modo que, la solución otra vez concentrada sin el vapor de agua vuelve al absorbedor a fin de continuar con el ciclo de absorción.

El vapor de agua separado en el generador pasa al condensador y al entrar en contacto con el serpentín donde circula agua enfriada por medio de una torre de enfriamiento, se condensa, volviendo al evaporador. El agua de la torre de enfriamiento se la hace

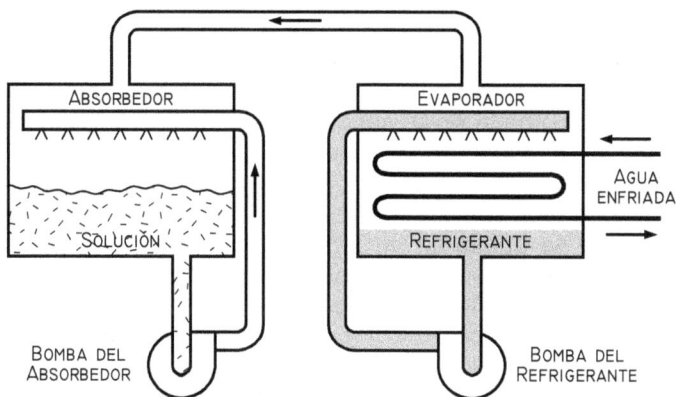

Fig. 5.19: Proceso de absorción

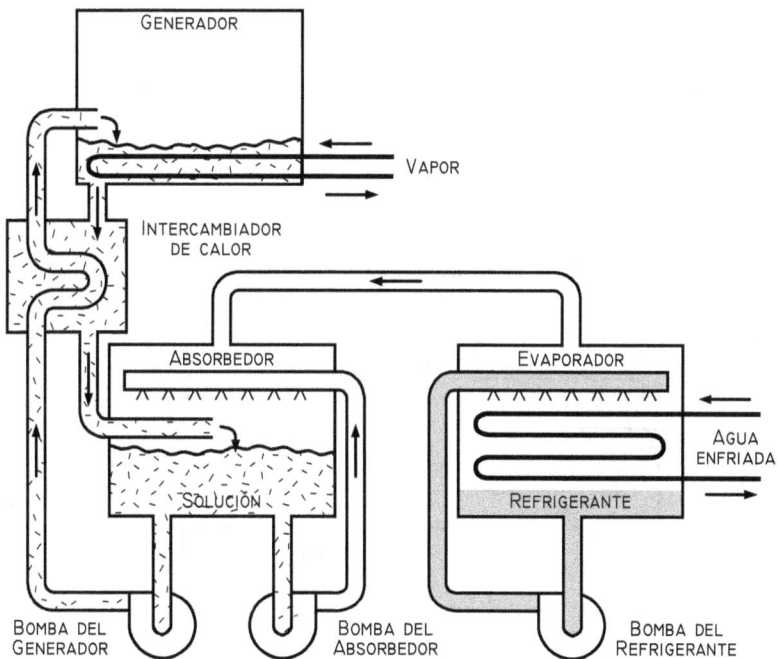

Fig. 5.20: Proceso de absorción y reconcentración del absorbente

pasar previamente por un serpentín para recoger también el calor generado en la dilución, como se observa en la *figura 5.21*.

El agua al entrar en el evaporador encuentra una zona de depresión, generada por la acción absorbente de la solución concentrada que se halla en el absorbedor y que está ávida de agua para alcanzar un equilibrio estable de la solución diluida. Debido a la baja presión el agua evapora a baja temperatura absorbiendo calor a través de los tubos del intercambiador que compone el evaporador y que se utiliza en otro circuito cerrado para enfriar agua que se destina a las unidades de tratamiento del aire de los locales a acondicionar. Como se puede observar la energía que se utiliza se consume en bombas circuladoras y no en la compresión, siendo el refrigerante utilizado agua y la sal de bromuro de litio ha actuado como un compresor común en un ciclo de refrigeración mecánica.

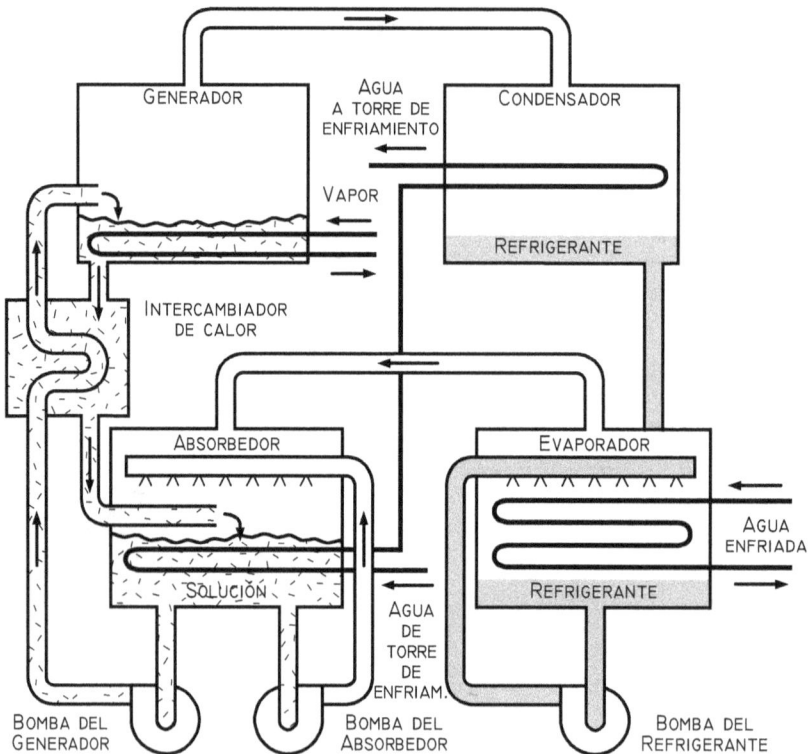

Fig. 5.21: Ciclo completo de absorción

En efecto, en el ciclo de refrigeración mecánica el compresor succiona el gas refrigerante y luego lo tiene que comprimir para elevarlo la sobre la fuente de enfriamiento del condensador que puede ser el aire exterior o el agua de una torre de enfriamiento, para poder condensarlo.

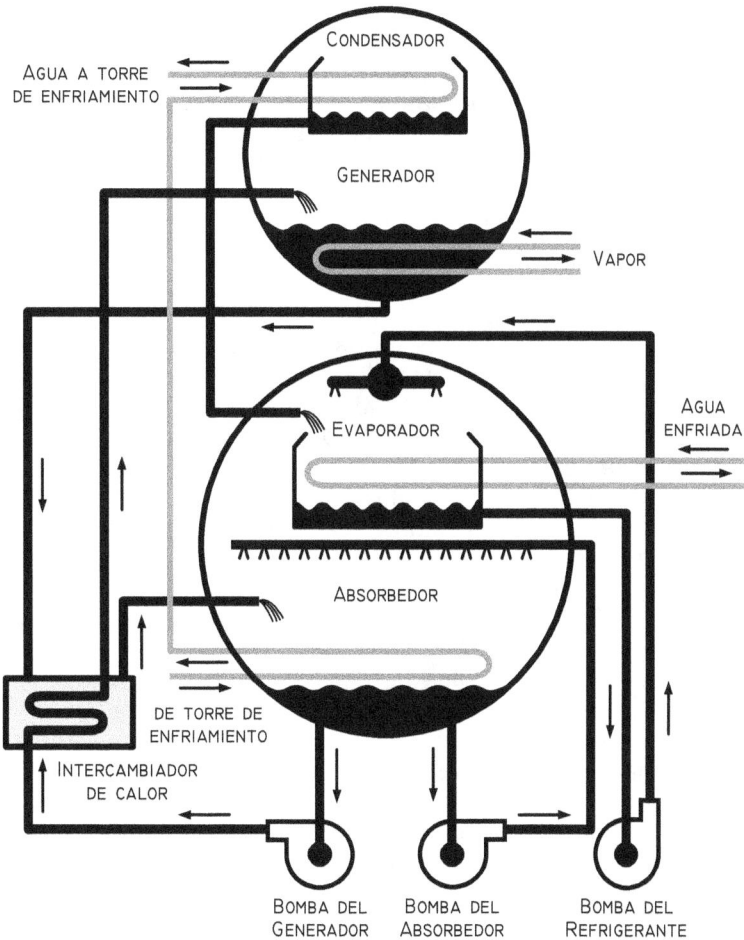

Fig. 5.22: Esquema de funcionamiento de la máquina de absorción

En este sistema, esa función lo realiza la solución de bromuro de litio que absorbe el vapor de agua que es el refrigerante y luego eleva la temperatura en el separador no por compresión sino por calentamiento para separarlo de la concentración y poder nuevamente condensarlo en el medio de enfriamiento. En la *figura 5.22* se muestra el esquema de una enfriadora de absorción completa con los accesorios que son necesarios.

Aplicaciones de la máquina de absorción

La máquina de absorción es completamente estática y no produce vibraciones ni ruidos y además utiliza como absorbente el bromuro de litio *que es un gas no contaminante atmosférico*, siendo el campo de aplicación de estas máquinas para unidades enfriadoras de agua de mas de 100 ton, que necesiten estar operativas en forma constante. Son de funcionamiento muy flexible especialmente a cargas parciales y fundamentalmente donde se dispone de una fuente de calor barata o gratis como lo puede ser el calentamiento solar o para *cogeneración* utilizando los gases de escape o calores residuales de otros ciclos.

Otra aplicación importante es para *reducir el consumo eléctrico* cuando no hay una disponibilidad adecuada o las tarifas son excesivas ya que consumen aproximadamente el 20% de energía eléctrica que lo que necesita una enfriadora centrífuga de igual tamaño.

Como inconvenientes se puede mencionar la *cristalización* que ocurre cuando la concentración bromuro de litio se sobresatura, manifestándose generalmente en el intercambiador de calor de retorno de la solución concentrada al absorbedor. Ello puede producirse por la interrupción del ciclo de dilución por corte de la energía eléctrica o reducción repentina de la temperatura del agua de condensación.

Además, toda la máquina de absorción funciona a presión inferior a la atmosférica de modo que cualquier entrada de gases incondensables como aire o hidrógeno este último producto de una leve corrosión, hacen necesario la eliminación por medio de una unidad de purga, ya que al acumularse en el absorbedor reduce la transmisión de calor y la absorción del refrigerante.

CAPITULO 6

SISTEMAS UNITARIOS

Generalidades

Los sistemas unitarios se caracterizan por utilizar equipos de expansión directa del tipo *compactos autocontenidos* que son aquellos que reúnen en un solo gabinete todas las funciones requeridas para el funcionamiento del aire acondicionado y que se ubican dentro de los locales o sirviendo directamente a los mismos.

Se consideran comprendidos en estos sistemas los equipos que *se instalan en los locales servidos* o *colindantes* con rejas, plenos o conductos de distribución en los mismos ambientes, pero cuando se colocan en forma remota en salas de máquinas distribuyendo el aire con conductos desde las mismas, se los suele caracterizar a esos sistemas como de "*todo aire*".

Acondicionador de Aire individual de ventana o muro

Es un equipo cuya capacidad normalmente llega hasta las 6000 frigorías, compuesto básicamente de los elementos que se indican:

- *Gabinete o carcaza de montaje.*
- *Compresor hermético blindado.*
- *Condensador y evaporador con serpentín de tubos de cobre y aletas de aluminio.*
- *Ventilador centrifugo para el evaporador y helicoidal para el condensador, con motor de accionamiento común.*
- *Sistema de calefacción por resistencia eléctrica o bomba de calor.*

En la *figura 6.1* se muestran en forma esquemática los componentes de un equipo individual y la forma en que circula el aire a través del mismo y en la *tabla 6.1* las capacidades típicas.

Su colocación es sencilla y para ambientes chicos con relativamente bajas cargas térmicas, habiendo sido diseñados fundamentalmente para aplicaciones electrodomésticas, contando con varias limitaciones entre las que se indican:

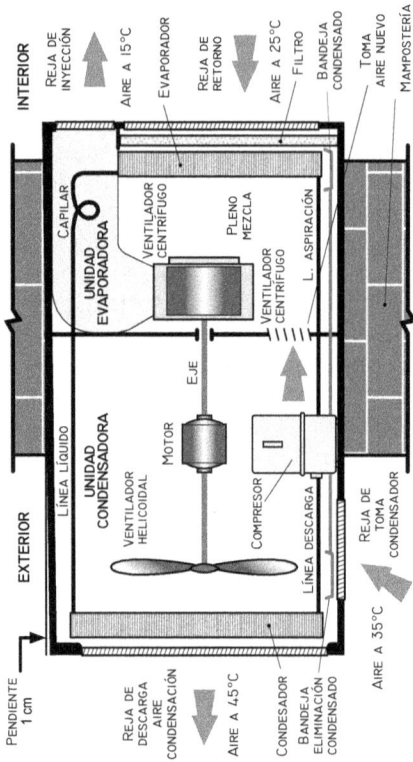

Fig. 6.1: Esquema de funcionamiento de equipo individual de aire

Etiquetas de la figura:

PENDIENTE 1 cm — EXTERIOR — INTERIOR — LÍNEA LÍQUIDO — UNIDAD CONDENSADORA — VENTILADOR HELICOIDAL — MOTOR — EJE — COMPRESOR — LÍNEA DESCARGA — REJA DE TOMA CONDENSADOR — AIRE A 35°C — CONDENSADOR — BANDEJA ELIMINACIÓN CONDENSADO — REJA DE DESCARGA AIRE CONDENSACIÓN — AIRE A 45°C — CAPILAR — UNIDAD EVAPORADORA — VENTILADOR CENTRÍFUGO — PLENO MEZCLA — L. ASPIRACIÓN — VENTILADOR CENTRÍFUGO — REJA DE INYECCIÓN — AIRE A 15°C — EVAPORADOR — REJA DE RETORNO — AIRE A 25°C — FILTRO — BANDEJA CONDENSADO — TOMA AIRE NUEVO — MAMPOSTERÍA

Tabla 6.1: Capacidades típicas de acondicionadores de aire de ventana

CAPACIDADES TÍPICAS DE ACONDICIONADORES DE AIRE DE VENTANA

Capacidad de Frigorías/hora (1)	1500	1500	2000	2500	2500	3000	3000	2950	3500	3500	4000	4000	4500	4500	5000	5000	5500	5500
Capacidad de Calorías/hora	-	1720	-	2400	-	2900	-	3100	-	3950	-	3950	-	4150	-	4150	-	4600
Tensión	220 Volts																	
Amperes en frío	6,8	6,8	7,5	7,5	8,5	8,5	9,5	9,5	13	13	13,5	13,5	14	14	19	19	20	20
Watts en frío	1240	1240	1400	1400	1490	1490	1800	1800	2300	2300	2500	2500	2700	2700	3300	3300	3600	3600
Amperes en calor	-	9,5	-	13	-	16,5	-	17	9	-	22	-	24	-	24	-	27	-
Watts en calor	-	2050	-	2800	-	3500	-	3600	1600	4750	-	4750	-	5100	-	5100	-	5650
Frecuencia	50 Hertz																	
Sistema de calefacción (2)	-	R	-	R	-	R	-	R	VR	-	R	-	R	-	R	-	R	-

(1) Las capacidades son las realmente entregadas al ambiente en condiciones de temperatura ambiente exterior de 35°C, bulbo seco y 24°C, bulbo húmedo
(2) En los sistemas de calefacción, R significa Resistencia y VR significa Válvula y Resistencia (Bomba de calor)

DIMENSIONES DEL GABINETE Y PESO DEL EQUIPO

Ancho (mm)	560	560	560	560	560	680	680	680	680	680	680	680	680	680	680	680	680	680
Profundidad (mm)	530	530	530	530	530	710	710	710	710	710	710	710	710	710	710	710	710	710
Alto (mm)	350	350	350	350	350	460	460	460	460	460	460	460	460	460	460	460	460	460
Peso Neto (kg)	49	49,5	52	52,5	74	74,5	77	77,5	78	80,5	81	84,5	85	89	89,5	91,5	92	92,5

- *El alcance está limitado a locales no muy profundos, en general menos de 5 m.*
- *No están diseñados para instalarlos con conductos de distribución.*
- *No tienen alta capacidad de ventilación, porque está destinado a locales con pocas personas, donde no es necesario una renovación grande de aire del local.*
- *No están fabricados para funcionamiento permanente en el ciclo de refrigeración durante todo el año.*
- *No cuentan con control de humedad.*
- *El filtrado es de baja eficiencia del tipo lavable.*
- *Son equipos autocontenidos donde el compresor está incluido en el mismo equipo por lo que en general no son equipos inaudibles.*

Por ello, los acondicionadores de aire individuales de ventana o muro, deben desecharse como solución para la resolución de proyectos de edificios de mediana y gran envergadura, estando destinado a pequeños edificios de uso residencial. Las paredes o ventanas mas conveniente para instalar el acondicionador son al sur, sudeste, o este, por la menor incidencia solar que hace mejorar el rendimiento de la unidad condensadora al trabajar a menor temperatura, no debiéndose colocar en lo posible sobre pared oeste y debe poseer adecuada circulación de aire en el condensador, evitando recirculaciones.

El equipo no debe ubicarse de modo que descargue el aire en forma directa sobre las personas, contando con grillas de distribución del tipo direccional de modo de orientar fácilmente la descarga de aire. Debido a su reducido tamaño y a que su unidad de acondicionamiento va montado sobre un chasis deslizable, las operaciones para colocarlo son sumamente fáciles de ejecutar, por lo que, es conveniente ubicar el equipo a no mas de 1,50 m sobre el nivel del piso, de manera de permitir un fácil cómodo acceso al panel de controles y a la vez facilitar las tareas de mantenimiento.

El acondicionador debe tener una leve caída hacia el exterior, para que el agua de condensación del evaporador que es recogida en una bandeja, pase por gravitación a otra ubicada bajo el ventilador del condensador, con el fin de que este la pulverice sobre la batería de condensación para aumentar el rendimiento del equipo. Por otra parte, esta pendiente evita que el agua que se pudiera depositar en los días de lluvia o por cualquier razón pueda pasar al interior del ambiente acondicionado.

Los motores eléctricos del acondicionador están diseñados para trabajar con corriente alternada monofásica 220 Volt, 50 ciclos/seg.

Se recomienda en aplicaciones de viviendas que la línea de alimentación eléctrica del acondicionador sea independiente de la instalación general, debiendo tener una sección de conductores que permita cada vez que sea necesario, el arranque del aparato sin que se produzcan excesivas caídas de tensión para lo cual deber utilizarse cables, fusibles y llaves termomagnéticas adecuadas.

En cuanto a la calefacción, los modelos se complementan con *resistencias eléctricas* incluidas en la unidad, o mediante la *bomba de calor* que incorpora una válvula especial inversora del ciclo de refrigeración.

Cálculo simplificado

Tratándose de un artefacto electrodoméstico, para el análisis de las cargas de calor en verano en el caso de acondicionadores de aire individuales de ventana o muro no resulta necesario un cálculo tan pormenorizado, pudiéndose efectuar una *estimación* sobre la base de un *formulario práctico* que establece gran numero de simplificaciones, pero asegura que el equipo satisfaga condiciones de funcionamiento dentro de la zona de confort.

Por ello, es conveniente efectuar un cálculo para lo cual se utilizan *planillas de balance térmico* en que se agrupan los valores tabulados confeccionado para una temperatura de diseño exterior 35ºC y 40% HR, pudiendo ser utilizado para cualquier área de la República Argentina, mediante un factor de corrección que se establece en un mapa y se incluye un *factor día* y un *factor noche* para el cálculo de las cargas de acondicionamiento, según la utilización dada a ese local. Por ejemplo un dormitorio sería factor noche, porque ese sería el destino del acondicionamiento de aire de ese local.

Esta planilla ha sido adoptada en general para el cálculo, y ella ha sido confeccionada sobre la base de la Norma NEMA STANDART CN-1/65 (National Electrical Manufactures Association, USA) la cual se muestra en la *tabla 6.2* con las instrucciones respectivas. Los números se refieren a los ítem de la planilla de cálculo.

Ejemplo:

Supóngase acondicionar el living de una casa ubicada en la ciudad de Córdoba, cuyas dimensiones y características se indican en la ilustración de la *figura 6.2*. Los datos son:

- *Altura del local 2,7 m*
- *Techo aislado*

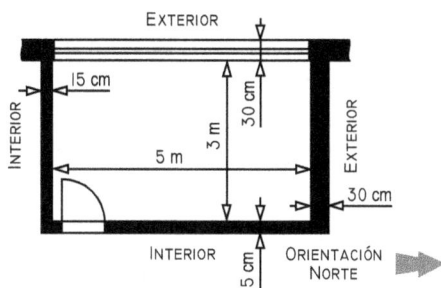

Figura 6.2: Planta de local a acondicionar

- *Personas: 3*
- *Luces: 300 Watts*
- *Ventanas: 2 m de altura con vidrio simple y cortinas interiores (ver cálculo en planilla de tabla 6.2)*

Equipos autocontenidos externos (Roof-top)

Son unidades diseñadas especialmente para instalación en intemperie y son adecuados para locales de una sola planta con cubierta plana tales como residencias, oficinas, supermercados, industrias, etc., cuyo esquema de funcionamiento se muestra en la *figura 6.3*.

En la *tabla 6.3* se indican sus capacidades típicas. Constituye el paso siguiente al acondicionador individual partiendo desde 6000 frig/hora o *2 TR* hasta mas de *30 TR*, con la posibilidad de incorporar conductos de distribución del aire. Ellos utilizan suministro eléctrico trifásico.

Normalmente se los fabrica con descarga y retorno lateral para flexibilizar su instalación, permitiendo su montaje sobre paredes, marquesinas o en lugares difícilmente accesibles para cualquier otro aparato, lo que permiten resolver una innumerable serie de instalaciones a un costo muy bajo, con calefacción a gas natural, eléctrica o bomba de calor. También se diseñan para la descarga y el retorno del aire en forma vertical para ubicarlos sobre las aberturas de los techos, tal cual se muestra en la *figura 6.4*.

Estas unidades vienen preparadas para operar con conductos únicamente en su parte evaporadora, mientras que el aire de condensación es aspirado directamente del exterior, a través de los laterales posteriores del equipo, por un ventilador helicoidal de funcionamiento a baja velocidad. Se los suministra completos con termostato ambiente y un panel de mandos.

Tabla 6.2: Planilla de calculo de carga de aire acondicionado, equipos individuales

Item	Dimensiones	Factor			Factor de noche	Observaciones	Carga de enfriamiento (kcal/h ó Dimensión x factor)
PLANILLA DE CALCULO CARGA AIRE ACONDICIONADO EQUIPOS INDIVIDUALES							
		Factor de día					
1) *Ventanas*: calor solar (use la exposición con la mayor carga)		No protegido	Persiana o sombra	Toldo exterior			
a) Noreste		201	82	54	0		
b) Este		268	107	67	0		
c) Sudeste		161	67	54	0		
d) Sur		0	0	0	0		
e) Sudoeste		321	134	94	0		
f) Oeste	10 m²	401	174	120	0		
g) Noroeste		294	120	80	0		
h) Norte		201	94	54	0		1740
2) *Ventanas*: pérdidas por transmisión. Sumar el total de ventanas.							
a) Vidrio simple	10 m²	37			37		
b) Vidrio doble o ladrillos de vidrio		19			19		370
3) *Paredes*:		Construcción					
a) *Exteriores*:		Liviana		Pesada			
- orientación al sur		25		17	25		
- otras orientaciones	8 m	50		25	25		200
b) *Interiores*: entre espacios acondicionados y no a- condicionados so- lamente	8 m	25			25		200
4) *Techos o cielo rasos*:							
a) Techo no aislado		51			13		
b) Techo aislado	15 m²	21			8		
c) Cielo raso. Piso ocupado arriba		8			8		
d) Cielo raso, aisla- do, desván arriba		13			11		
e) Cielo raso. No aislado, desván arriba		32			19		315
5) *Piso* (omitir cuando está sobre tierra u otro basamento)	m²	8			8		
6) *Personas y ventilación* (número de personas)	3	150			150		450
7) *Luces y aparatos eléctricos en uso*	300 watts	0,86			0,86		260
8) *Puertas y arcos*: abierto contínuamen- te hacia ambientes sin acondicionar. Ancho	m	250			167		
9) *Subtotal*							3525
10) *Pérdida total*	3525 (ítem 9) x 1,1			Factor del mapa =			

3900

Instrucciones para el uso del formulario

1) Multiplicar la superficie de la ventana expuesta, solamente a la orientación de mayor carga, por el factor que corresponda. Para cortina interior, por ejemplo, persiana tipo veneciano, se aplica el factor *persiana o sombra*. Para protección exterior como toldos o parasol, se usa el factor *toldo exterior*. Para ladrillos de vidrio multiplicar por el factor 0,5. Para doble vidrio o persiana protegida por celosía multiplicar por 0,8.

Tabla 6.2: Planilla de calculo de carga de aire acondicionado (Continuación)

2) Multiplicar el área total de todas las ventanas por el factor respectivo.

3) Multiplicar la longitud total de la pared por su factor. Una pared de mampostería de 0,20 m o menos es *construcción liviana*, y si es mayor de 0,20 metros de espesor *construcción pesada*. Las paredes con estructuras adyacentes se consideran *orientación sur*. En el formulario se considera que la altura de las paredes son de 2,70 m aproximadamente.

4) Multiplicar la superficie total del techo o cielo raso por su factor.

5) Multiplicar la superficie total del piso por su factor. No se debe tener en cuenta este ítem para el caso de piso sobre tierra.

6) Multiplicar el número de personas por su factor. Debe considerarse como mínimo dos personas. Se ha considerado en el factor de este ítem el calor apartado por la entrada de aire exterior para ventilación.

7) Multiplicar el número de watts consumidos por luces y aparatos eléctricas por su factor.

8) En el caso de puertas o vanos continuamente abiertos hacia un ambiente sin acondicionar, multiplicar el ancho en metros por el factor dado. Cuando el ancho dei vano es mayor de 1,50 metros, ambos ambientes deben considerarse uno solo.

9) Subtotal, suma de las cargas de los 8 ítems anteriores.

10) Multiplicar el valor obtenido en el *ítem 9* por el factor del mapa.

Nota: El factor noche solamente es empleado en aquellos ambientes donde se desea sólo confort de noche (por ejemplo, dormitorios).

Factor corrección

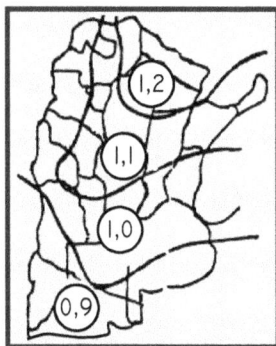

- *Iluminación*, 20 a 30 watts/m^2 de local.
- *Televisor*, 300 watts.
- *Heladera común*, 200 watts.
- *Heladera con freezer*, 360 watts.
- *Aspiradora*, 500 watts.
- *Ventilador*, 50 a 150 watts.
- *Radio eléctrica*, 50 watts.
- *Centro musical*, 150 watts.
- *Plancha*, 700 watts.
- *Proyector de diapositivas*, 500 a 1500 watts.
- *Computadora personal*, 300 watts.

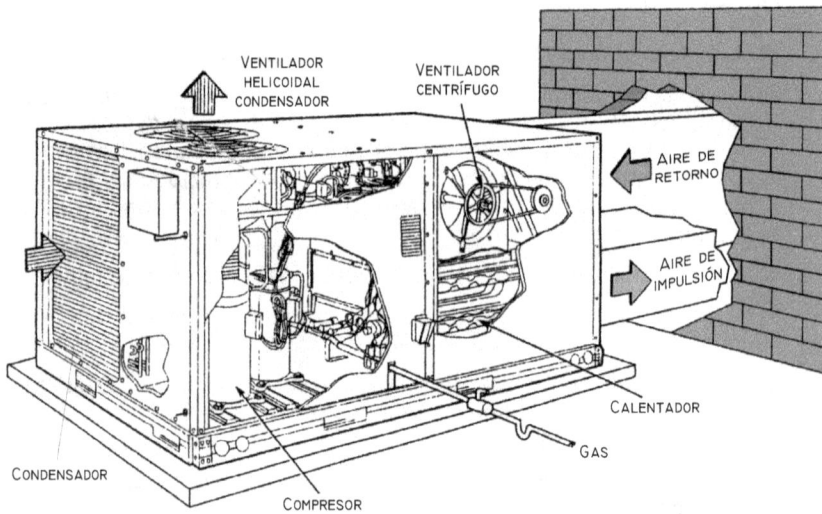

Fig. 6.3: Detalle esquemático de equipo roof-top
con calefactor a gas natural

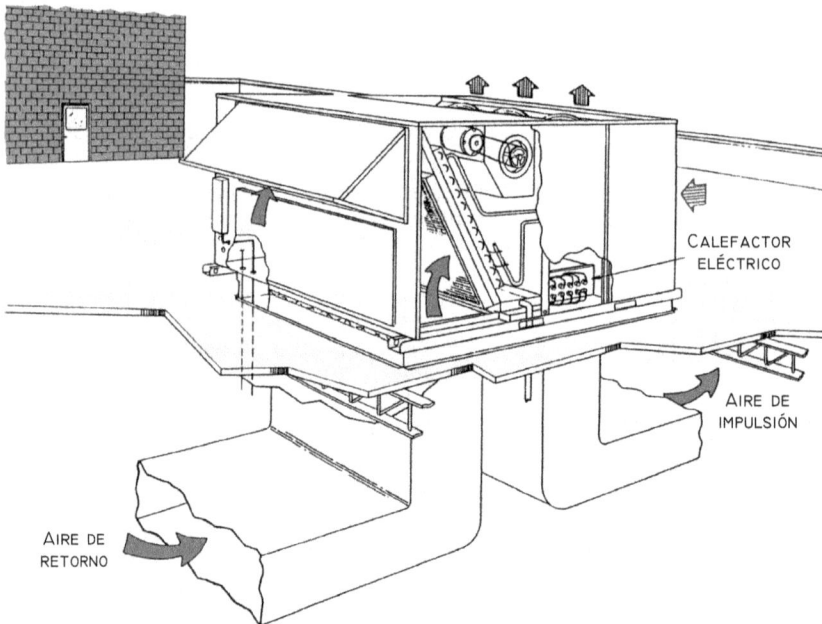

Fig. 6.4: Detalle de montaje roof-top con descarga vertical

Tabla 6.3: Capacidades típicas de equipos roof-top

DATOS GENERALES CARACTERISTICOS DE EQUIPOS ROOF-TOP

Modelo	RT 3	RT 5	RT 7,5	RT 10
Capacidad nominal (frigorías/hora x 1000)	9,0	15,0	22,0	30,0
Consumo nominal (kW)	5,0	6,5	9,5	11,5
Caudal nominal (m³/minuto)	35	55	85	110
Presión disponible (mmca)	8	10	12	15
Dimensiones ancho x largo x altura (m)	1,10 x 1,20 x 0,75	1,10 x 1,20 x 0,75	1,1 x 1,60 x 1,20	1,50 x 1,70 x 1,20

CAPACIDADES DE REFRIGERACION (frigorías/hora x 1000)

Entrada aire condensador (°C)	Entrada aire evaporador TBH (°C)	RT 3						RT 5						RT 7,5						RT 10					
		Caudal de aire del ventilador del evaporador (m³/min)																							
		30		35		40		45		55		60		70		85		100		85		110		140	
		T	S	T	S	T	S	T	S	T	S	T	S	T	S	T	S	T	S	T	S	T	S	T	S
30	22	9,3	4,0	10,0	4,5	10,2	4,7	15,7	6,8	16,7	7,5	17,2	8,0	23,3	10,5	25,3	11,7	25,0	12,5	30,8	13,0	33,0	14,5	34,5	15,7
	19	8,5	5,5	9,2	6,3	9,5	7,2	14,5	9,2	15,5	10,5	16,0	12,0	21,7	13,7	22,8	15,2	24,0	17,0	28,5	17,0	30,0	19,5	31,7	22,2
	17	8,2	6,5	8,7	7,7	9,0	9,0	14,0	11,0	14,8	13,0	15,5	15,4	20,5	15,4	22,3	18,5	23,0	21,0	27,0	19,5	29,4	21,7	30,2	27,6
35	22	9,0	4,0	9,3	4,2	9,8	4,5	15,0	6,5	15,9	7,0	16,5	7,7	22,2	10,2	24,0	11,2	25,0	12,0	29,3	12,5	31,4	13,7	33,0	15,0
	19	8,5	5,3	9,0	6,0	9,0	7,0	14,0	8,8	15,0	10,0	15,3	11,8	20,7	13,0	22,0	14,7	23,4	16,5	27,2	16,2	29,2	18,7	30,8	21,5
	17	8,2	6,2	8,5	7,5	8,8	8,8	13,3	10,5	14,2	12,6	15,0	15,0	19,5	15,0	21,3	17,4	22,2	20,0	26,0	19,0	26,2	22,5	29,0	26,5
40	22	8,5	3,7	9,0	4,0	9,3	4,3	14,5	6,3	15,3	6,8	15,7	7,3	21,5	10,0	23,7	10,7	23,7	11,4	28,5	12,3	30,0	13,0	31,3	14,5
	19	8,0	5,0	8,5	5,8	8,7	6,5	14,3	9,7	14,7	11,0	14,7	11,0	20,0	12,5	21,3	14,3	22,5	16,0	26,2	15,7	28,2	18,2	29,7	21,0
	17	7,5	6,0	8,0	6,5	8,5	8,5	12,7	10,0	13,7	11,0	14,5	14,3	18,8	14,5	20,4	15,8	21,4	19,3	25,0	18,3	27,0	21,5	26,0	25,5

Referencias: T: Calor total   S: Calor sensible total

Equipos autocontenidos interiores con condensación por aire incorporada (Wall Mounted)

Están diseñados en un gabinete con dos ventiladores centrífugos, uno para el evaporador y otro para el condensador según el esquema que se muestra en la *figura 6.5.*

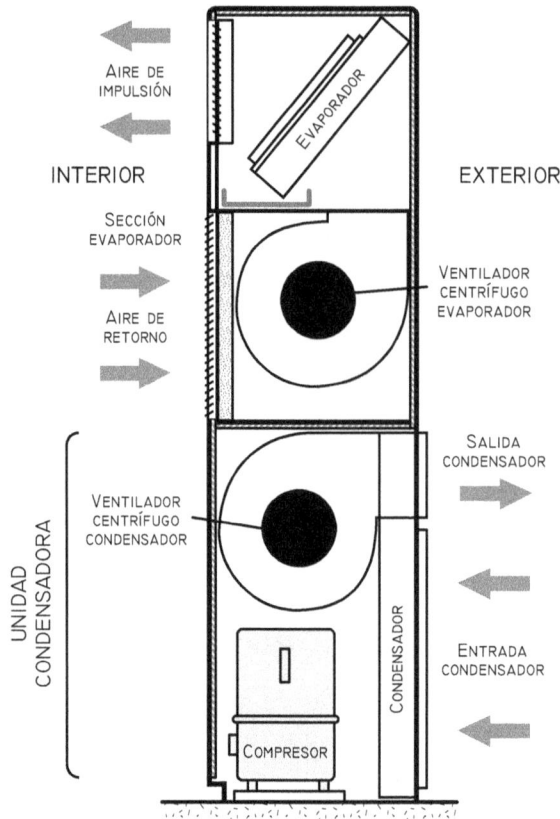

Figura 6.5: Esquema de funcionamiento de equipo compacto autocontenido interior

Necesita una entrada y una salida de aire exterior para la condensación del refrigerante, pero dado que el ventilador es del tipo centrífugo, se puede colocar el aparato en el interior de un local o sótano y conducir este aire del condensador al exterior. Los requisitos indispensables para su instalación son:

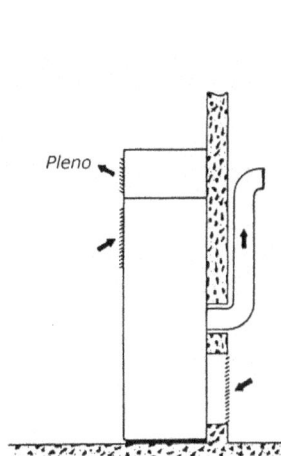

Evaporador con retorno directo por pleno. Condensador con toma directa a través de pared y descarga por conducto.

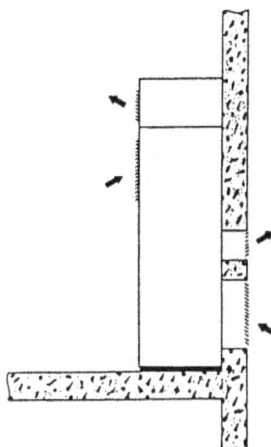

Evaporador con retorno directo por pleno. Condensador con toma y descarga directa a través de abertura en pared.

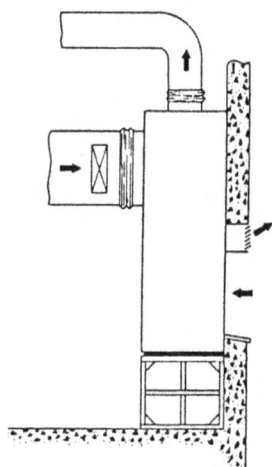

Evaporador con retorno por conducto con toma de aire exterior y alimentación por conductos. Condensador con toma y descarga directa aprovechando abertura de ventana existente.

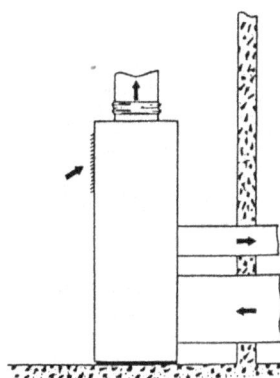

Evaporador con retorno directo y alimentación por conductos. Condensador con toma y descarga por conductos al exterior.

Fig. 6.6: Posibilidades de instalación equipos autocontenidos interiores

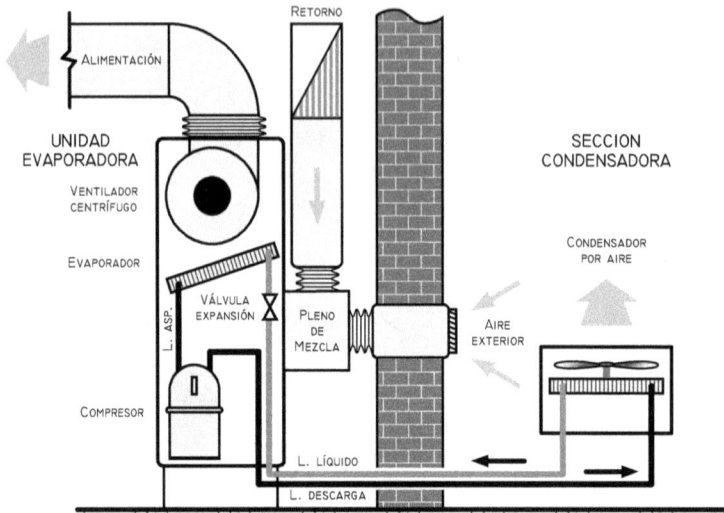

Fig. 6.7: Esquema de funcionamiento de equipo compacto expansión directa con condensador exterior enfriado por aire

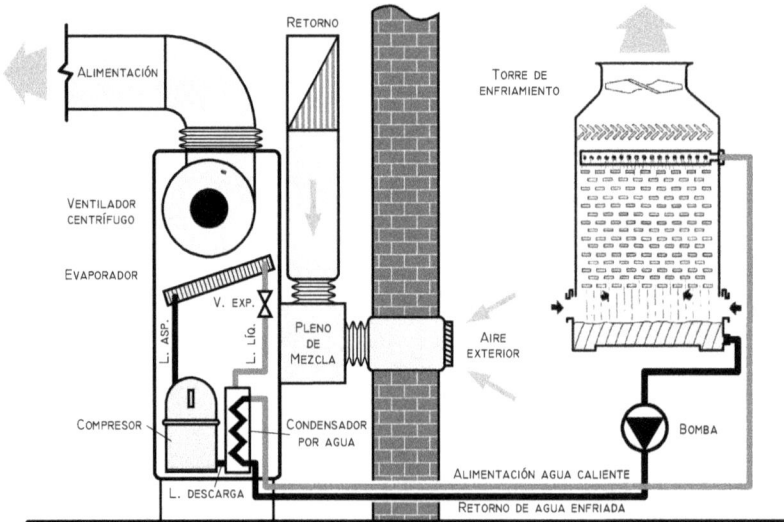

Figura 6.8: Esquema de funcionamiento de equipo compacto expansión directa con condensación por agua

- *Salida de aire al local.*
- *Retorno de aire del local.*
- *Salida de aire del condensador al exterior.*
- *Entrada de aire al condensador desde el exterior.*

En la *figura 6.6* se indican las posibilidades de instalación de estos equipos

Acondicionador de aire interior compacto expansión directa, con condensador exterior enfriado por aire

Estos equipos se diferencian del anterior en que el *condensador* está compuesto por un gabinete independiente que contiene el ventilador y el serpentín de condensación, y se lo ubica en el exterior, siendo vinculado con el equipo interior que contiene el compresor, evaporador y ventilador, mediante cañerías de refrigerante tal cual se indica en la *figura 6.7*. De esa manera, se logra una mayor flexibilidad en el diseño y ubicación de los equipamientos.

Acondicionador de aire interior compacto autocontenido expansión directa, con condensador enfriado por agua

Son equipos del tipo interior con compresor, evaporador y ventilador dentro del gabinete, similar al anterior, pero también cuenta con un condensador incorporado, enfriado por agua. De ese modo, la condensación del refrigerante es producida por medio de agua que se lleva el calor extraído por el aparato, empleando para ello un intercambiador *gas caliente-agua* ubicado dentro de la misma unidad, circulándose el agua mediante cañerías y bomba, a una *torre de enfriamiento* exterior para extraer el calor al agua y reducir su temperatura, tal cual se muestra en la *figura 6.8*.

Sistema con equipos unitarios con bomba de calor por circulación de agua (WLHP)

El sistema denominado WLHP (Water Loop Heat Pump) consiste en un conjunto de equipos unitarios autocontenidos frío-calor, vinculados con cañerías de agua, que permiten la transferencia de cargas *agua–refrigerante*, aplicando la bomba de calor, mediante válvulas reversibles del ciclo automáticas.

Se utilizan equipos individuales autocontenidos del tipo consola, para ubicar bajo ventanas o de colgar en cielorraso o también del tipo compacto interior para instalarlos con conductos de aire de distribución, en capacidades que varían normalmente de 2 hasta 10 toneladas. Los equipos son enfriados por agua mediante dos cañerías de distribución vinculadas con *una torre de enfriamiento en circuito cerrado* para apoyo del ciclo de refrigeración o con una *caldera de agua caliente* como refuerzo del ciclo de calefacción, como se observa en la *figura 6.9.*

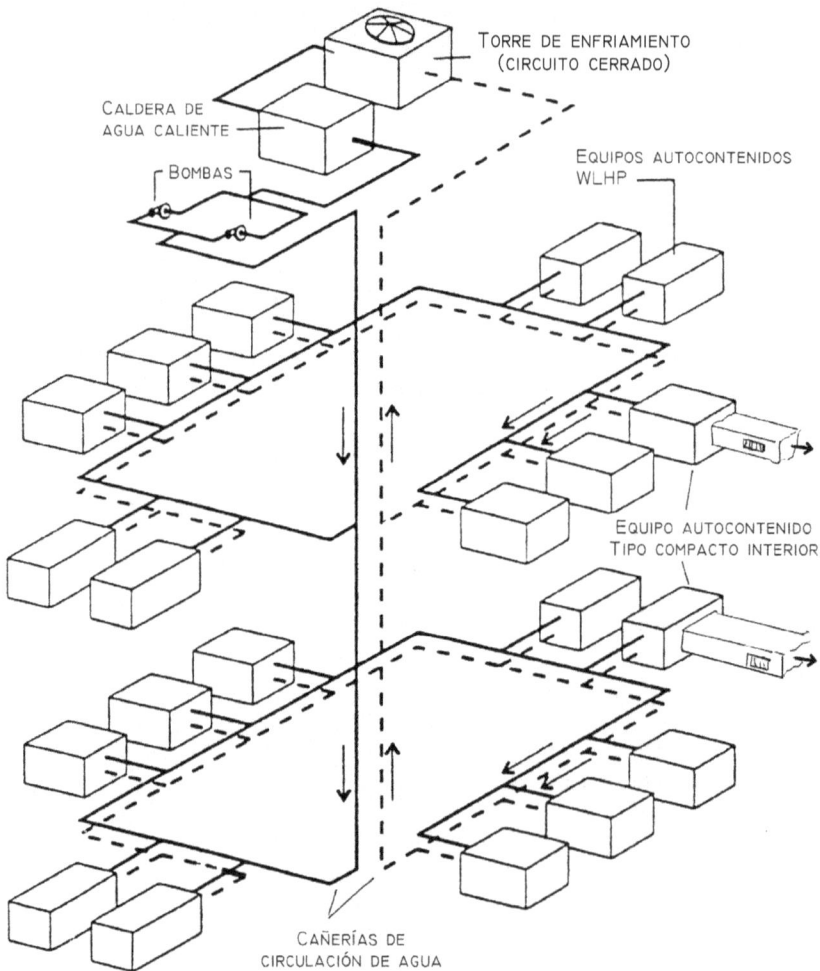

Fig. 6.9: Esquema de funcionamiento de sistema unitario con bomba de calor por circulación de agua (WLHP)

Las unidades se ubican de modo de servir las distintas zonas del edificio especialmente las áreas centrales y perimetrales, para producir la transferencia o transvase de cargas, aprovechando la bomba de calor mediante un circuito cerrado de circulación de agua, que es el encargado de transportar el calor desde un sector a otro. Por ejemplo, una zona central de un edificio por las disipaciones internas producidas, eventualmente puede requerir refrigeración en invierno, por lo que el calor de condensación es transportado a las unidades de las zonas perimetrales que necesitan calefacción, dando como resultado un alto ahorro energético.

Funcionamiento de los equipos WLHP

El sistema utiliza unidades acondicionadoras de aire, de ciclo reversible que actúan como calefactoras y enfriadoras estando conectadas mediante una red central de agua que actúa como *receptáculo de calor* y que además cuenta con elementos capaces de disipar el exceso de calor mediante una torre de enfriamiento en circuito cerrado o de suministrar calor suplementario mediante una caldera de agua caliente, cada vez que ello sea necesario.

Para refrigerar un local, se transfiere calor del aire ambiente al fluido refrigerante del acondicionador y de este al agua en circulación en la red central, mientras que para calentar el local, se extrae calor del agua y por intermedio del refrigerante es transferido al aire ambiente como se muestra en la *figura 6.10*. Así, el calor cedido al agua por las unidades que están enfriando, es puesto automáticamente a disposición de las que deben dar calefacción y de

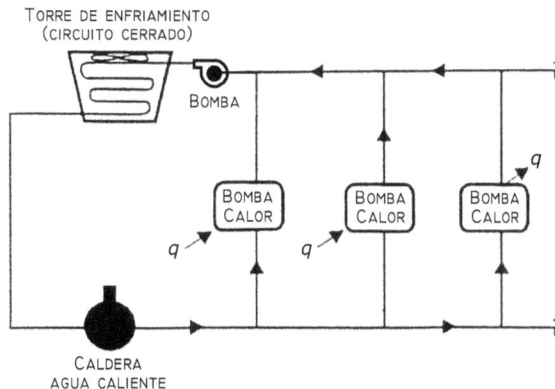

Fig. 6.10: Esquema de transferencia de cargas de sistema WLHP

esa manera, se aprovecha una cantidad de calor que en otros sistemas es desperdiciada, lo que mejora notablemente los costos de operación.

En efecto, en invierno el calor entregado por los ocupantes, luces de gran intensidad y el calor de compresión generado dentro de cada unidad acondicionadora, representa una porción importante del calor requerido, para mantener las temperaturas de diseño. Por tal razón, numerosas instalaciones funcionan sin necesidad de suministrar calor por medio de caldera y con operación reducida de la torre de enfriamiento, salvo en condiciones extremas de invierno o verano respectivamente.

Cada acondicionador de aire contiene un ventilador centrífugo para distribuir el aire y un circuito completo de refrigeración con sus controles para invertir el ciclo y poder dar calefacción o refrigeración según las necesidades, con un serpentín para calentar o refrigerar el aire del ambiente y un intercambiador *agua-refrigerante* para extraer o ceder calor al agua del circuito cerrado que en forma continua circula en el sistema. De esa manera, el acondicionador individualmente introduce o extrae el calor del local para mantener la temperatura deseada, usando como fuente o receptáculo del calor el agua del circuito cerrado.

Durante el ciclo de refrigeración, una *válvula reversible* dirige el refrigerante que sale del compresor al intercambiador de agua donde se le extrae el calor para condensarlo y luego en forma de líquido a través del capilar o válvula de expansión es circulado por la batería el aire del ambiente quien cede su calor y humedad, produciendo la evaporación del refrigerante. Durante el ciclo de calefacción, la válvula invierte las funciones de los intercambiadores de calor, de manera que el refrigerante absorbe calor del agua del circuito cerrado en el intercambiador de agua y el gas refrigerante caliente descargado por el compresor, pasa a la batería de circulación del aire ambiente, produciendo su calentamiento sensible, tal cual se detalla en la *figura 6.11*.

Una bomba mantiene la circulación permanente del agua del circuito cerrado de transferencia. De esa forma, las unidades que están dando refrigeración entregan calor al agua y tienden a subir su temperatura, las que suministran calefacción absorben el calor del agua y tienden a bajar su temperatura.

Si en un momento dado una parte de las unidades de operación están refrigerando y otras de las unidades están calefaccionando, el sistema en principio está en equilibrio (generalmente se calcula 2/3 y 1/3), siendo innecesario hasta ese límite el funcionamiento

MODO REFRIGERACION   MODO CALEFACCION

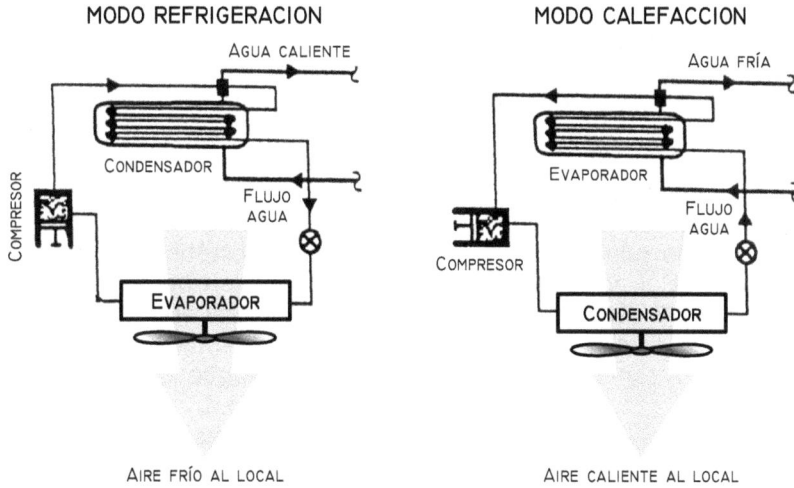

*Fig. 6.11: Modo de funcionamiento en bomba de calor de
los equipos autocontenidos en los sistemas WLHP*

de los eliminadores de calor que está constituido por una torre de
enfriamiento en circuito cerrado y de una caldera de agua caliente.
Al aumentar las necesidades de las unidades de calefacción o refrigeración, toda el agua del circuito central debe calentarse hasta
mas de 30°C para que arranque la torre de enfriamiento o enfriarse menos de 15°C para que lo haga la caldera de agua caliente y
teniendo en cuenta esas temperaturas de trabajo, las cañerías
salvo en casos especiales requieren aislamiento.

Desagüe de condensado de equipos de aire acondicionado

A fin de eliminar el desagüe de condensado en los equipos de
aire acondicionado es necesario la instalación de un *sifón* en la ubicación adecuada para:

- *Permitir el libre desagüe del agua condensada.*
- *Impedir la entrada de aire no acondicionado.*
- *Obstaculizar la fuga de aire acondicionado.*
- *Evitar acceso de insectos o polución desde el desagüe de la red.*

En una unidad evaporadora cuando el ventilador está tomando
aire, antes de pasar por el serpentín, se produce por la succión una
presión negativa, menor que la atmosférica. En caso de no haber
sifón o estar mal diseñado se produce por la cañería de drenaje de

condensación el ingreso de aire exterior que no permite el desagüe del agua de la bandeja durante el funcionamiento del equipo, dando lugar a un aumento de nivel de agua en la bandeja que puede producir el desborde de la misma, lo que puede originar problemas especialmente si la sección evaporadora se encuentra en o sobre locales habitables.

Para diseñar en forma correcta un sifón, se deben tener en cuenta las dimensiones A y B de la *figura 6.12*, los que deben tener una altura como mínimo del doble de la presión estática negativa. Por ejemplo, si el equipo trabaja con una depresión de 25 mmca, las alturas A y B deben ser de 50 mm, o sea en total 100 mm ó 10 cm. Para medir la presión estática negativa puede utilizarse un manómetro en U, conectándolo a la conexión de desagüe al poner en marcha el equipo.

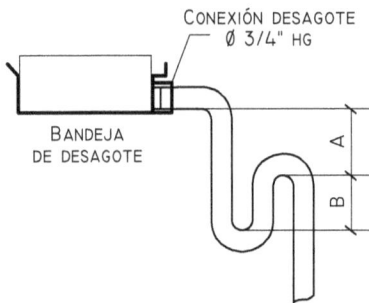

CONEXIÓN DESAGOTE
Ø 3/4" HG

BANDEJA
DE DESAGOTE

A

B

Fig. 6.12: Esquema de desagote de condensado

El sifón debe ser como mínimo del mismo diámetro de la cañería de desagote y los tramos horizontales deben tener como mínimo una inclinación de 1:100 hacia la salida para facilitar el desagüe, no debiendo haber tramos ascendentes, siendo conveniente aislar el sifón y la cañería de desagote pues puede condensar y además al poner en marcha por primera vez el equipo en una temporada conviene llenarlo con agua dado que puede haberse evaporado.

Para el dimensionamiento de las cañerías de desagüe de condensado, debe tenerse en cuenta que si el equipo no toma de aire exterior la deshumectación es mínima ya que depende solamente de las cargas latentes internas, pero en cambio, si se ingresa el mismo, el vapor de agua que se produce es mas importante, porque se suma la humedad del propio aire exterior que hay que deshumectar. Como norma general, no se recomienda colocar menor diámetro de ¾", para prever un adecuado desagüe ya que suele obstruirse por suciedades.

CAPITULO 7

SISTEMAS TODO REFRIGERANTE

Split Simple

Estos sistemas son de expansión directa y se diferencian de los unitarios con equipos autocontenidos en que utilizan unidades que *están divididas en dos gabinetes uno exterior y otro interior*, con la idea de separar en el circuito de refrigeración, la zona de evaporación en el interior con la zona de condensación en el exterior. Ambas unidades van unidas por medio de tuberías de cobre para la conducción del refrigerante y constituyen el sistema denominado *todo refrigerante* o también llamado *sistema separado (split system)*.

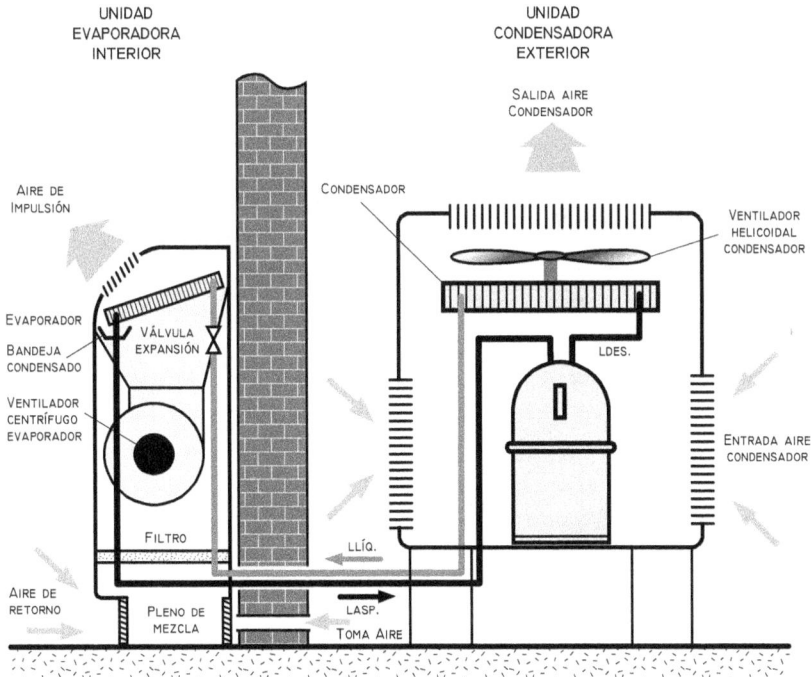

Fig. 7.1: Esquema de funcionamiento de sistema split con consola interior

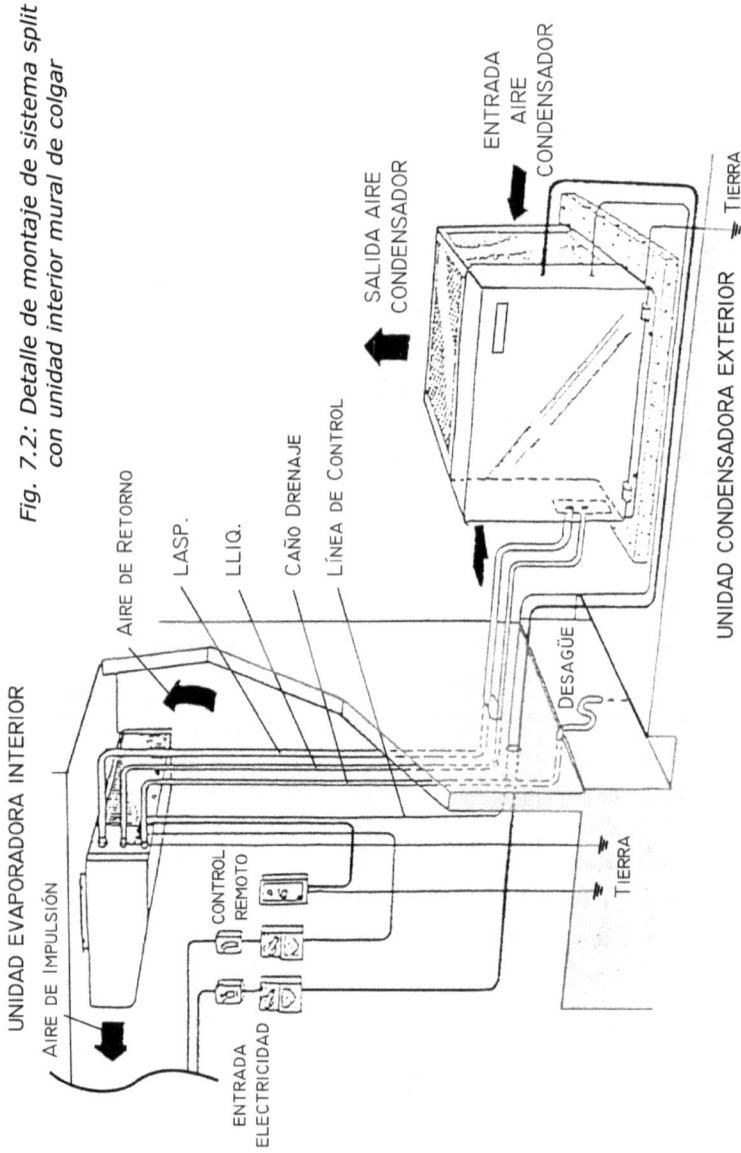

Fig. 7.2: Detalle de montaje de sistema split con unidad interior mural de colgar

Estos sistemas permiten ubicar a la *sección evaporadora* consistente en un mueble con un ventilador centrífugo y el serpentín de evaporación en cualquier posición dentro de los locales a climatizar y a su vez, la *unidad condensadora*, que contiene al compresor de refrigeración, ventilador y serpentín de condensación, se coloca en el exterior, en patios, balcones, terrazas, etc.

La interconexión de ambas unidades requiere solamente una *cañería de succión* y otra de *líquido* para la circulación del fluido refrigerante, siendo estas tuberías de pequeñas dimensiones y fácilmente ubicables sin afectar a los ambientes como se muestra en el equipo de consola de la *figura 7.1*.

La unidad condensadora exterior puede instalarse suspendida o apoyada en un aire luz, patio, azotea, marquesina, balcón, etc., a la misma altura, en un nivel superior o inferior al de la unidad evaporadora. La sección evaporadora puede instalarse interiormente apoyada sobre el piso en una consola o suspendida en una unidad mural de colgar como se muestra en el detalle de la *figura 7.2*, adaptándose a cualquier ambiente en función de las necesidades en potencias de refrigeración que varían desde 2.000 a 12.500 frigorías/hora, provistas con filtro de aire.

Los modelos de unidades interiores mas utilizados se describen en la *figura 7.3* y básicamente consisten en:

- *Mural*: para colocar colgado sobre pared
- *Cassette*: puede ser para embutir dentro del cielorraso con una altura de aproximadamente 35 cm o del tipo para suspender bajo el cielorraso ocupando solo 17 cm, de cuatro o dos vías de distribución del aire
- *Consola*: para apoyar sobre el piso

La distribución de cañerías es mínima ya que solo requiere el paso de las tuberías de refrigerante de pequeños diámetros y una línea de transmisión para comando. El tipo de diseño permite prever y realizar cambios en la instalación de un modo sencillo. Además, el control de capacidad de las unidades interiores se puede variar entre el 25 y 100 %, lo que facilita el diseño cuando las cargas térmicas de los recintos son indeterminadas.

Estos sistemas no necesitan ocupar espacio para sala de máquinas, pudiéndose también emplear *unidades interiores de conducto,* como se muestra en la *figura 7.4* para colocar dentro de cielorrasos para distribución inyectando el aire tratado por medio de conductos o a boca libre. Incluso puede diseñarse para instalarse en el exterior junto con la condensadora.

Fig. 7.3: Modelos de unidades interiores y capacidades

MODELOS		CAPACIDADES (frig/h x 1000)							
		2	2,5	3,2	4	5	6,3	10	12,5
CASSETTE 4 VÍAS				●	●		●	●	●
CASSETTE 2 VÍAS		●	●	●	●		●	●	●
CONDUCTOS		●	●	●	●	●	●	●	●
TECHO					●		●	●	●
MURAL	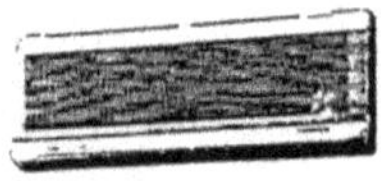	●	●						
MURAL				●	●				
CONSOLA CON ENVOLVENTE			●	●	●		●		
CONSOLA SIN ENVOLVENTE			●	●	●		●		

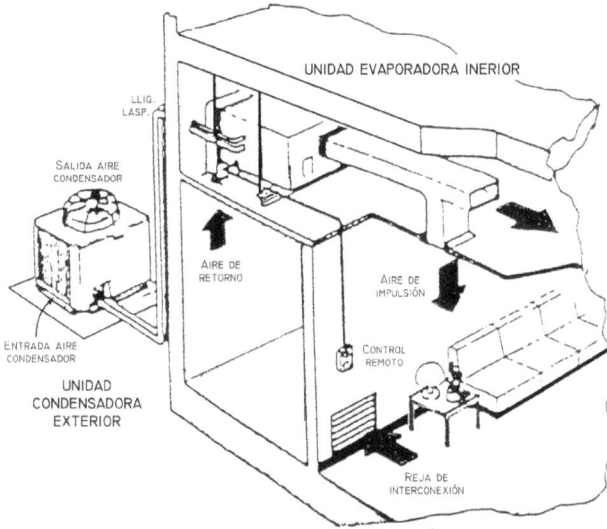

Fig. 7.4: Detalle de montaje de unidad interior de conducto

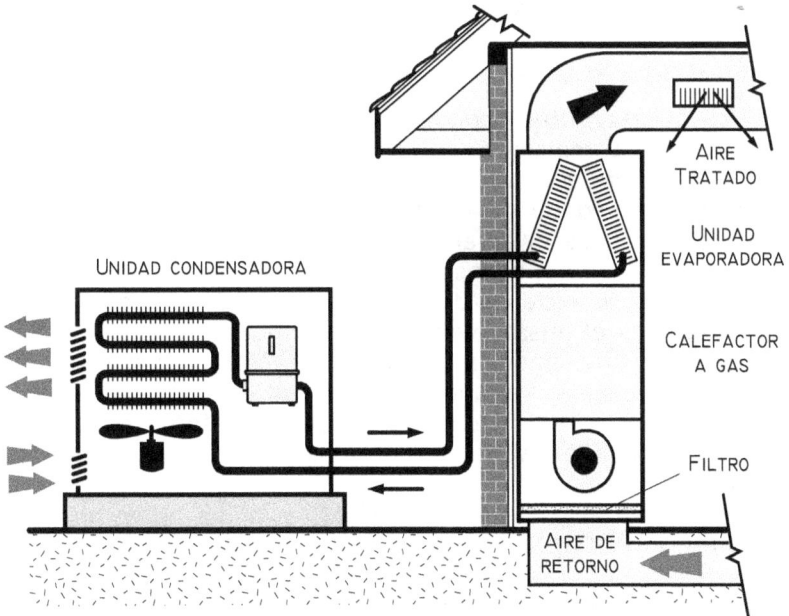

*Fig. 7.5: Detalle de montaje de sistema
separado con equipo calefactor a gas*

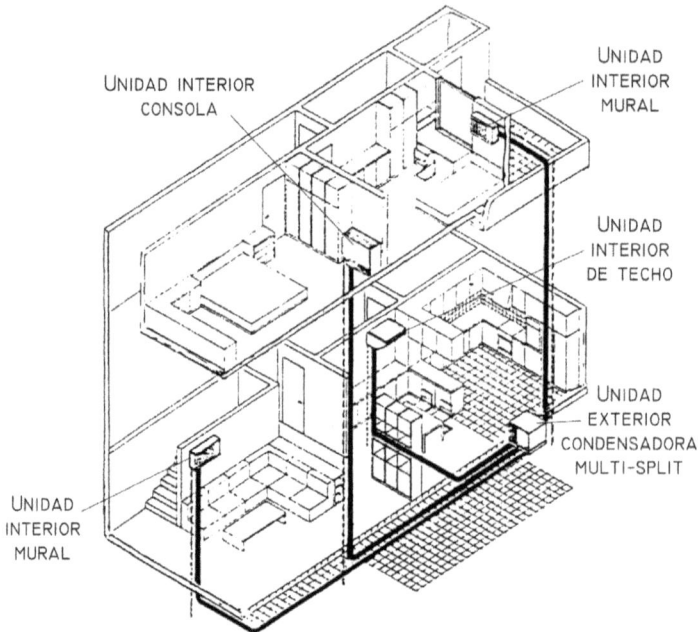

Fig. 7.6: Detalle de montaje de unidades multi-split

Una aplicación muy común del sistema separado de refrigeración es como complemento del sistema de calefacción *con equipos centralizados de aire caliente*, como se indica en la *figura 7.5* con distribución de conductos en los locales. Para ello, se coloca el serpentín del evaporador en el conducto de inyección de aire del equipo de calentamiento, conectada a la unidad condensadora, pudiéndose obtener condiciones de confort durante todo el año.

Se emplea el mismo ventilador centrífugo del equipo de calefacción pero ampliando la capacidad de aire ya sea mediante el cambio de poleas o variando la velocidad del motor, dado que el caudal requerido es mucho mayor para verano. Los conductos obviamente deben diseñarse para el ciclo de verano, dado que el tamaño es mayor.

Sistema Multi-Split

En general, los acondicionadores de aire para habitaciones, sistema separado simple consiste en una unidad interior y una unidad exterior, pero el *sistema separado multisplit* provoca una simplificación en el caso de varios locales, ya que consiste en una única unidad condensadora exterior, que se puede vincular de 2 hasta 6 unidades interiores, estando la capacidad total de enfriamiento del sistema determinada por la unidad exterior, tal como se muestra en los detalles de montaje de la *figura 7.6*.

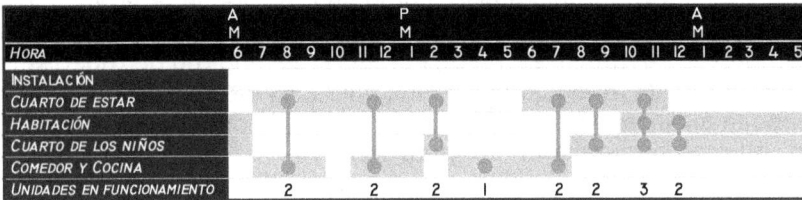

	A M						P M											A M					
HORA	6	7	8	9	10	11	12	1	2	3	4	5	6	7	8	9	10	11	12	1	2	3	4	5
INSTALACIÓN																								
CUARTO DE ESTAR																								
HABITACIÓN																								
CUARTO DE LOS NIÑOS																								
COMEDOR Y COCINA																								
UNIDADES EN FUNCIONAMIENTO			2				2		2		1		2		2		3		2					

Fig. 7.7: Ejemplo de período de funcionamiento de unidades interiores

En la práctica, sin embargo, es poco usual que se necesite operar simultáneamente todas las unidades interiores durante el día, tal cual se indica en el ejemplo de la *figura 7.7*, lo que permite en los sistemas multisplit diseñar una unidad condensadora mas económica. En efecto, las unidades condensadoras pueden a servir a unidades evaporadoras interiores *cuya una capacidad total puede llegar hasta el doble de la unidad condensadora* y en este caso, cuando están en funcionamiento todas las unidades evaporadoras, se eleva la potencia frigorífica total del sistema, debido a que la *temperatura de evaporación aumenta* permitiendo incrementar la capacidad de enfriamiento, valor que está previsto en el diseño de fabricación de la unidad condensadora y su compresor.

Sistemas de refrigerante variable (VRV)

Los sistemas VRV *(volumen de refrigerante variable)* constituyen una alternativa a las diversas posibilidades de configuración de sistemas de aire acondicionado tipo *todo refrigerante* que requiere un edificio, siendo capaz de proporcionar calefacción y refrigeración al mismo tiempo o eventualmente por separado. Esos sistemas son de expansión directa utilizando el mismo refrigerante como fluido transportador de la energía térmica, con lo que se eliminan los intercambios de calor entre los distintos medios como puede ser el desplazamiento de aire o agua como fluido termodinámico, eliminando bombas o ventiladores.

Constituye un conjunto múltiple que permite la conexión frigorífica de una unidad exterior a varias interiores, pudiendo vincular hasta 16 unidades interiores con una sola unidad condensadora, las que se fabrican en capacidades nominales de 5; 7,5 y 10 toneladas de refrigeración. De esa manera, permite adaptar la instalación de aire acondicionado a cualquier configuración, mediante diversos modelos de unidades interiores y una gran flexibilidad en el diseño del trazado frigorífico facilita la adaptación de la instalación a la configuración del edificio, como se observa en la *figura 7.8*.

Están concebidas para que el arrastre de aceite del cárter del compresor sea mínima a fin de aumentar la longitud de tuberías refrigerantes, de modo que entre las unidades interiores y exterior se pueden alcanzar hasta 100 m, con diferencia de altura de hasta 50 m, tal cual se detalla en la *figura 7.9*.

Las unidades condensadoras exteriores son compactas y modulares especialmente fabricadas para colocación a la intemperie, estando diseñadas para instalarlas en tandem, para lo cual tienen una altura unificada y disponen de un compresor *tipo scroll* que unido a un *sistema de variación de frecuencia* denominado *inverter,* modula continuamente la potencia entregada en función de la demanda del conjunto de unidades interiores, el que aplicado al motor del compresor, permite regular su velocidad para adaptarse a la demanda, con un menor desgaste y un mayor ahorro energético.

Los sistemas VRV puede proporcionar, frío solo o frío, calor y ventilación en forma simultanea mediante la bomba de calor, en un sistema de climatización descentralizado compuesto por zonas individuales. En efecto, en una sala de reunión de una oficina puede requerirse refrigeración pero en una zona perimetral, puede necesitarse calefacción.

Por medio del control remoto en cada zona o local, el usuario puede escoger las condiciones ambientales para lograr constantemente un entorno confortable, seleccionando la temperatura que le agrade. Además, puede regular la deflexión de las unidades interiores para un mejor barrido del aire del local, pudiendo ajustar el flujo en función de la ubicación real de las personas en el local.

Por otra parte, mediante ese control remoto en cada zona o local se puede establecer el tipo de funcionamiento, ya sea refrigeración, deshumectación, calefacción, ventilación, etc., la programación horaria, así como la función de autodiagnóstico y prueba de funcionamiento. El sistema de control permite numerosas combinaciones ya sea individual, por zonas o centralizado, proporcionando en caso de falla la información necesaria para localizarlas y sus características, lo que permite reducir el tiempo de reparación y mantenimiento.

Los equipos incorporan un microprocesador en cada una de las

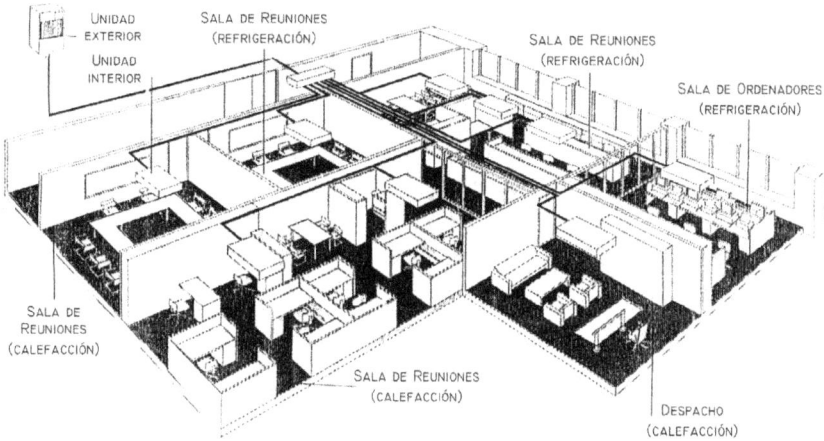

Fig. 7.8: Detalle de montaje de sistema VRV

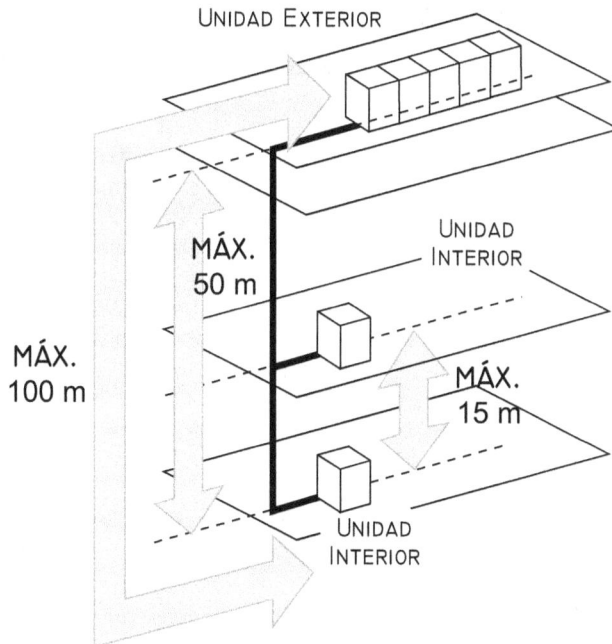

Fig. 7.9: Distancias máximas para de montaje de unidades

unidades que conforman el sistema y a sea exterior o interior, así como controles remotos que se unen entre si mediante una red de información que determina continuamente cuales son las necesidades de climatización en cada momento y en cada una de las zonas, adecuando la potencia de la unidad exterior a la demanda real de la instalación. Los sistemas de control pueden proveer, la programación semanal y anual, visualización del estado de los equipos, optimización energética del edificio, memorización del funcionamiento, función autodiagnóstico y registro histórico de anomalías.

En los casos de instalaciones de gran capacidad los equipos están preparados para ser conectado a una PC que con un interfase puede ser integrado al sistema de gestión del edificio y también con el agregado de un módem puede llevar ese control y comando hasta donde se desee.

Características básicas

Los sistemas todo refrigerante VRV cuentan entre otras con las ventaja respecto a otros sistemas de aire acondicionado que no requiere sala de máquinas y el espacio ocupado es menor pues el diseño modular de las unidades exteriores permite su implantación adosadas unas a otras, reduciendo la ocupación del techo. Se eliminan los conductos, rejas y aislaciones, salvo los pequeños tramos de conductos que pueden requerirse en caso de utilizar unidades terminales para ubicar dentro de cielorrasos para alimentar dos o tres ambientes o para prever la entrada de aire exterior.

De esa manera, se eliminan los espacios necesarios para los conductos, el armado de falsas vigas para los recorridos horizontales y los pases de conductos por losas, vigas y paredes. Por ello se los aplica generalmente en edificios existentes o aquellos que por sus decoraciones no es posible colocar conductos, disimulándose las cañerías de refrigerante de pequeño diámetro en molduras o entretechos.

Los tiempos de montaje son mínimos y además, se puede realizar en forma modular en etapas, lo que permite flexibilizar las inversiones y ajustar la ejecución de las obras civiles, permitiendo ocupar espacios o zonas antes de finalizar la instalación completa del edificio.

- *1° Etapa*: montaje de cañerías de refrigerante con sus correspondientes kits de derivación y las aislaciones.

- *2° Etapa*: instalación de las unidades condensadoras que se necesiten inicialmente, completando luego la instalación de acuerdo a las necesidades.

- *3° Etapa*: instalación de las unidades terminales que se necesiten, para ir satisfaciendo los requerimientos.

Por otra parte, el montaje es sencillo dado que se proveen accesorios para la conexión de las tuberías que facilitan y aceleran el tiempo de instalación.

Uno de los aspectos mas importante de estos sistemas es el *ahorro energético*, dado que consumen menos energía que los sistemas convencionales, por el empleo del sistema *inverter* que permiten convertir automáticamente la frecuencia de la corriente, variando de esa manera la velocidad de rotación del motor del compresor. Consisten básicamente en un rectificador trifásico para convertir la corriente alterna en continua y un inversor (inverter) que genera la corriente alterna trifásica de frecuencia variable a partir de la corriente continua.

Dado que la potencia necesaria para impulsar una máquina rotativa es función geométrica de la rotación de la misma, el método de variar la velocidad de rotación es la forma mas adecuada para ahorrar energía. En efecto, si para variar el caudal de una bomba se estrangula el flujo del fluido por medio de una válvula para una reducción del 30% del caudal, la potencia absorbida por el motor solo disminuye a un 98% y si en cambio la capacidad se modifica disminuyendo la velocidad de rotación de la bomba, para reducir un caudal del 30%, la potencia tomada por el motor se reduce al 52%, según se observa en la *figura 7.10*.

Esta característica es igual para cualquier máquina rotativa como compresores o ventiladores (ver *figura 4.8* anterior) y es uno de los motivos del ahorro energético de los sistemas con compresores de velocidad variable. El sistema de control de la potencia de la unidad exterior, unido a la capacidad de modificar el factor de compresión, permite un equilibrio permanente entre la demanda de la instalación y la potencia entregada y de ese modo, las unidades exteriores del sistema VRV logran obtener un control continuo entre el 16 y el 100 % de la capacidad nominal, obteniendo un coeficiente de eficiencia muy elevado.

Otra de las ventajas de estos sistemas consiste en la posibilidad de transferencia de las cargas de una zona a otra mediante la *bomba de calor*. Para ello, se utiliza un *controlador de bomba de calor* (BC) que es el dispositivo que conecta las unidades interiores

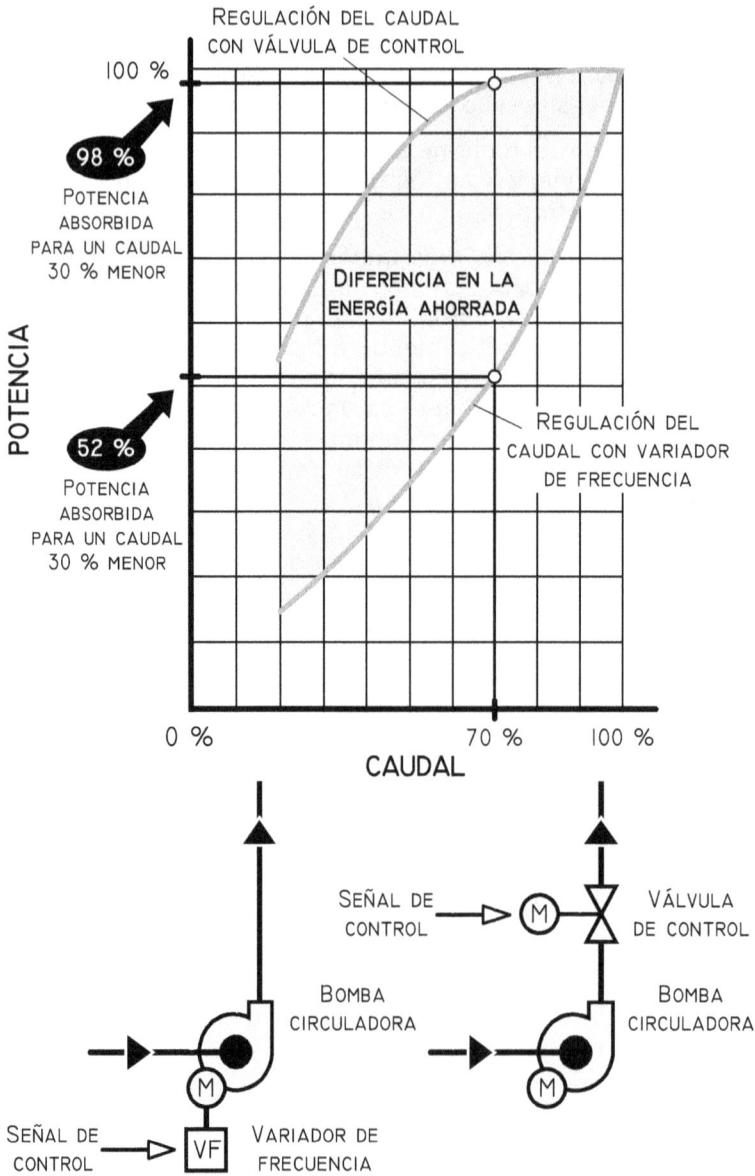

Fig. 7.10: Diferencia de potencia absorbida entre control con variador de frecuencia y válvula en función del caudal

con las exteriores y distribuye el refrigerante a las unidades interiores de acuerdo al modo de funcionamiento ya sea calefacción o refrigeración.

Se controla el nivel de líquido refrigerante separando el refrigerante gaseoso a alta presión para la calefacción del refrigerante líquido para la refrigeración, estando las unidades condensadoras equipadas con un sistema de variación de velocidad de los ventiladores de condensación que permite que los equipos puedan trabajar en invierno con temperaturas de hasta −10°C.

En el diseño, debe tenerse en cuenta un correcto dimensionamiento de las tuberías para evitar dificultades en la circulación del refrigerante, debiéndose tomar precauciones en cuanto a su disposición y montaje *para evitar pérdidas* de refrigerante en los locales, que es una de las objeciones que se le efectúan a estos sistemas.

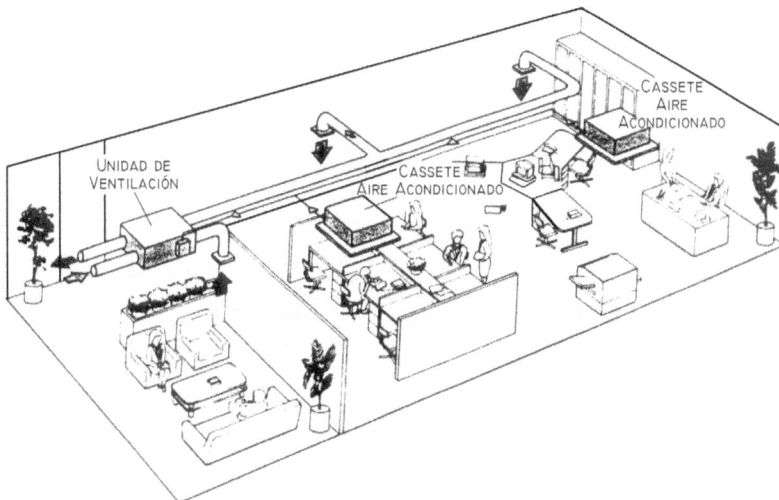

Fig. 7.11: Sistema VRV con sistema de ventilación

Uno de los aspectos que se cuestionan a los sistemas todo refrigerante es la entrada de aire nuevo para satisfacer las necesidades de ventilación de los locales para mantener la calidad del aire interior. Por ello, una solución al problema para aplicar en estos sistemas consiste en el diseño de *unidades especiales de ventilación* destinadas a estos propósitos que se instalan complementariamente a las unidades evaporadoras individuales, que permiten distribuir el aire de ventilación tratado en los locales acondicionados, tal cual se observa en la *figura 7.11.*

Estas unidades han sido diseñadas para integrarse plenamente a los sistemas y algunos modelos están dotados de economizadores de aire exterior mediante sistemas de recuperación del calor del aire interior.

CAPITULO 8

SISTEMAS TODO AGUA

Generalidades

El sistema *todo agua* es aquel en que en el espacio acondicionado hay unidades terminales denominadas *fan-coil individuales* en los cuales circula agua fría o caliente por serpentines y con ventiladores se difunde el aire en el local. El agua se la distribuye mediante bombas y cañerías desde una *unidad enfriadora de agua* o una *caldera* ubicada en forma remota, según el esquema que se muestra en la *figura 8.1*, siendo un sistema muy utilizado en aplicaciones residenciales o departamentos, hoteles, hospitales, oficinas, clínicas, escuelas, etc.

La distribución con agua en lugar de aire para transportar el fluido termodinámico desde la planta de tratamiento a las zonas, produce una enorme disminución de espacios ocupados. La instalación de conductos se reduce al mínimo, dado que normalmente no se necesitan ni para la impulsión y retorno y el montaje, solo consiste en el tendido de cañerías y aperturas de pequeñas ventilaciones en fachada y desagües.

Ejemplo:

Supóngase que sea necesario distribuir desde una planta central 50 toneladas de refrigeración por aire o por agua.

Dimensiones de los conductos de aire:

Para aire se necesita un caudal de distribución de aproximadamente 10 m³/min por tonelada de modo que el caudal C a transportar vale:

$$C = 50 \text{ ton} \times 10 \text{ } m^3/min \text{ ton} = 500 \text{ } m^3/min$$

Considerando para aire una velocidad de descarga (v) del ventilador de 500 m/min se tiene, se tiene que se necesitaría una sección de conducto de:

$$A = \frac{C}{V} = \frac{500 \text{ } m^3/min}{500 \text{ } m/min} = 1 \text{ } m^2$$

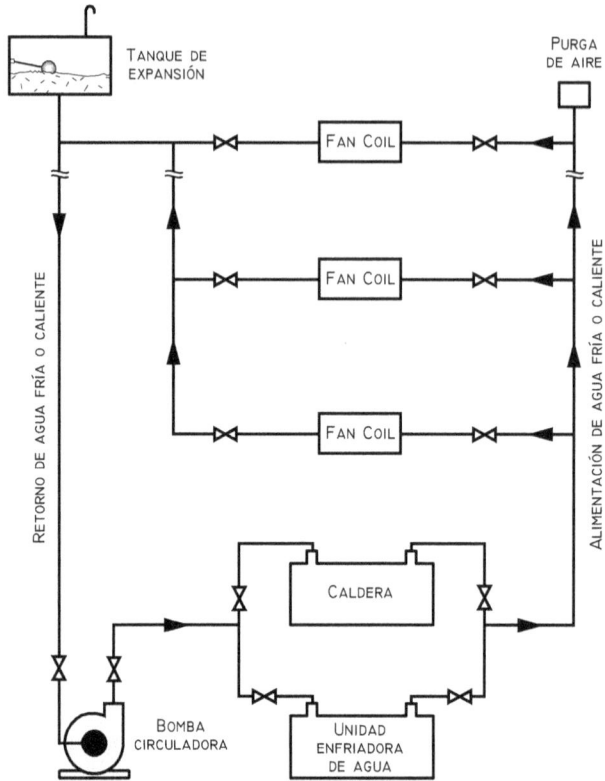

Fig. 8.1: Detalle esquemático de montaje de un sistema todo agua

o sea, se necesita un conducto de aproximadamente 1 x 1 de alimentación y además otro de retorno por lo que se requerirían dos conductos de 1 x 1 m o sea en total aproximadamente 2 m².

Dimensiones de las cañerías de agua:

Para agua se necesita un caudal de distribución de aproximadamente 10 litros/min por tonelada o sea:

$$C = 50 \text{ ton} \times 10 \text{ } l/min \text{ ton} = 500 \text{ } l/min = 0,5 \text{ } m^3/min$$

Considerando una velocidad de descarga de la bomba de 1 m/seg o sea 60 m/min se tiene que se necesitaría una sección de cañería de:

$$A = \frac{C}{V} = \frac{0,5 \text{ } m^3/min}{60 \text{ } m/min} \cong 0,008 \text{ } m^2$$

$$d = \sqrt{\frac{4A}{\pi}} = \sqrt{\frac{4 \times 0,008}{3,14}} \cong 0,10 \ m \quad \text{o sea} \quad 10 \ cm$$

Del cálculo se deduce que se necesitan para el mismo caso solo dos tuberías de 10 cm cada una. Además, con la aplicación de equipos enfriadores que pueden colocarse en la azotea, diseñados especialmente para el montaje exterior, se logra prácticamente la eliminación de la sala de máquinas lo que permite una gran flexibilidad en el diseño de instalaciones de aire acondicionado.

Características del sistema

El sistema de aire acondicionado *todo agua* está conformado por los siguientes componentes básicos:

- *Unidades terminales o fan-coil individuales.*
- *Planta de tratamiento del agua compuesta por unidad enfriadora y caldera.*
- *Sistema de dstribución, mediante cañerías y bombas.*

Fan-Coil individual

Como su nombre lo indica, fan *(ventilador)* y coil *(serpentín)*, el *fan-coil* no es más que un gabinete con un serpentín por el cual circula el agua fría o caliente proveniente de una unidad de enfriamiento o una caldera y ventiladores centrífugos que provocan la circulación del aire del local, constituyendo las unidades terminales en los mismos.

Cada unidad terminal fan-coil esta constituida por un gabinete que contiene la toma de aire exterior y de retorno, filtro, serpentín y ventiladores centrífugos de doble entrada montados sobre un eje común a un motor eléctrico, que distribuye el aire al ambiente por medio de una reja frontal u horizontal. Cuenta con un pleno de mezcla en la parte inferior para regular las proporciones de aire de retorno del local y aire nuevo de ventilación y de esa manera, el aire circula y atraviesa sobre el serpentín o batería que puede ser de 2 a 4 hileras por la cual fluye el agua fría o caliente.

Los sistemas que emplean este tipo de equipos son de instalación muy simple y tienen la posibilidad de regulación manual o automática de temperatura en cada ambiente, ajustando la capacidad del ventilador, los que cuentan con tres velocidades y eventualmente el control del caudal de agua suministrado, adecuando de esa manera su capacidad a las cargas parciales.

En la mayoría de las aplicaciones residenciales no todas las habitaciones son utilizadas al mismo tiempo o con la misma intensidad de carga. Con la instalación de fan-coil en cada ambiente, se puede lograr el control individual de temperatura lo que permite obtener una instalación altamente eficiente, al enfriarse los locales que realmente se utilizan, puesto que cuando no se requiere refrigeración, deteniendo el ventilador, se reduce la transferencia de calor del aire al mínimo.

De esa forma, se acondiciona una casa o departamento con varias unidades terminales, pero con un solo enfriador de reducida capacidad. Estos equipos pueden eliminar humedad del local y permiten introducir el aire exterior a través de una pequeña abertura en la pared con una toma de aire con registro de ajuste manual.

Para el diseño en calefacción se utiliza generalmente el mismo caudal de agua que para el enfriamiento, y por lo tanto la unidad tendrá una capacidad mayor que la necesaria y para su regulación hay dos posibilidades:

- *Trabajar con una temperatura de entrada de agua caliente menor.*
- *Operar la unidad a menor velocidad o directamente como convector parando el ventilador.*

Puede dejarse prevista la futura refrigeración, efectuando una instalación de calefacción con dichos fan-coil, si se quiere disminuir la inversión original. De esa manera, puede instalarse la unidad de enfriamiento de agua posteriormente, sin prácticamente originar modificaciones al sistema.

La mayor ventaja es su flexibilidad de adaptación a los requerimientos de instalación modular del edificio, permitiendo el montaje en forma perimetral con provisión de aire exterior por toma en las paredes. Generalmente estos equipos se ubican bajo ventanas, esta distribución es recomendable en habitaciones pequeñas, pues permiten absorber directamente la carga directamente en el lugar que se generan.

Estas unidades se adaptan para instalarlas en zonas cuya profundidad no sea superior a los 5 metros. La distribución vertical del aire de una unidad perimetral respecto al local se extiende sobre la pared o ventana y circula a lo largo del techo a una distancia de cerca de 5 m antes de descender hacia el suelo en circulación de retorno.

En edificios de oficinas se los coloca normalmente formando un

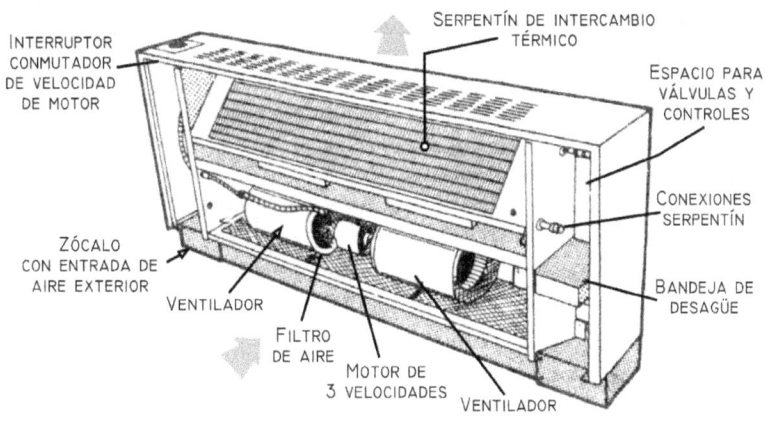

Fig. 8.2: Vista de un fan-coil individual

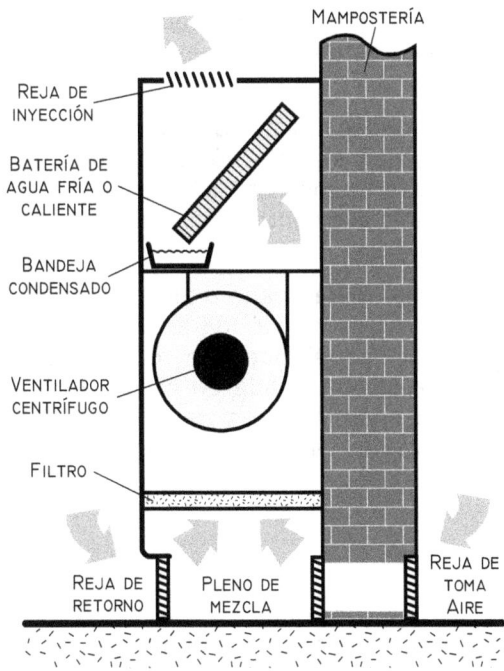

Fig. 8.3: Corte con detalle de montaje de fan-coil individual

anillo perimetral para compensar las cargas variables exteriores con tomas de aire exterior. Sin embargo, estas aberturas al exterior no son del todo recomendables en el caso de edificios altos en torre, por los efectos de entrada del aire a presión y de lluvia por el tiraje inverso generado por las corrientes ascendentes paralelas al exterior del edificio, que puede prevalecer sobre la presión generada por los ventiladores de los equipos.

Estos inconvenientes pueden solucionarse introduciendo el aire de ventilación filtrado y enfriado o calentado directamente dentro del local mediante un sistema interior de distribución, constituyendo entonces un sistema mixto agua-aire.

Tipos de equipos

Hay dos modelos básicos de equipos individuales, el *vertical* destinado a colocarlos sobre el piso generalmente bajo ventana, según se muestra en las *figuras 8.2 y 8.3,* y el *horizontal* para ser colgado generalmente en los entretechos, pudiendo suministrarse en dos posibilidades, con gabinete exterior o directamente sin gabinete para ser colocados en muebles que pueden formar la decoración del local.

Existen 4 capacidades típicas que provienen de la línea de fabricación americanas, que son el 200, 300, 400 y 600, valores que surgen de la cantidad de aire circulado por los aparatos en la unidad CFM (pies cúbicos por minuto), con rendimiento que oscilan de 1000 a 3000 frig/h.

La selección de la unidad debe realizarse haciendo un cuidadoso estudio de ubicación a fin de lograr una adecuada distribución del aire por un lado, adoptando una temperatura de entrada de agua fría que debe ser analizada en cada caso en función de un equilibrio técnico económico del sistema. Debe considerarse además, el montaje de las cañerías de desagüe de condensado en cada uno de los equipos.

Preselección

En la *tabla 8.1* se consignan las características básicas típicas de los fan-coil y sus capacidades nominales que pueden servir para una preselección rápida de los mismos la que debe verificarse con las especificaciones particulares de los distintos fabricantes.

Tabla 8.1: Características referenciales de los fan-coil

MODELO	CAPACIDAD NOMINAL	
	RANGO DE CALOR SENSIBLE (kcal/h)	CAUDAL DE AIRE (m³/min)
200	500 – 1.400	5,7
300	1.250 – 2.200	8,6
400	1.800 – 2.800	11,2
600	2.500 – 3.800	17,0

DIMENSIONES (mm)	
MODELO	LARGO A
200	950
300	1.100
400	1.200
600	1.400

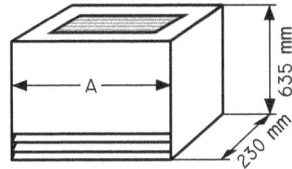

Unidad enfriadora de agua

El enfriamiento de líquidos cubre una amplia gama de aplicaciones en el aire acondicionado, que va generalmente desde agua entre 5 y 10ºC o el empleo de salmueras para usos especiales a temperaturas inferiores. El equipo de refrigeración básico y los controles son idénticos a los requeridos en un sistema por expansión directa y el intercambiador y los elementos que componen la unidad enfriadora integran un equipo autocontenido montado en fábrica en un adecuado gabinete.

La selección de todos los componentes de las unidades enfriadoras de agua, así como los controles de capacidad, diseño de la cañería de refrigerante y cableado, arrancadores, pruebas por fugas, deshidratado y evacuado del sistema, aislación del enfriador y de la línea de succión y en los equipos con condensadores incorporados la carga de refrigerante, es realizada por el fabricante.

Debido a ello, el proyecto de los sistemas, la selección e instalación de los múltiples componentes es efectuado por el fabricante el cual asume la garantía del adecuado diseño y funcionamiento completo de la máquina. De modo entonces, que debe realizarse una correcta selección de la unidad enfriadora de líquido para la aplicación que se requiere y el diseño de la cañería de agua y sus componentes externos a la unidad enfriadora.

En la actualidad se fabrican unidades desde 4 toneladas de refrigeración para aplicaciones de casas residenciales hasta mas de

100 toneladas de refrigeración, en compresores alternativos o a tornillo y mas capacidad generalmente utilizando enfriadoras centrífugas o por absorción.

Componentes de la unidad

Los enfriadores de líquidos autocontenidos están compuestos por:

- *Compresor o multicompresores.*
- *Enfriadores de agua por expansión directa con aislación y barrera de vapor.*
- *Condensador enfriado por aire incorporado en la unidad. Se proveen con condensador enfriado por agua para emplear con torre de enfriamiento.*
- *Tablero de fuerza motriz y control.*

Básicamente las unidades enfriadoras pueden ser con un solo compresor, pero la tendencia actual en equipos de más de 30 ton, es utilizar sistemas con multicompresores que implican circuitos refrigerantes independientes que operan en secuencia, lográndose una mejor regulación a carga parcial en épocas intermedias o cuando la necesidad de refrigeración es baja.

De esa manera, se diseñan compresores mas pequeños que en el caso de uno único para que operen a plena carga o hasta la 2/3 parte durante todo el tiempo, dado que si trabaja a cargas menores el rendimiento decae notablemente y además se logra disminuir la corriente de arranque.

Otro factor es la seguridad del servicio, dado que los multicompresores pueden seguir operando aunque alguno de ellos falle y además, la vida útil de los compresores que funcionan alternativamente son mayores que la de un solo compresor que funciona todo el tiempo.

Volumen mínimo de agua refrigerada

Cuando la cantidad de agua en el sistema es muy poca, en determinadas condiciones de baja carga térmica, puede ocurrir que la unidad enfriadora cicle, o sea, que arranque o pare con demasiada frecuencia, dando lugar al deterioro o desgaste prematuro de los elementos componentes de la misma, tanto mecánicos como eléctricos.

El número de ciclos de arranque, depende de la relación entre la carga térmica mínima del sistema y la capacidad de la máquina, requiriéndose que el valor máximo no sea superior a 6 por hora.

CON UNIDAD DE TRATAMIENTO DE AIRE Y CONDUCTOS

CON FAN-COIL INDIVIDUALES

DETALLE TANQUE ACUMULADOR

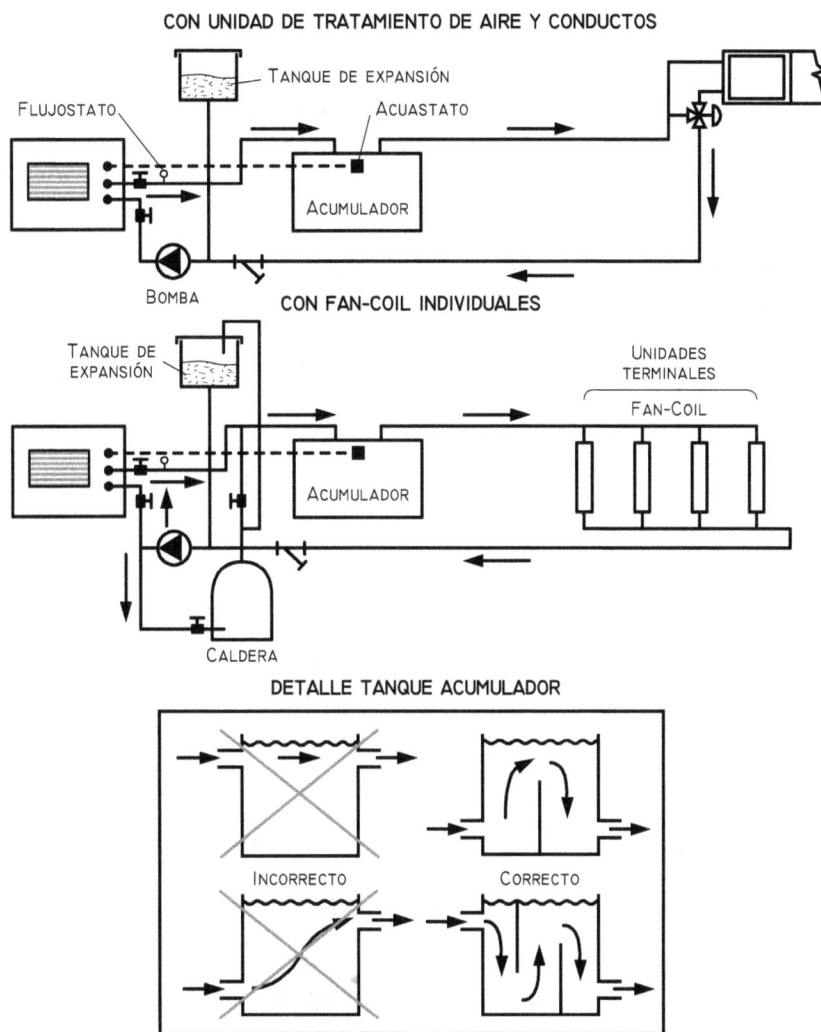

Fig. 8.4: Esquemas de montaje de tanque acumulador

Por ello, cuando el contenido de agua del sistema de cañerías y elementos de la instalación es pequeño, se debe colocar un tanque de almacenamiento de capacidad adecuada a para conformar el contenido de agua mínimo necesario.

La cantidad mínima de agua necesaria para que el sistema funcione correctamente debe estar comprendida entre 3 a 6 galones

(11,4 y 22,8 l) por tonelada nominal de la unidad en aplicaciones de aire acondicionado. Para conseguir ese volumen, puede ser necesario instalar un *tanque acumulador* en el circuito, el que debe ir provisto de deflectores para garantizar que no se produzca estratificación y que el liquido circulante se mezcle totalmente con él.

En la *figura 8.4* se muestran esquemas típicos de instalación de una unidad enfriamientos de agua, montaje y características del tanque acumulador para una instalación pequeña, del tipo residencial.

Cuando se habilita el ventilador del fan-coil, éste comienza a enviar el aire frío que pasa por el serpentín donde se produce la circulación del agua proveniente del *tanque acumulador* de agua fría y un acuastato con su sensor en el mismo detiene el enfriador cuando el agua fría en el tanque llega a una temperatura preestablecida. Si la temperatura del agua que circula por los fan-coil aumenta, por absorber el calor del aire, se pone automáticamente en marcha la unidad enfriadora de agua compacta que se instala en el exterior, con lo cual se ahorran los espacios necesarios para una sala de máquinas del sistema de aire acondicionado tradicional.

Las cañerías se desplazan por contrapiso o cielorraso con espacios de no mas de 10 cm de altura, las que se conectan a los fan-coil, por lo que el proyecto es simple y directo, no existiendo conductos, y completando la instalación con una caldera se logra el calentamiento del agua circulante en invierno, logrando la climatización durante todo el año.

Sistemas de distribución del agua

La distribución del agua puede ser por *dos, tres* o *cuatro tuberías*, debiendo preveerse además junto a las cañerías de suministro otra más para colectar el agua de condensación que se produce en verano, la que es recogida en una bandeja colocada bajo el serpentín.

En caso de *dos tuberías* es el mas común y económico, donde el serpentín solo reciben o agua fría o agua caliente por caños de alimentación y retorno desde una unidad enfriadora en verano o una caldera en invierno, pero nunca ambas a la vez, por lo que funciona independientemente, no contando por lo tanto, con una la adecuada flexibilidad para adaptarse a variaciones de cargas en épocas intermedias.

En los sistemas de *tres caños* llegan siempre a la batería dos caños de alimentación uno de agua enfriada y otro de agua caliente y mediante un adecuado sistema de controles el termostato abre el paso de agua en forma modulada a uno solo de esos fluidos

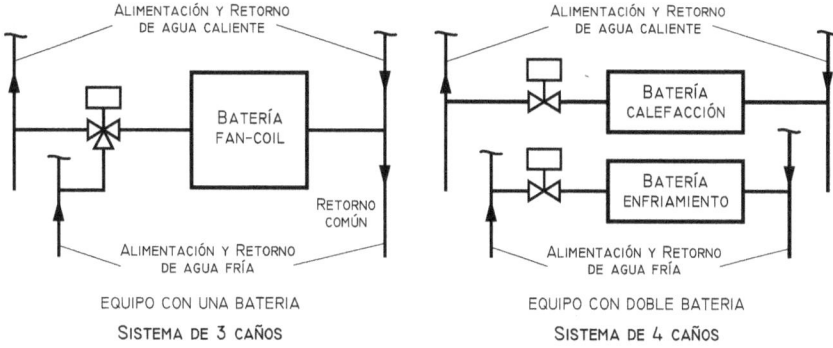

Fig. 8.5: Montaje de baterías en sistema de 3 y 4 caños

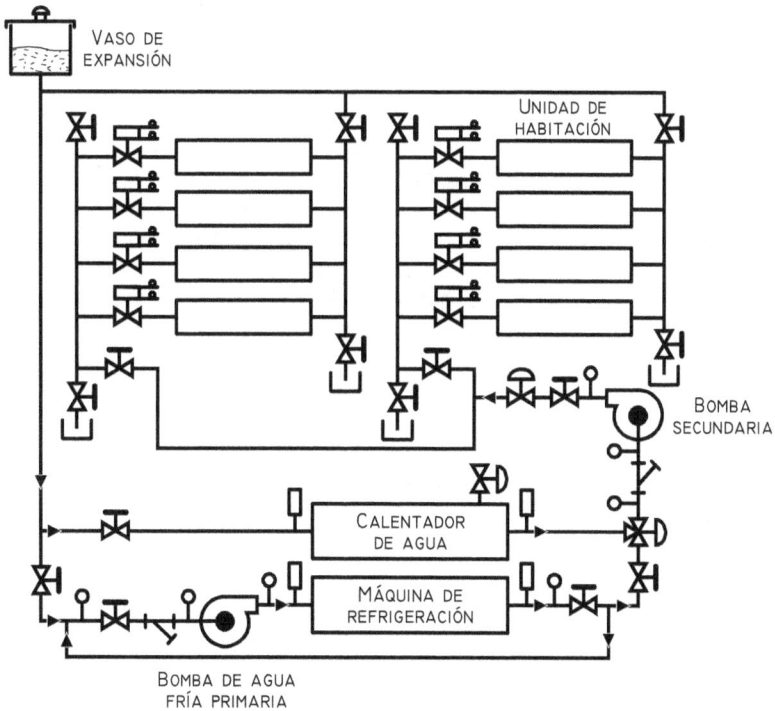

Fig. 8.6: Esquema básico de montaje y regulación de un sistema de dos caños con bomba primaria y secundaria

según la demanda de frío o calor siendo el retorno común a ambas. Con este sistema siempre están en funcionamiento las centrales de frío y calor, pero el sistema es complicado por el peligro de recirculaciones de agua caliente por las enfriadoras o frías por la caldera y de difícil regulación.

En el caso de *cuatro tubos* es el mas apropiado para el funcionamiento durante todo el año ya que cada circuito esta conectado en forma independiente, de modo que las válvulas regulan la secuencia de funcionamiento pudiendo utilizarse dos serpentines o un serpentín partido. En la *figura 8.5* se detalla el caso de montaje de un sistema de tres y de cuatro caños.

En los sistemas de cierta envergadura suelen utilizarse dos bombas, la *primaria* para asegurar la circulación constante de un caudal mínimo por la unidad enfriadora de agua y una bomba *secundaria* destinada a alimentar las unidades fan-coil, tal cual se muestra en la *figura 8.6*. En instalaciones residenciales o pequeñas, sin embargo, se utiliza solo una bomba circuladora.

En todos los casos que sea posible es conveniente el uso del sistema de cañerías de *retorno compensado* para lograr un sistema equilibrado y si no es posible esta solución debe proyectarse un retorno directo con la previsión de colocar en serie con cada unidad válvulas globos y elementos de *regulación de control de flujo*. Siempre es recomendable la instalación de válvulas que permitan su desvinculación para facilitar el mantenimiento evitando el vaciado de las cañerías para mantener la instalación general en servicio.

Las líneas de agua de alimentación y retorno deben aislarse para prevenir la condensación y pérdidas de calor y debe preverse además, en todos los casos, junto a las cañerías de suministro otra mas, para colectar el agua de condensación que se produce en verano, la que es recogida en una bandeja colocada bajo el serpentín. Como norma general no se recomienda colocar un diámetro nominal menor de 19 mm (¾") y siempre con buena pendiente para prever un adecuado desagüe porque suele obstruirse por suciedades (ver *figura 6.12* anterior).

SISTEMAS TODO AIRE

Generalidades

Los sistemas *todo aire* están constituidos por un equipo auto-contenido o una unidad de tratamiento de aire central, ubicada generalmente en una sala de máquinas, separada del espacio que se acondiciona, utilizando como fluido termodinámico el aire que se distribuye por un sistema de conductos. La ventaja de estos sistemas es que la centralización de los componentes principales en una sala independiente, hace que no se requiriera en los ambientes acondicionados mantenimiento alguno, dado que no existen como en los otros sistema, filtros, tuberías, desagües, elementos eléctricos, ni generación de ruidos.

La permutación invierno-verano y la utilización del aire exterior como fuente de ventilación y eventualmente para refrigeración en las épocas intermedias, se puede hacer en forma sencilla y admiten la fácil adaptación de los sistemas de recuperación del calor, permitiendo mediante un proyecto adecuado de conductos, una distribución flexible del aire con un buen barrido, así como un efectivo control de humectación.

Como desventaja se puede mencionar que se necesita mayor espacio para la distribución de los conductos, especialmente cuando las unidades de tratamiento están muy alejadas y existe limitación de la altura de vigas y losas de los techos. Por otra parte, se requiere la regulación de los caudales de aire por los conductos para cada uno de los locales servidos que a veces se hace dificultosa.

Los sistemas todo aire pueden ser de:

- *Volumen constante*
- *Volumen variable*

Los sistemas de *volumen constante* componen la mayoría de las instalaciones realizadas, diseñándose para mantener el caudal contante y se varía la temperatura de impulsión tI a los locales a fin de suministrar en cada instante la cantidad de calor sensible requerida en el mismo. Los sistemas de *volumen variable* basan su regulación ajustando el caudal circulante y manteniendo la temperatura de impulsión contante, mediante un accesorio denominado *compuerta o caja de regulación*, comandada por un termostato del ambiente (ver *figuras 4.1* y *4.2* anteriores).

Sistemas de Volumen Constante

De acuerdo con la forma de disponer el proyecto de los conductos y el control de la temperatura de impulsión, los sistemas de volumen constante se los pueden clasificar en:

- *Simple zona*
- *Multizona*

Sistema Simple Zona

En estos sistemas se atiende a un local o grupo de locales que constituyen una *única zona* climatizada del edificio, mediante un *conducto único*, operado por un termostato, tal cual se indica en el esquema básico de la *figura 9.1*.

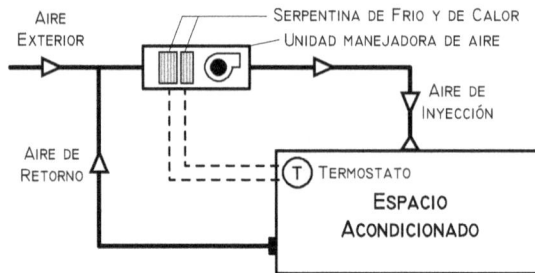

Fig. 9.1: Esquema básico de un sistema todo aire, simple zona

En las *figuras 1.1* anterior (capítulo 1) y la *9.2*, se detallan el montaje de una instalación de este tipo para un edificio.

El aire preparado en la unidad de tratamiento de aire se transporta a los locales a través de un solo conducto de aire de impulsión y el caudal de aire de extracción que guarda una correspondencia con el aire de impulsión, se extrae de los locales y recircula a través de conductos de retorno.

El aire exterior, mezclado con el de recirculación se filtra y en invierno es calentado y humectado y en verano enfriado y deshumectado y un ventilador lo transporta a través de una red de conductos llegando a los distintos locales a climatizar, donde normalmente se lo elimina por sobrepresión, o con mas eficacia, a través

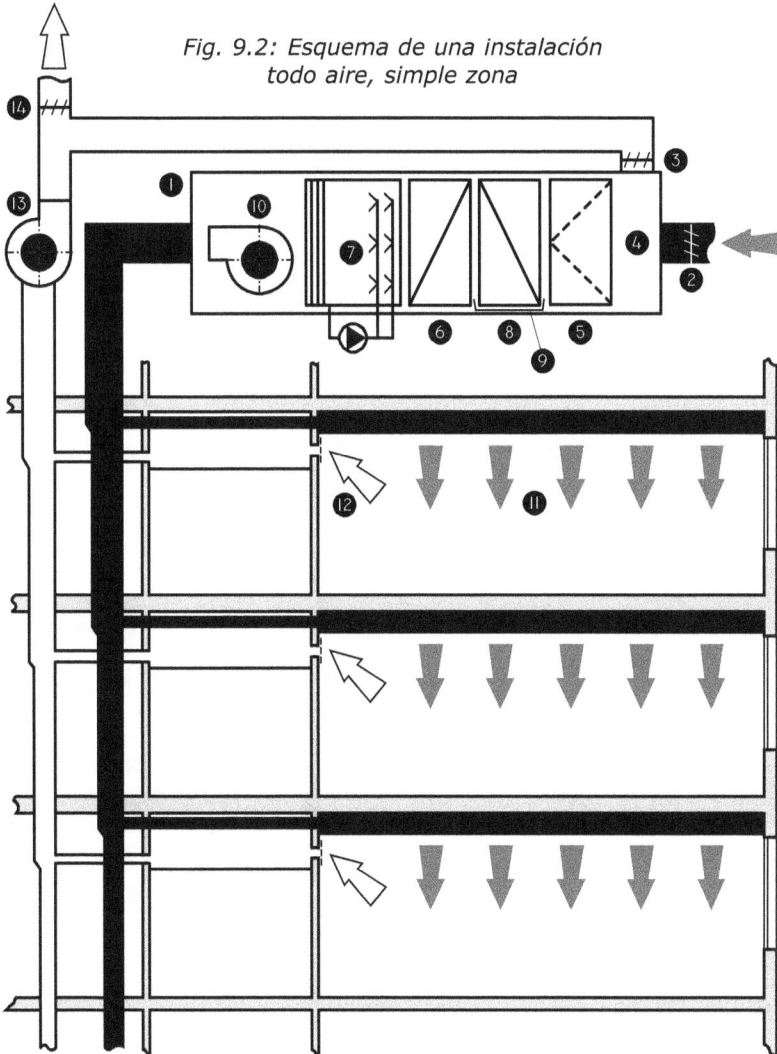

Fig. 9.2: Esquema de una instalación
todo aire, simple zona

REFERENCIAS

1. Central para la preparación del aire
2. Compuerta de aire exterior
3. Compuerta de aire de recirculación
4. Pleno de mezcla
5. Filtro
6. Calentador
7. Humectador
8. Batería de frío
9. Bandeja condensado
10. Ventilador de aire de impulsión
11. Paso del aire de impulsión
12. Paso del aire de extracción
13. Ventilador de aire de extracción
14. Compuerta de aire de extracción

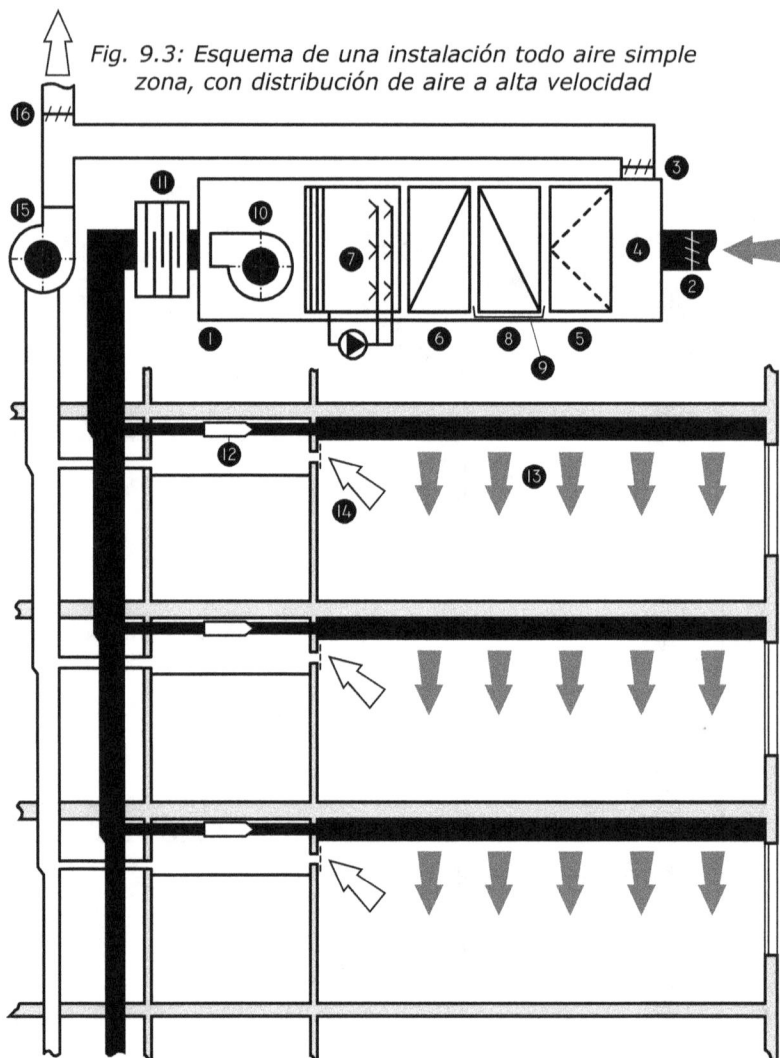

Fig. 9.3: Esquema de una instalación todo aire simple
zona, con distribución de aire a alta velocidad

1. Central para la preparación del aire
2. Compuerta de aire exterior
3. Compuerta de aire de recirculación
4. Pleno de mezcla
5. Filtro
6. Calentador
7. Humectador
8. Batería de frío
9. Bandeja condensado
10. Ventilador de aire de impulsión
11. Silenciador
12. Caja de expansión
13. Paso del aire de impulsión
14. Paso de aire de extracción
15. Ventilador de aire de extracción
16. Compuerta de aire de expulsión

de un conducto con un ventilador de extracción, como se detalla en la *figura 9.2.*

Las instalaciones de climatización de un solo conducto se puede efectuar eventualmente con distribución del aire en *alta velocidad*, que están comprendidas entre 600 a 1.500 m/min y en ellas se reducen las secciones de los conductos en comparación de las de baja velocidad, debiendo ser amortiguados los ruidos originados a esas velocidades por medio de silenciadores, que se ubican antes de las rejas de inyección instalando cajas de expansión y a partir de allí se difunde a baja velocidad, debiéndose analizar los costos de la mayor energía que insume el sistema de distribución del aire. En el esquema de la *figura 9.3* se detalla una instalación de alta velocidad.

Sistemas Multizona

En general en los proyectos, es necesario dividir el edificio en diversas zonas de acondicionamiento teniendo en cuenta la orientación, horario de ocupación de locales, diversidad de cargas, etc. Además, muchas veces los espacios de una misma zona *deben atenderse con aire frío y caliente en forma simultánea*, por lo que para estos casos el sistema de simple zona descripto anteriormente es muy complicado de controlarlo eficazmente.

Por ello, los sistemas todo aire multizona de volumen constante, permiten ajustar los requisitos zonales, y por ello, se diseñan para modificar la temperatura de impulsión a las mismas, generalmente mediante los siguientes métodos:

- *Recalentamiento*
- *Mezcla de aire frío con el caliente*
- *Unidades de tratamiento zonales*

Recalentamiento

En los casos de funcionamiento en cargas parciales, para ajustar las necesidades zonales, se puede modificar la temperatura de impulsión, utilizando un sistema que se basa en tratar centralmente el aire empleando un solo conducto de distribución para todas las zonas, *recalentando* el aire mediante una batería calefactora comandada por un regulador de temperatura en los locales o grupos de locales servidos. En la *figura 9.4* se detalla el esquema de un sistema completo de tratamiento de aire para servir a zonas de piso, con distribución de aire a alta velocidad y recalentadores zonales, con ventilador de retorno.

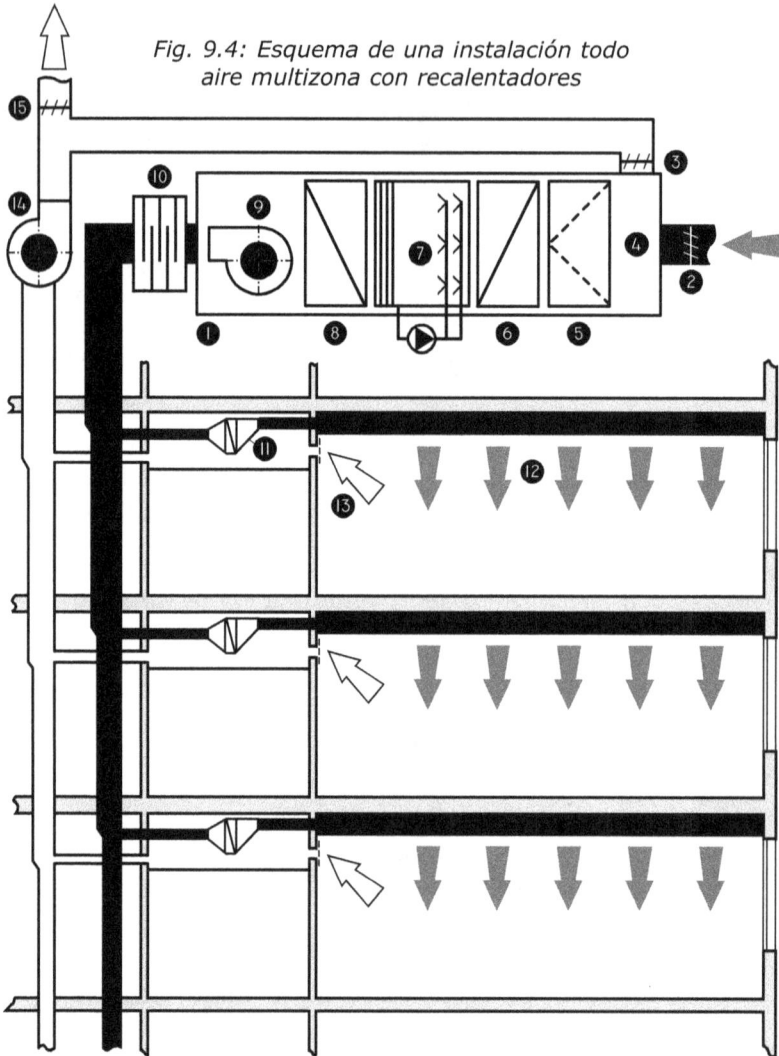

Fig. 9.4: Esquema de una instalación todo aire multizona con recalentadores

1. Central para la preparación del aire
2. Compuerta de aire exterior
3. Compuerta de aire de recirculación
4. Pleno de mezcla
5. Filtro
6. Precalentador
7. Humectador
8. Batería de frío
9. Ventilador de aire de impulsión
10. Silenciador
11. Postcalentador y expansión
12. Paso del aire de impulsión
13. Paso del aire de extracción
14. Ventilador de aire de extracción
15. Compuerta de aire de expulsión

Estas instalaciones son apropiadas especialmente en edificios con diferentes cargas frigoríficas o caloríficas, pudiéndose regular individualmente la temperatura y humedad de la zona. Es sencillo y permite un buen control, pero el gasto energético es elevado porque el aire se enfría y luego calienta, por lo que *no es un sistema energéticamente eficiente*.

Mezcla de aire

Para modificar la temperatura del aire de impulsión a cada zona *se mezcla el aire caliente con el frío* y por la forma que se realiza se pueden definir dos sistemas característicos:

- *Doble conducto de inyección.*
- *Equipos tipo multizona.*

La diferencia básica entre ambos sistemas consiste que en el de *doble conducto* se emplean para la distribución del *aire*, dos conductos a todas las zonas, uno con aire caliente y otro frío, utilizando una *caja de mezcladora* ubicada en los espacios o zonas a servir, mientras que en el *equipo multizona*, se realiza la mezcla en el mismo, distribuyéndose el aire tratado mediante un conducto por cada zona. Dichos sistemas permiten un buen control, pero la energía térmica gastada en ambos casos es similar a los sistemas de recalentamiento.

Sistemas de distribución con doble conducto

En estos sistemas, la unidad central suministra dos flujos de aire con temperaturas distintas, diseñadas para satisfacer las condiciones pico en cada caso y en la operación a cargas parciales se mezclan las cantidades de aire necesarias de manera de alcanzar la exacta temperatura del aire a inyectar. En la central primaria de acuerdo a las necesidades se efectúa el calentamiento y refrigeración en cada conducto o zona de distribución mediante baterías de calor y frío y el aire se transporta mediante el ventilador a través de dos sistemas de conductos separados a los locales a abastecer, como se observa en el esquema detallado en la *figura 9.5*.

La mezcla de ambos caudales se efectúa en una caja motorizada individual para cada local a climatizar como se muestra en la *figura 9.6* o eventualmente en difusores especiales con cajas de regulación incorporadas y en general se emplea un solo sistema de conductos de retorno a la unidad de tratamiento central. Por lo tanto, si el termostato requiere enfriamiento el motor de la caja

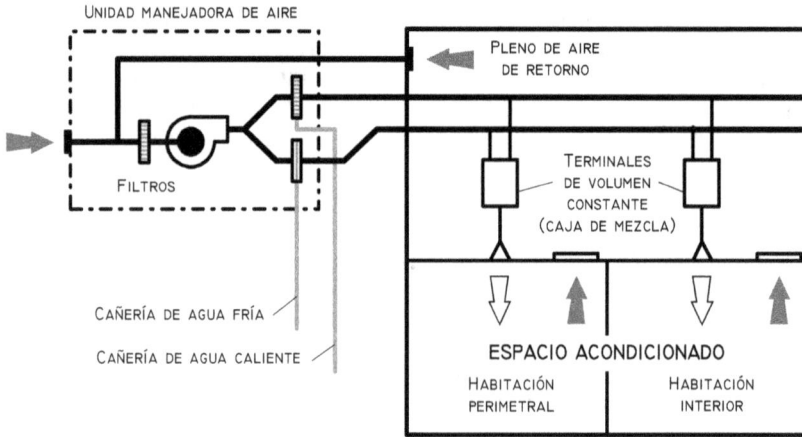

Fig. 9.5: Esquema de sistema de distribución
volumen constante con doble conducto

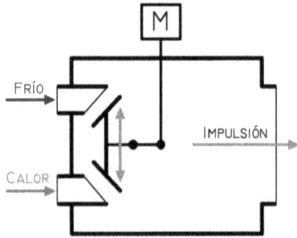

Fig. 9.6: Detalle de caja de mezcla
para sistema de distribución
de doble conducto

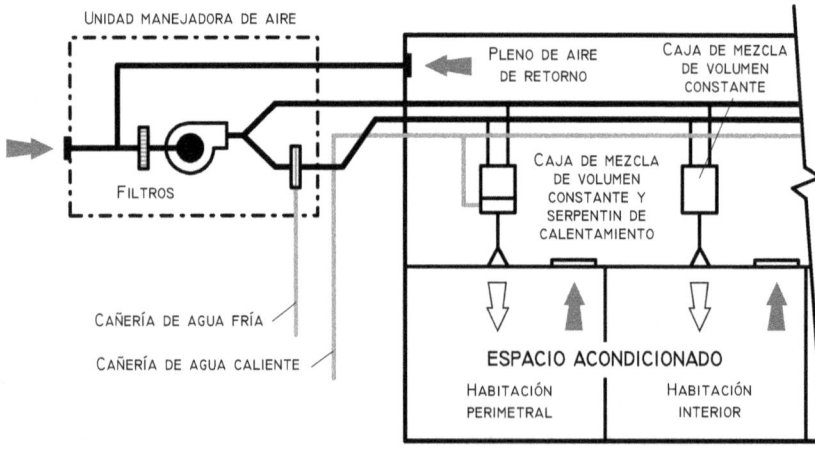

Fig. 9.7: Esquema de sistema de distribución volumen constante
con doble conducto, con recalentamiento perimetral

abre del paso del aire frío y cierra el de caliente e inversamente si el termostato requiere calentamiento y en cualquier situación intermedia se mezclan ambos flujos en la proporción adecuada para suministrar el aire a la temperatura de impulsión variable requerida por las cargas parciales del local.

Otra posibilidad es la utilización de un sistema de doble conducto con serpentina de calentamiento solo en las zonas perimetrales, como se detalla en la *figura 9.7*.

Por regla general y considerando las pérdidas de carga de estos sistemas y a fin de contar con secciones de conductos mas pequeños se los suelen diseñar a alta velocidad. En la *figura 9.8* se muestra el esquema de una instalación de doble conducto completa, con sistema de humectación, zonificado con caja de mezcla y expansión por piso, con distribución a alta velocidad y ventilador de extracción de retorno.

El sistema de distribución de doble conducto es apropiado para gran cantidad de grupos de locales que precisan diferentes cargas frigoríficas o caloríficas y por lo tanto, deben recibir aire a diferentes condiciones.

Sistemas de distribución con equipos multizona

El sistema distribución con equipos denominado *multizona* consiste en un ventilador centrífugo central que envía el caudal de aire que debe ser tratado a través de dos plenos, uno con una batería de calefacción y otro con una de refrigeración, el que se mezcla mediante una serie de damper o persianas situadas sobre la boca de la unidad de tratamiento, para distribuir aire frío o caliente a los locales o zonas según las necesidades, comandado por un termostato ambiente, de acuerdo al detalle esquemático indicado en la *figura 9.9*.

Estas persianas o compuertas están acopladas sobre un mismo eje y desplazadas a 90° entre si, de manera que a la correspondiente a un pleno caliente cierre cuando abra la del pleno frío. Lógicamente el número de zonas con regulación independiente de la temperatura que pueden ser alimentadas con un único acondicionador viene limitado por el número de parejas de compuertas conjugadas que en lo posible no deben ser superior a 10.

Cuando una de las zonas requiere la máxima potencia frigorífica, la persiana correspondiente a la misma que se encuentra en el pleno frío, es accionada por el termostato de ambiente de dicha zona, debiendo abrir en su totalidad para que el caudal suminis-

Fig. 9.8: Esquema de una instalación de volumen constante de doble conducto, con distribución a alta velocidad

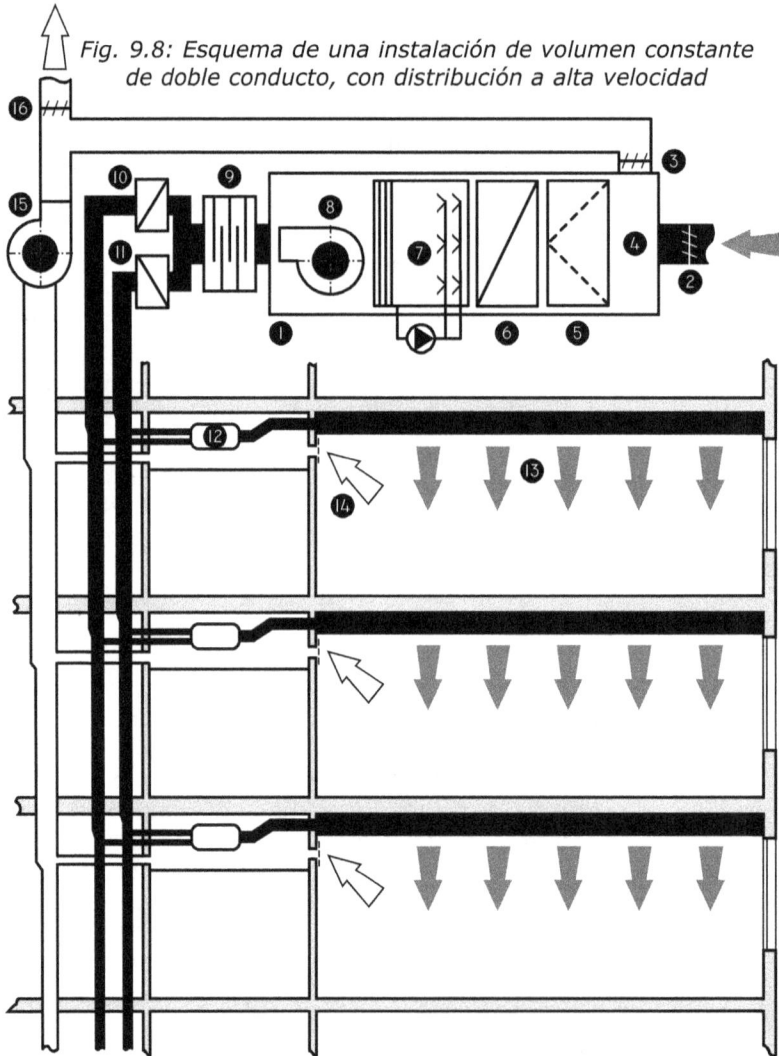

1. Central para la preparación del aire
2. Compuerta de aire exterior
3. Compuerta de aire de recirculación
4. Pleno de mezcla
5. Filtro
6. Precalentador
7. Humectador
8. Ventilador de aire de impulsión

9. Silenciador
10. Postcalentador
11. Batería de frío
12. Caja de mezcla y expansión
13. Paso del aire de impulsión
14. Paso del aire de extracción
15. Ventilador de aire de extracción
16. Compuerta de aire de expulsión

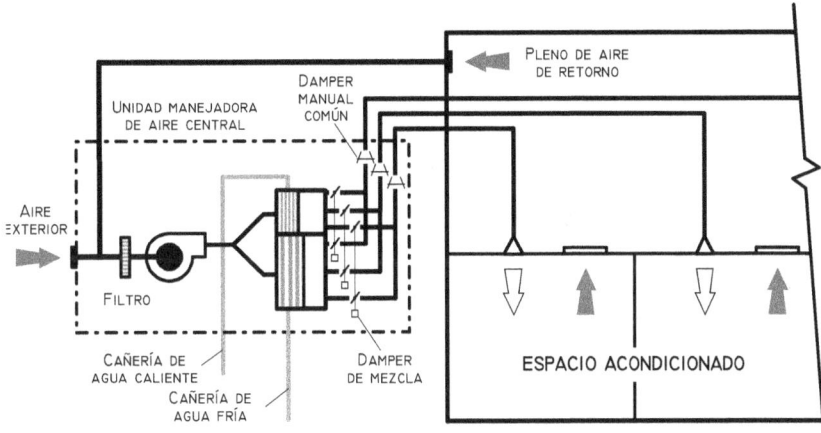

Fig. 9.9: Esquema de sistema de distribución con equipos multizona con damper de mezcla

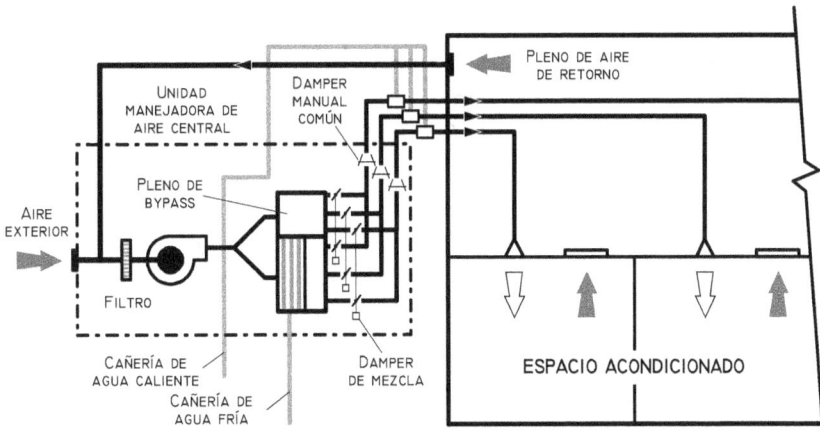

Fig. 9.10: Esquema de sistema de distribución con equipos multizona y recalentadores

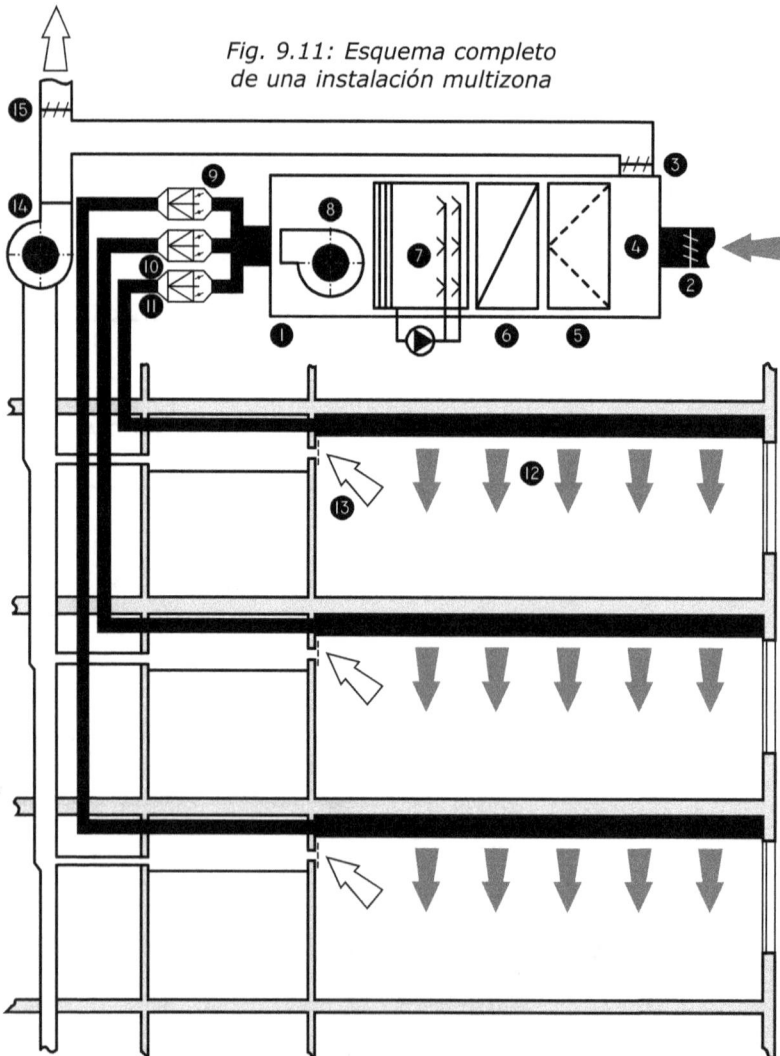

Fig. 9.11: Esquema completo de una instalación multizona

1. Central para la preparación del aire
2. Compuerta de aire exterior
3. Compuerta de aire de recirculación
4. Cámara de mezcla
5. Filtro
6. Precalentador
7. Humectador
8. Ventilador de aire de impulsión
9. Registros de mezcla
10. Postcalentador
11. Batería de frío
12. Paso del aire de impulsión
13. Paso del aire de extracción
14. Ventilador de aire de extracción
15. Compuerta de aire de expulsión

trado sea el máximo. Simultáneamente la compuerta situada en el pleno caliente se cierra, con lo que el caudal de aire caliente que pasa a través de la misma se reduce a las infiltraciones de las persianas.

En condiciones de carga intermedia, los termostatos de ambiente comandan la posición de las compuertas de forma de conseguir que la mezcla de aire caliente y aire frío que pasa a través de ellas se encuentre a la temperatura adecuada para equilibrar las necesidades instantáneas del ambiente a acondicionar. Otra posibilidad es utilizar un sistema multizona para mezcla de aire frío con un by-pass de aire de recirculación, empleando recalentadores para control del aire de impulsión en los casos que sea necesario, tal cual se muestra en la *figura 9.10*.

Por último, en la *figura 9.11* se observa un sistema completo multizona con ventilador de extracción y precalentador, zonificado por piso servido.

Unidades de tratamiento zonales

En una unidad central primaria se realiza la preparación del aire exterior, de modo que el calentamiento y refrigeración individual se efectúa en unidades de tratamiento secundarias en cada una de las zonas, de esa forma, los locales o grupos de locales conectados reciben aire a distintas temperaturas, como se observa en la *figura 9.12*. El aire exterior se filtra en la central y según sean las necesidades se precalienta y enfría y deshumecta por lo que, la red de conductos desde la unidad de tratamiento primaria a las secundarias es de menores dimensiones dado que solo transporta el aire exterior, siendo estas instalaciones apropiadas para edificios de varias plantas con locales o zonas de diferente utilización.

Sistemas de volumen variable

El sistema denominado *volumen de aire variable* (VAV), fue concebido origianalmente para satisfacer solo las necesidades de refrigeración de los espacios, contando con una unidad de aire acondicionado que enfría el aire y lo distribuye por un sistema de conducto único, pero cuando el aire se deriva al local o zona se instala una *compuerta de regulación* montada en el conducto de entrada, la cual, comandada por un termostato de ambiente, permite, regulando el flujo de aire circulante, seleccionar la temperatura que se desee, de acuerdo al uso, ocupación, estación del año, efecto solar, etc.

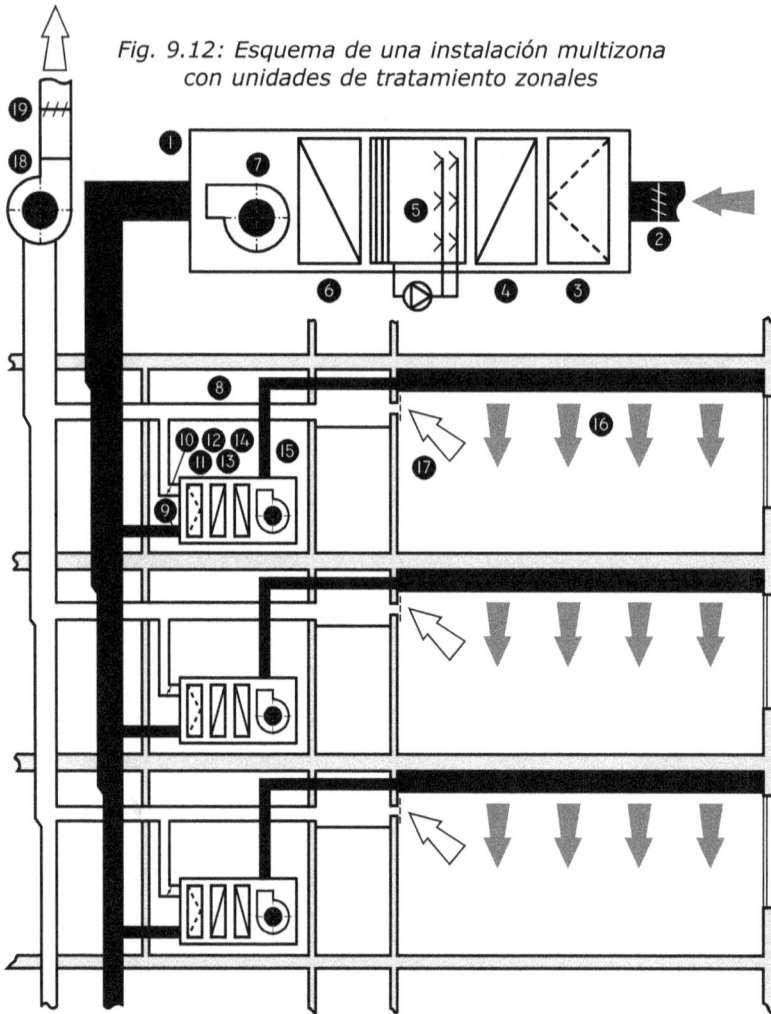

Fig. 9.12: Esquema de una instalación multizona
con unidades de tratamiento zonales

1. Central para la preparación del aire
2. Compuerta de aire exterior
3. Filtro
4. Precalentador
5. Humectador
6. Batería de frío
7. Ventilador de aire de primario
8. Unidad zonal
9. Compuerta de aire primario
10. Compuerta de aire de recirculación
11. Pleno de mezcla
12. Filtro
13. Batería de frío
14. Postcalentador
15. Ventilador de aire de impulsión
16. Paso del aire de impulsión
17. Paso del aire de extracción
18. Ventilador de aire de extracción
19. Compuerta de aire de expulsión

Cada compuerta de zona posee una aleta elíptica que permite un control lineal del aire y un cierre hermético cuando la compuerta está cerrada.

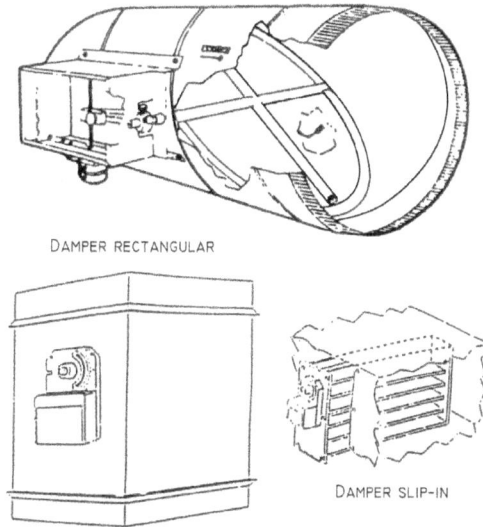

DAMPER RECTANGULAR

DAMPER SLIP-IN

Fig. 9.13: Detalle de compuerta de regulación

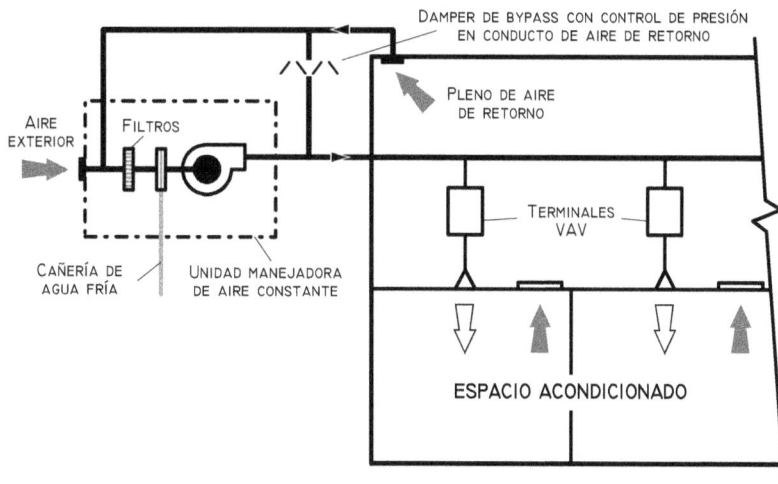

DAMPER DE BYPASS CON CONTROL DE PRESIÓN
EN CONDUCTO DE AIRE DE RETORNO

PLENO DE AIRE
DE RETORNO

AIRE
EXTERIOR

FILTROS

CAÑERÍA DE
AGUA FRÍA

UNIDAD MANEJADORA
DE AIRE CONSTANTE

TERMINALES
VAV

ESPACIO ACONDICIONADO

Fig. 9.14: Esquema básico de sistema de volumen variable con compuertas by-pass

Se construyen de acuerdo a los lineamientos indicados en la *figura 9.13*, pudiendo ser circulares, rectangulares o diseñadas para montar en el mismo conducto, utilizándose para el accionamiento un motor paso a paso comandado mediante un sensor de temperatura el que a su vez está vinculado al termostato del ambiente, proveyendo además, un cierre hermético cuando no se requiere la distribución. El sistema de volumen variable puede funcionar con un ventilador de:

- *Caudal constante con compuertas by-pass.*
- *Caudal variable.*

Ventilador de caudal constante con compuertas by-pass

Cuando se emplea unidades de tratamiento de aire o equipos de aire acondicionado que normalmente de línea se fabrican con *ventiladores de caudal constante*, es necesario instalar una *compuerta o persiana by-pass,* para regular el flujo de aire en caso que las persianas comiencen a cerrar cuando el sistema funciona a cargas parciales. En la *figura 9.14* se muestra un esquema básico de funcionamiento del sistema de volumen variable, con sus compuertas terminales y la ubicación de la persiana o damper de by-pass instaladas entre la entrada de aire de impulsión y la de retorno del aire, para asegurar un caudal constante del ventilador del equipo acondicionador.

Se emplean *compuertas de by-pass del tipo barométricas*, según se muestra en la *figura 9.15* que funcionan en función de la diferencia de presión de entrada y salida, pudiendo emplearse también eventualmente *compuertas motorizadas*, que accionan un motor modulante comandadas por un presiostato a la salida del ventilador, debiendo ser conectada después de la batería de refrigeración y el sensor de temperatura del conducto, de modo de no reducir el caudal de aire que pasa por dichos dispositivos.

Ventilador de caudal variable

Cuando se emplea un *ventilador de caudal variable*, se reduce el caudal de aire en relación directa con la disminución de la carga, mediante la *regulación de la velocidad de giro del rotor* utilizando un sistema de regulación de frecuencia o eventualmente *mediante álabes colocados en la aspiración*, lo que permite una disminución del consumo de energía del ventilador en relación de un sistema de

Capítulo 9: Sistemas Todo Aire

BY-PASS CERRADO

EL BY-PASS SE ABRE

COMPUERTAS DE ZONA ABIERTAS

COMPUERTAS DE ZONA CERRADAS

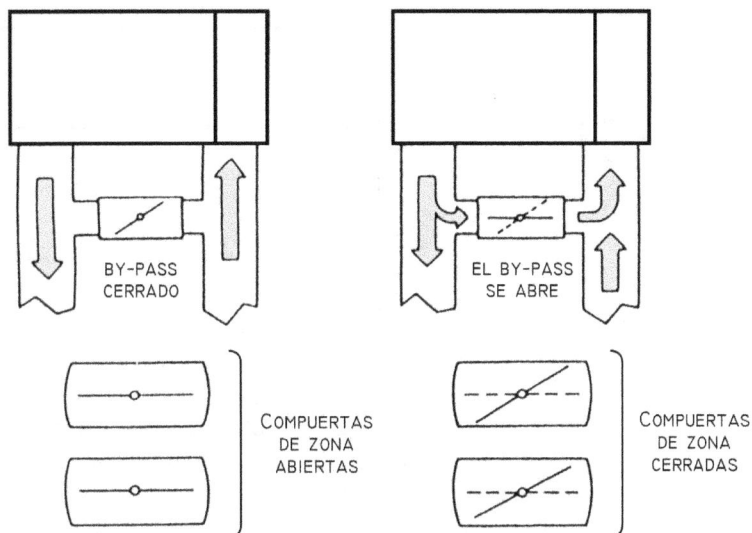

El by-pass mantiene el volumen mínimo de aire en la unidad de frío/calor y previene un exceso de presión estática en los conductos de caudal de aire de suministro, a medida que las compuertas de la zona se cierran.

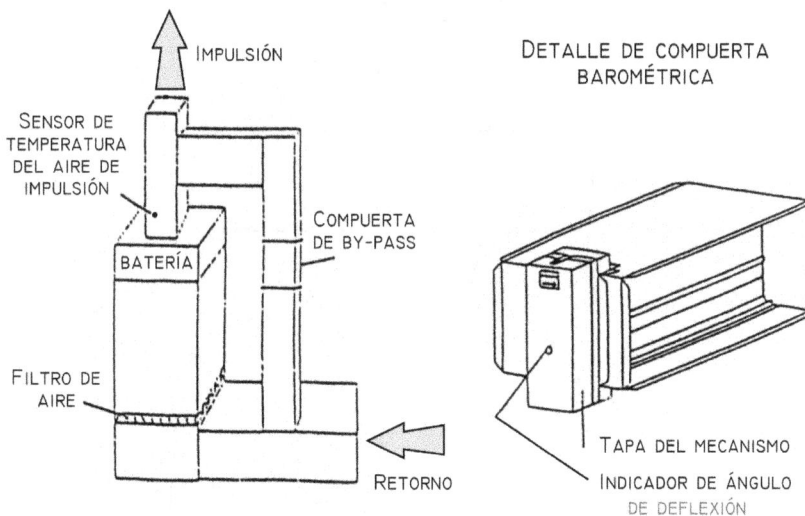

IMPULSIÓN

SENSOR DE TEMPERATURA DEL AIRE DE IMPULSIÓN

COMPUERTA DE BY-PASS

BATERÍA

FILTRO DE AIRE

RETORNO

DETALLE DE COMPUERTA BAROMÉTRICA

TAPA DEL MECANISMO

INDICADOR DE ÁNGULO DE DEFLEXIÓN

Fig. 9.15: Detalle de instalación y características de compuertas by-pass

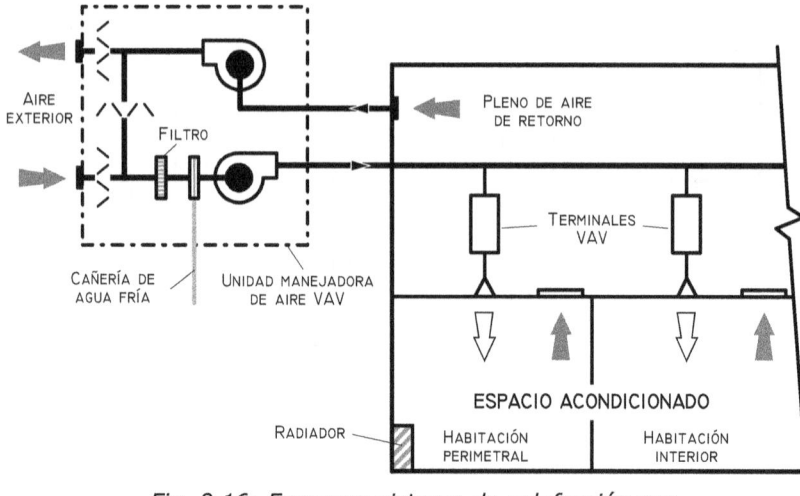

Fig. 9.16: Esquema sistema de calefacción con radiadores para recalentamiento perimetral

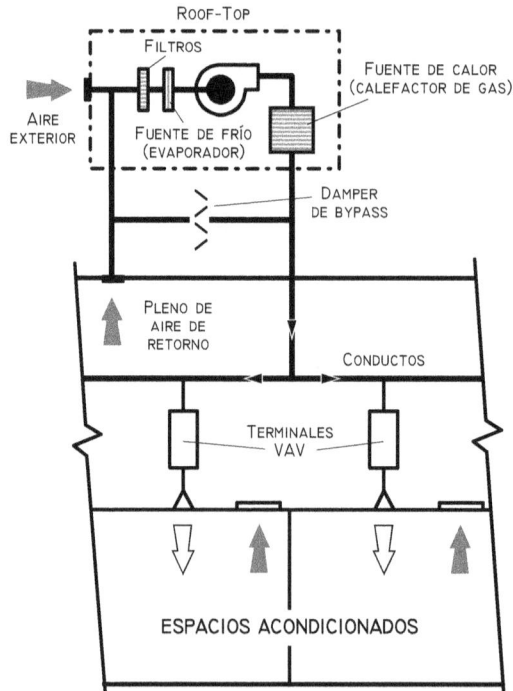

Fig. 9.17: Esquema de sistema VVT con roof-top y calentamiento a gas

caudal constante, de acuerdo a lo ya analizado precedentemente en el capítulo 4 (ver *figura 4.8*).

Calefacción en los sistemas de volumen variable

Para satisfacer las necesidades de calefacción se puede emplear un sistema de *calefacción separada* en los casos necesarios, independiente del sistema *VAV*, como radiadores, pisos radiantes, etc. Si es necesario suministrar simultáneamente calor a las zonas perimetrales al mismo tiempo que el frío en las zonas centrales, un procedimiento simple puede consistir en utilizar recalentadores por medio de resistencias eléctricas o radiadores a lo largo del perímetro de los locales como se muestra en la *figura 9.16*, con un ventilador de velocidad variable y ventilador de extracción, que permiten establecer un sistema economizador de aire exterior.

Calentamiento integrado (VVT)

La forma mas aplicada para calefaccionar es utilizando el mismo sistema de caudal de aire variable, por ejemplo, mediante un rooftop con bomba de calor, funcionando independientemente para frío o para calor o directamente mediante una fuente de calor independiente a gas como se indica en la *figura 9.17* y a estos sistemas se los denomina *VVT, sistema de temperatura y volumen variable*.

Estos sistemas pueden trabajar solo para frío o para calor, de modo que cuando existen zonas que requieren frío y otras calor, se debe fijar el modo de trabajo en función de la mayor demanda y cerrar el suministro en las menores y por ello, el sistema *VVT* se diseña para pequeñas cantidades de espacios por zona y siempre que los perfiles de carga sean mas o menos parecidos. Estos sistemas con calentamiento integrado, brindan dos ajustes básicos, un primer control se efectúa sobre la variación de caudal de salida y un ajuste posterior, sobre la temperatura de aire de entrada, conectándose automáticamente las etapas de frío o calor en función de la demanda.

Con la combinación de estos elementos, es posible ajustar las instalaciones simples para frío o calor, los que se realizan a través de una serie de termostatos de ambientes, denominados *esclavos*. que controla el motor paso a paso que está vinculado a la compuerta de regulación. Un *termostato regulador maestro* permite la inversión automática del ciclo de enfriamiento o calentamiento de acuerdo a la información de los termostatos esclavos de ambiente.

Ejemplo de aplicación

Uno de los problemas que se le presenta al proyectista de aire acondicionado es la de controlar la temperatura de los locales con distintas aplicaciones y usos horarios, algunos con gran superficie acristalada, altura de techos variable, espacios grandes o abiertos u otras particularidades. Aún edificios similares pueden tener diferentes necesidades de confort debido al horario de ocupación, cantidad de personas y muchas otras variables.

La zonificación de un edificio se efectúa preferentemente según el uso y ocupación agrupando los locales del mismo, pudiéndose considerar también zonas afectadas por la exposición solar exterior. En el caso de un edificio de varias plantas, el piso superior necesita mas capacidad térmica del equipo con respecto a los inferiores, debido a la tendencia por un lado del calor a ascender por convección natural y el mayor pasaje de calor a través del techo.

Supóngase en la *figura 9.18* un ejemplo de una vivienda típica de un piso con tres dormitorios, una cocina–comedor, un salón comedor y una sala de estar, empleando un sistema *VVT* diseñado especialmente para uso residencial. La cocina y el salón comedor conviene agruparlo en una zona separada, debido a que no se utilizan normalmente durante la misma hora y tienen orientaciones diferentes, mientras que la sala de estar o living suele estar ocupada cuando no se usa la cocina o el comedor, pudiendo constituir otra zona y por último, los dormitorios constituyen otra zona específica.

De esa manera se zonifica de la siguiente manera:

- *Zona 1*: Dormitorio principal, dormitorios y baños
- *Zona 2*: Comedor principal
- *Zona 3*: Cocina, comedor diario y office
- *Zona 4*: Living o sala de estar

En la figura 9.19 se muestra la distribución de conductos y la ubicación del equipo y las compuestas de regulación para las cuatro zonas. Para estos sistemas se emplea un solo roof-top de equipo de aire acondicionado de frío-calor y mediante el mismo se envía aire en el lugar apropiado de la casa a la hora determinada.

El equipo se puede elegir en un tamaño mas pequeño dado que al crear zonas se elimina el enfriamiento o la calefacción innecesaria en los espacios que no estén en uso, lo que permite reducir la potencia instalada. En efecto, el cálculo del equipo no surge de la suma de las cargas máximas de todos los locales, sino de la carga zonal a la hora de uso que sea mayor.

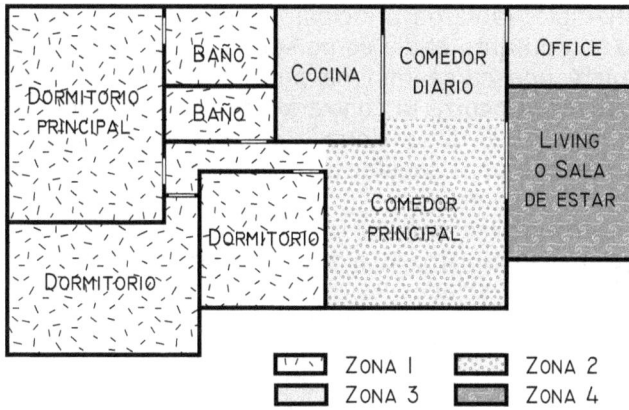

Fig. 9.18: Planta de casa de vivienda. Zonificación

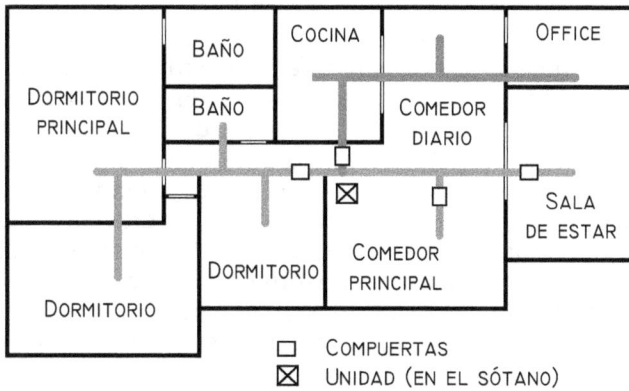

Fig. 9.19: Distribución de conductos

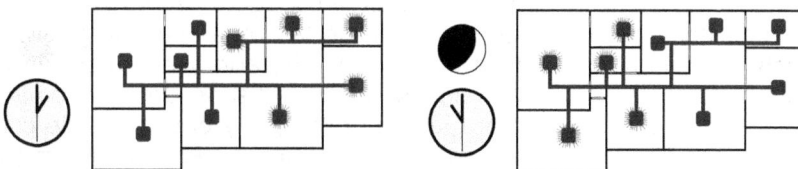

Fig. 9.20: Necesidades de distribución de aire según los horarios

Por ejemplo, la carga principal del equipo será para las zonas de ocupación durante el día como son las zonas 2, 3 y 4, mientras que requiere una carga mínima para la zona 1 de dormitorios y durante la noche ocurre lo contrario, de acuerdo a lo que indicado en la *figura 9.20*. El dimensionado de los conductos por el contrario debe hacerse para satisfacer la carga máxima horaria de cada zona.

En el proyecto se emplea una *compuerta modulante* por zona para regular el suministro de aire a las mismas en forma variable en función de las necesidades, las que cuentan con un motor de accionamiento, pudiendo ser cuadradas o circulares fabricándose para usos residenciales en diversos diámetros que van de 15 a 40 cm y rectangulares de 20 x 25 a 40 cm. Además debe emplearse una *compuerta de by-pass* para desvío o recirculación con el fin de posibilitar la distribución del aire por el equipo en forma constante, regulando la presión de trabajo en el sistema de descarga de aire.

El sistema de control está constituido por *sensores remotos de temperatura* ambiental para ubicar en la habitación representativa de cada zona y se pueden eventualmente colocar *sensores programables* que poseen un display que presenta la temperatura de la zona y elementos para ajustarla. Además, debe instalarse un *sensor de temperatura del conducto* en la descarga del equipo, para verificar que la misma esté dentro de los parámetros preestablecidos.

El centro de comando de todo el sistema está constituido por un *módulo central de controles* que por lo general actúa como sensor de temperatura de la zona principal. Este sensor vinculado a los de ambiente y de conducto, constituye el cerebro electrónico que decide el modo de operación de los equipos y las condiciones de apertura de las compuertas, indicándose en la *figura 9.21* el esquema básico de operación del sistema.

Los sensores remotos o eventualmente los termostatos programables deben situarse en la habitación o zona que controlan, ubicándose aproximadamente a 1,5 m por encima del nivel de piso, no debiendo instalarse en zonas expuestas a la luz solar directa, corrientes de aire, muros al exterior o conducto de retorno. El comando debe permitir que cada una de las zonas sea programada individualmente basándose en su uso y horario y en caso que no pueda ubicarse en un lugar adecuado para el sensado, se debe instalar un sensor remoto para la zona principal y el sistema de control puede funcionar en modo de ventilación en el cual el aire por los conductos puede ser recirculado hacia frío o calor en una zona, sin arrancar el equipo de refrigeración.

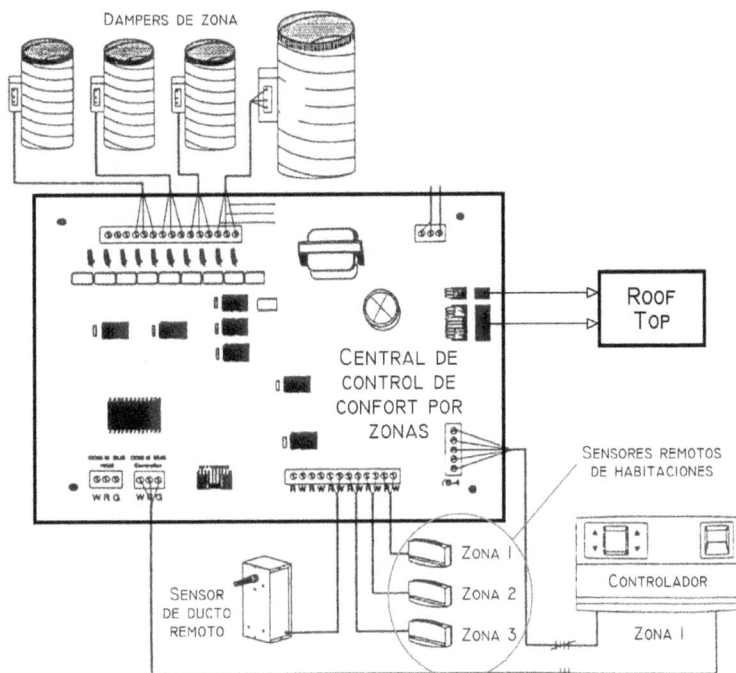

Fig. 9.21: Esquema básico de unidad de control

Análisis de operación del sistema de control

Se puede analizar el funcionamiento del sistema de control para las fases de *calentamiento, enfriamiento* y *ventilación*, en las que se han establecido los set-point o temperatura de regulación de las respectivas zonas.

Ciclo de calentamiento

En la *figura 9.22* se representa el sistema funcionando en el *ciclo de calentamiento* considerándose una temperatura de impulsión de 35ºC. Se observa que:

Zona Nº1: Temperatura del ambiente 25ºC mayor que el set-point de 22ºC. Por lo tanto la compuerta debe cerrarse dado que el local requiere enfriamiento.

Zona Nº2: Temperatura del ambiente 16ºC menor que el set-point de 22ºC. Por lo tanto la compuerta debe permitir circular el aire modulando.

Zona Nº3: Temperatura del ambiente 20ºC igual al set-point de 20ºC. Por lo tanto la compuerta debe estar cerrada.

Zona Nº4: Temperatura del ambiente 20ºC menor que el set-point de 22ºC, por lo tanto la compuerta debe estar abierta modulando.

En resumen, dos zonas (2 y 4) demandan calor y solo una requiere frío (1), por lo que el sistema de control *establece prioridad al ciclo de calentamiento,* En caso de igual demanda puede aplicarse el ciclo de enfriamiento o calentamiento de acuerdo a la prioridad que se le establezca, generalmente en función de la estación del año.

Ciclo de enfriamiento

En la *figura 9.23* se representa el sistema funcionando en el *ciclo de enfriamiento* considerándose una temperatura de impulsión de 15ºC. Se observa que:

Zona Nº1: Temperatura del ambiente 25ºC mayor que el set-point de 22ºC. Por lo tanto la compuerta debe abrirse modulando dado que el local requiere enfriamiento.

Zona Nº2: Temperatura del ambiente 17ºC, menor que el set-point de 22ºC. Por lo tanto la compuerta debe cerrarse dado que el local requiere calentamiento.

Zona Nº3: Temperatura del ambiente 20ºC igual al set-point de 20ºC. Por lo tanto la compuerta debe estar cerrada.

Zona Nº4: Temperatura del ambiente 25ºC mayor que el set-point de 22ºC, por lo tanto la compuerta debe estar abierta modulando dado que el local requiere enfriamiento.

En resumen, dos zonas (1 y 4) demandan enfriamiento y solo una requiere calor (2), por lo que el sistema de control *establece prioridad al ciclo de enfriamiento*.

Ciclo de ventilación

En la *figura 9.24* se representa el sistema en el ciclo de ventilación, utilizando por ejemplo un *sistema economizador*, con una temperatura de impulsión del aire exterior de 19ºC. Se observa que:

Zona Nº1: Temperatura del ambiente de 25ºC, mayor que el set-point de 22ºC. Por lo tanto la compuerta debe abrirse modulando dado que el local requiere enfriamiento.

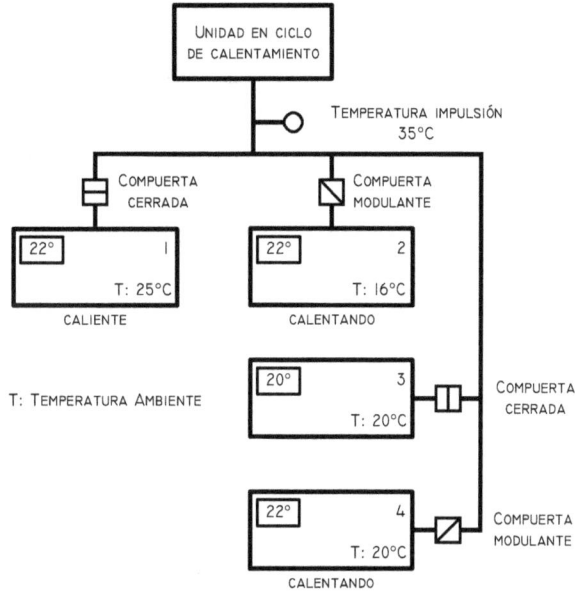

Fig. 9.22: Ciclo de calentamiento

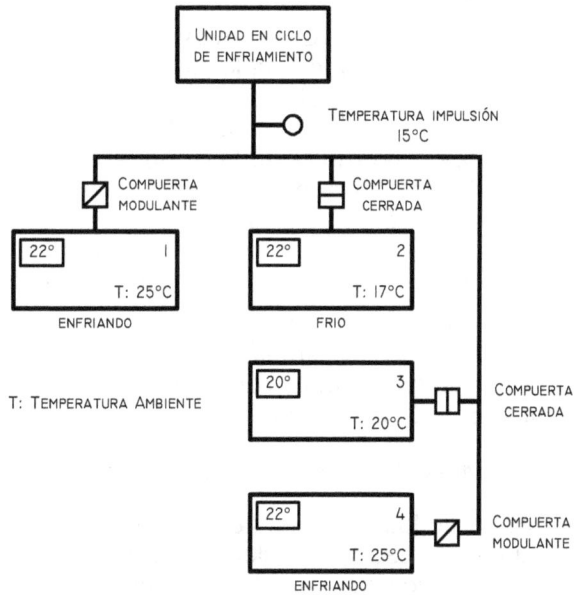

Fig. 9.23: Ciclo de enfriamiento

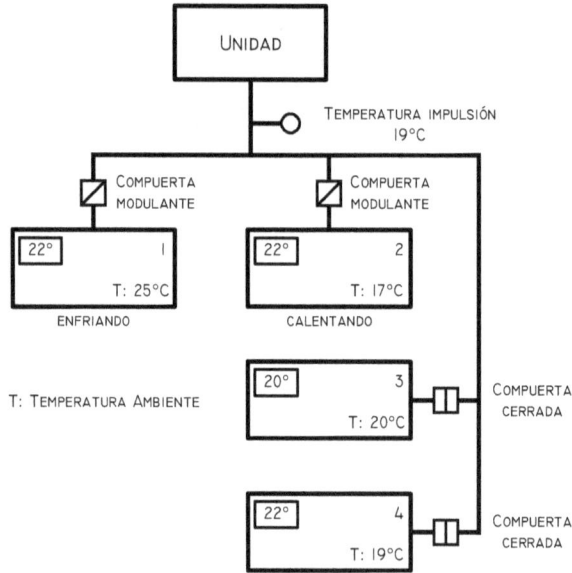

Fig. 9.24: Ciclo de ventilación

Zona Nº2: Temperatura del ambiente 17ºC, menor que el set-point de 22ºC. Por lo tanto la compuerta debe abrirse modulando dado que el local requiere calentamiento y el aire de suministro es de 19ºC.

Zona Nº 3: Temperatura del ambiente 20ºC igual al set-point de 20ºC. Por lo tanto la compuerta debe estar cerrada.

Zona Nº4: Temperatura del ambiente 19ºC, menor que el set-point de 22ºC, por lo tanto el local requiere calentamiento, pero la compuerta debe estar cerrada porque el aire de suministro disponible es de 19ºC.

Una de las posibilidades es que mediante una línea telefónica el ordenador de la empresa instaladora pueda supervisar el funcionamiento de la instalación para comprobar periódicamente el buen funcionamiento de la instalación.

Inconvenientes del sistema de volumen variable

El problema de los sistemas de velocidad variable es que cuando se disminuye el caudal circulatorio en función de las necesidades de calor de los locales, también paralelamente se reduce el aire exterior de ventilación aportado. Por otra parte, al reducir el caudal se produce una inadecuada circulación o barrido del aire del ambiente y una estratificación del mismo en el local.

El estancamiento por la disminución de la circulación del aire en el caso de cargas parciales, puede resolverse con una caja como se representa esquemáticamente en la *figura 9.25*, que contiene un ventilador que provoca la recirculación del aire del local. De esa manera, parte del caudal lo entrega la red de caudal variable, atendiendo de esa forma las necesidades instantáneas de refrigeración, el resto lo recircula el ventilador por depresión en el ambiente, consiguiéndose un caudal constante en la impulsión con un caudal variable en la aspiración, incluyéndose generalmente una batería de calefacción y un filtro en el retorno.

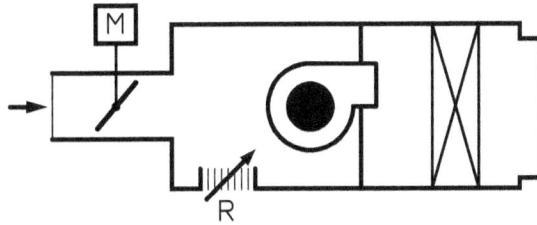

Fig. 9.25: Caja de caudal variable con ventilador

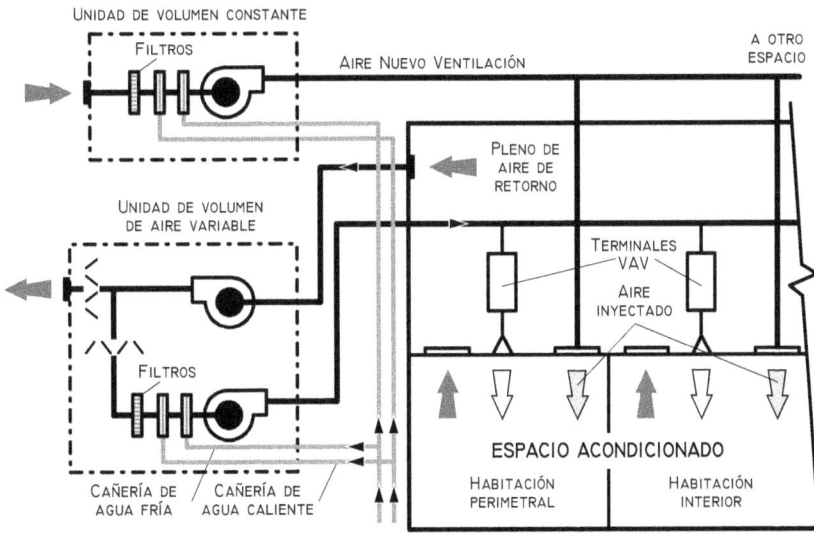

Fig. 9.26: Esquema de un sistema de volumen variable con ingreso de aire exterior para ventilación

Sin embargo, ello no es una solución total dado que la proporción de aire exterior de ventilación proveniente del sistema central puede no ser la necesaria. Por ello, una forma de solucionar el problema es incorporar un sistema de ventilación paralelo donde se ingresa el aire exterior en forma separada acondicionando en una unidad de tratamiento específica para estos fines y lo introduce en forma directa en el ambiente produciendo además el adecuado barrido del aire del local en los casos de cargas parciales, como se ilustra en el detalle esquemático de la *figura 9.26*.

CAPITULO 10

SISTEMAS AIRE-AGUA

Generalidades

Se denominan sistemas aire-agua cuando se envía agua fría o caliente a las unidades terminales ubicadas en el espacio y además aire frío o caliente impulsado desde unidades de tratamiento de aire centralizadas.

Pueden ser:

- *Inducción*
- *Fan-coil con aire primario*
- *Paneles radiantes con aire primario (Techos fríos)*

Sistema de inducción

Estos sistemas utilizan equipos denominados de *inducción* que se diferencian del fan-coil individual en que eliminan las partes mecánicas y su motor eléctrico de accionamiento, aprovechando la energía del aire exterior que es impulsado a alta presión y velocidad a una cámara, donde mediante toberas múltiples produce la inducción por efecto venturi para recircular el aire del ambiente, tal cual se muestra en los detalles de la *figura 10.1*.

De esa manera, se definen en el sistema dos tipos de circuitos, el *aire primario* a alta presión y velocidad que se introduce en el equipo por las toberas, que crea una zona de depresión debajo de las mismas e *induce el aire del ambiente*, denominado *aire secundario*, el que, previo paso por un serpentín y luego de la mezcla con el aire primario, se distribuye nuevamente en el ambiente. El aire primario es preparado en una unidad de tratamiento centralizada y distribuido por conductos de alta velocidad sin necesidad de zonificar la distribución y su caudal es equivalente al aire exterior para ventilación y generalmente no se instalan conductos de retorno, dado que el aire se exfiltra en los locales por sobrepresión y en la *figura 10.2* se detalla el funcionamiento del sistema.

La función del aire primario es la de cumplir tres funciones básicas:

VISTA

AIRE PRIMARIO
DE INDUCCIÓN

TOBERAS

ZONA DE
BAJA PRESIÓN

SERPENTÍN

AIRE SECUNDARIO
DE RETORNO

BANDEJA DE
CONDENSADO

CORTE

REJA DE
ALIMENTACIÓN

PLENO DE
INYECCIÓN

TOBERA DE
IMPULSIÓN

DAMPER
BY-PASS

SERPENTÍN
DE AGUA

REJA DE
RETORNO

EXTERIOR

INTERIOR

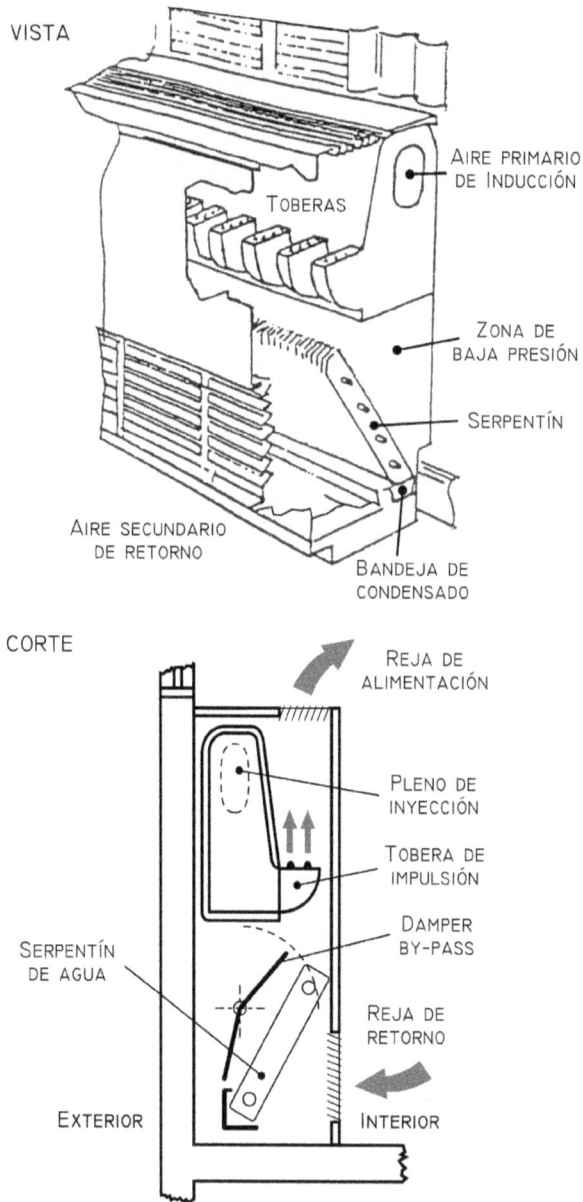

Fig. 10.1: Detalle del equipo de inducción

- *Proveer el aire necesario para la ventilación.*
- *Agregar al sistema un elemento regulador de temperatura y humedad.*
- *Producir la energía cinética para la inducción del aire secundario por acción de las toberas.*

La impulsión del aire primario se realiza a alta velocidad (1.000 a 1.500 m/min) y alta presión (125 a 150 mmca) lo que permite una significativa reducción de las dimensiones de los conductos y se obtiene la fuerza de impulsión necesaria para inducir al aire secundario en cada gabinete individual. Además, como solo se impulsa el caudal de aire de ventilación, los conductos son pequeños y generalmente no mayores de 10 cm de diámetro, los que normalmente pueden ubicarse en los contrapisos.

Los gabinetes de los sistemas de inducción igual que los fan–coil se ubican generalmente en la periferia del edificio, unidos generalmente por un anillo perimetral de cañerías de distribución de agua aisladas y otra cañería de eliminación de la condensación de humedad. La distribución puede ser por *dos, tres* o *cuatro tuberías* igual que lo indicado para los fan-coil individuales en los sistemas todo-agua.

El sistema de unidades inductivas permite un control bastante flexible de las condiciones ambientales de los locales climatizados, basándose en la regulación de los caudales de agua y aire que llegan a las unidades. Con respecto a los fan-coil, se pueden mencionar las siguientes ventajas:

- *Requieren menos mantenimiento por la eliminación de los ventiladores en los equipos individuales.*
- *Se logra un control exacto del aire exterior y el filtrado central del mismo es mas controlado y eficiente.*
- *Se puede lograr la humectación en la planta central, tratando el aire primario.*
- *No se requieren un anillo perimetral de suministro eléctrico para la alimentación de los motores monofásicos de los ventiladores, como es el caso de los fan-coil.*

Como desventajas se pueden mencionar:

- *La regulación no es tan fácil como en los fan-coil, con menos flexibilidad de manejo.*
- *Los problemas de ruidos son mas pronunciados, producto de la alta velocidad del aire requerida.*

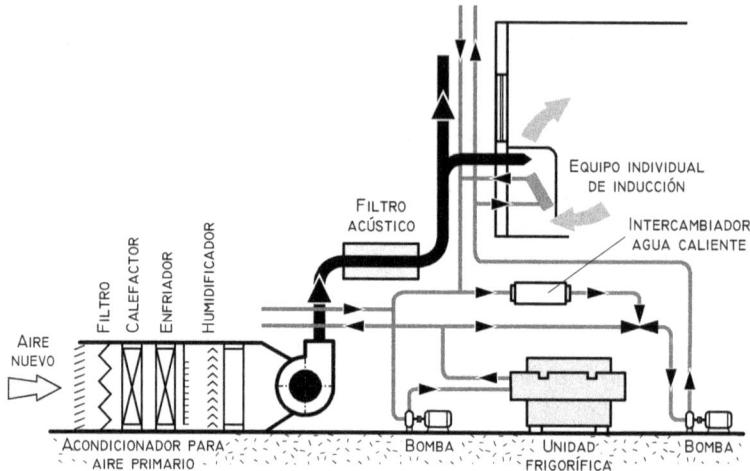

Fig. 10.2: Detalle de un sistema de acondicionamiento a inducción

- *Exigen mayor espacio para el paso de los conductos de distribución del aire primario*
- *No pueden utilizarse filtros en los equipos terminales, ya que la pérdida de presión que originan afectan notablemente la circulación por inducción del aire secundario.*

La limitación de estos aparatos lo mismo que los fan-coil, es que el alcance efectivo de impulsión de aire en los locales no supera los 5 metros aproximadamente, por lo que, en caso de que hubiere mas profundidad debe ser combinado con otro sistema complementario.

Fan-Coil con aire primario

Una aplicación interesante consiste en el empleo de fan-coil individuales *sin toma de aire exterior*, distribuyendo el aire exterior en forma directa a los locales, mediante los conductos provenientes de un equipo central de tratamiento de aire del aire nuevo de ventilación o *fan-coil central*, como se muestra en la *figura 10.3*.

Otra solución poco utilizada, consiste en enviar directamente el aire primario tratado al pleno de retorno de los fan-coil, o sea a la zona de aspiración de los ventiladores, por un conducto de distribución que puede ser de alta velocidad para reducir su tamaño, con un criterio parecido a los equipos de inducción, tal cual se indica en las *figura 10.4*.

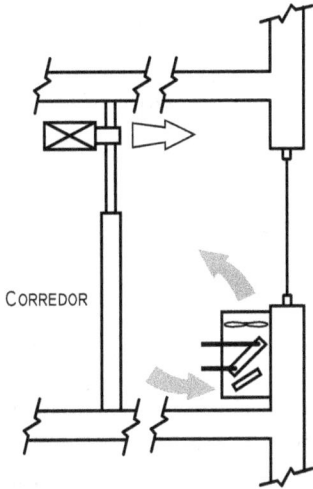

Fig. 10.3: *Detalle fan-coil sin toma de aire exterior, con ventilación con aire primario*

Fig. 10.4: *Detalle fan-coil con suministro directo de aire primario para ventilación*

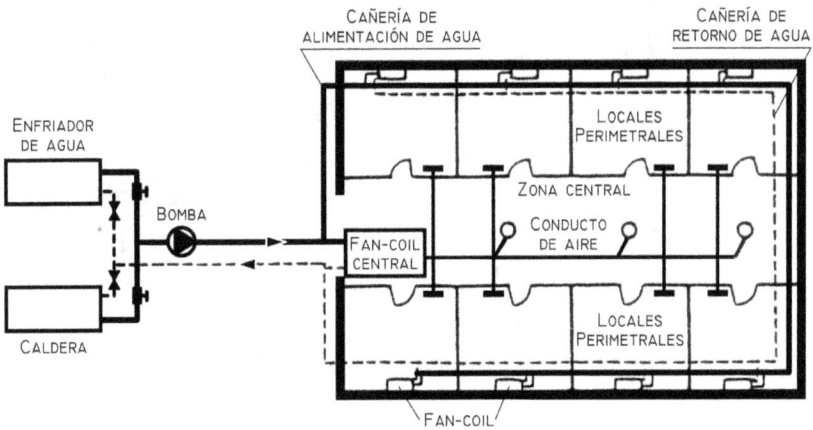

Fig. 10.5: *Esquema de una instalación de fan-coil con aire primario de ventilación*

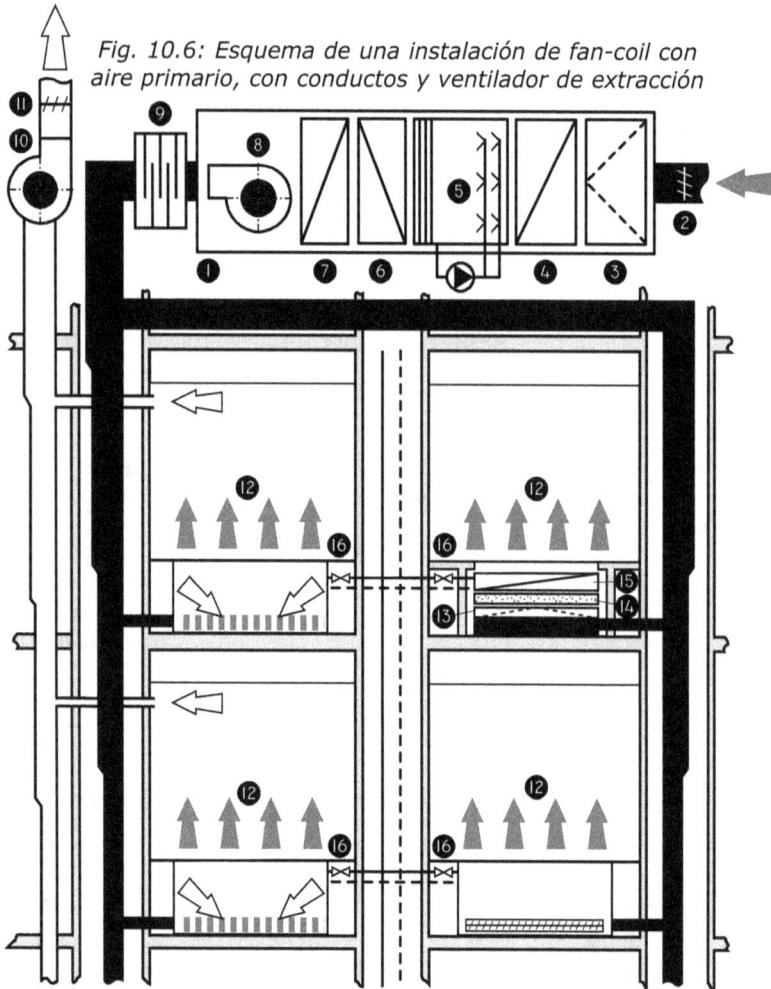

Fig. 10.6: Esquema de una instalación de fan-coil con aire primario, con conductos y ventilador de extracción

REFERENCIAS:

1. Central para la preparación del aire
2. Compuerta de aire exterior
3. Filtro
4. Precalentador
5. Humectador
6. Batería de frío
7. Postcalentador
8. Ventilador de aire de impulsión
9. Silenciador
10. Ventilador de aire de expulsión
11. Compuerta de aire de expulsión
12. Fan-coil
13. Filtro
14. Ventilador centrífugo
15. Batería de calor o de frío
16. Válvula de compuerta

En la *figura 10.5* se muestra el esquema de una instalación donde se ha definido las zonas periféricas alimentadas con fan-coil individuales sin toma de aire exterior y una zona central interna del edificio abastecida por una unidad de tratamiento del aire nuevo, que se destina mediante conductos a la ventilación de todos los locales. El aire de ventilación incorporado, puede extraerse por sobrepresión en los locales como en este caso, o directamente mediante conductos y ventilador de extracción como se detalla en el esquema de la *figura 10.6*.

Este sistema es muy recomendable porque mejora notablemente la eficiencia de filtrado, dado que la presión de los ventiladores de los equipos fan-coil es muy baja y se elimina la entrada de aire individual en cada uno, evitando los problemas de aberturas en las fachadas de los edificios, así como la entrada descontrolada de aire exterior por efecto de los vientos fuertes, aún cuando el ventilador se encuentre detenido. Además, en la planta central de tratamiento se procede a la humectación del aire cuando sea necesario en invierno y en verano se procede a la deshumectación del aire exterior en la unidad central, limitándose los equipos solo a la deshumectación del aire interior, por lo que el control de humedad en estos sistemas es mucho mas eficiente.

Paneles radiantes con aire primario (Techos Fríos)

Estos sistemas se basan en compensar parte del calor sensible de ganancia en los locales mediante el enfriamiento de los elementos estructurales, usualmente se utilizan los denominados *techos fríos* que consisten en paneles radiantes en la que circula agua fría, por tubos de cobre solidariamente fijado sobre los techos metálicos que constituyen la superficie fría en los locales. En la *figura 10.7* se muestra un módulo de techo frío el que básicamente está formado por un serpentín de tubos de cobre fijados en placas modulares de aluminio o de acero que se interconectan entre si, que comúnmente son del tipo perforado no solo para absorber el calor por radiación, sino también, para permitir un movimiento convectivo del aire frío por ella.

Para mejorar la vinculación térmica del caño de cobre a la placa se suele utilizar una guía, constituida por un perfil de aluminio extruído adosado al tubo, que es perfectamente ajustada a los paneles mediante muelles y mecanismos de grapas elásticas para permitir un rápido desmontaje, tal cual se muestra en la *figura 10.8*. Se fabrican además de diversos diseños, en chapas lisas en acero, embebidas en yeso, etc. Por su montaje pueden ser de dos tipos básicos:

- *Techo radiante o cerrado*
- *Techo convectivo o abierto*

El *techo radiante* consiste en el serpentín y la placa metálica instalada en un recinto *totalmente cerrado* formando un falso techo, como se observa en la *figura 10.9*. En este caso la superficie de intercambio térmico está constituido exclusivamente por la superficie del techo frío que está en contacto con el ambiente considerándose que la emisión se realiza un 55% por radiación y 45% por convección.

El *techo convectivo* consiste en la instalación de los módulos en un falso techo abierto con aberturas con se muestra en la *figura 10.10*, lo que incrementa la transmisión de calor por convección aumentado la absorción hasta un 15% sobre el caso anterior.

En condiciones de funcionamiento normal para verano se debe complementar el techo frío con una instalación de aire primario, que es tratado en una planta central y distribuido a baja velocidad por medio de rejillas o difusores o eventualmente a alta velocidad, cuya misión es la de complementar el remanente frigorífico necesario, la ventilación de los locales y regular la humedad relativa ambiente, según se detalla en el esquema de la *figura 10.11*.

En general se estima en los cálculos que el techo frío absorba en forma de calor sensible las cargas internas o eventualmente la máxima posible, en función de la disponibilidad de superficie, mientras que la restante carga sensible, incluyendo las ganancias de calor latente del local, lo extraiga el aire primario a incorporar en el sistema.

La difusión del aire dentro de los locales puede combinarse utilizando sistemas de distribución por techo o por rejillas en pared o por desplazamiento impulsando el aire desde el suelo, de acuerdo a los detalles indicados en la *figura 10.12* y se puede aumentar aún mas el rendimiento convectivo mediante un sistema de difusión de aire en las cercanías del techo frío, tal como se indica en la *figura 10.13*, incrementándose la cantidad de calor absorbida.

Estos sistemas permiten *mejorar el grado de insonoridad a los locales* y además es posible utilizar el sistema en invierno circulando agua caliente como sistema de *calefacción radiante*.

Condiciones de diseño

En las instalaciones de paneles radiantes se puede elevar la

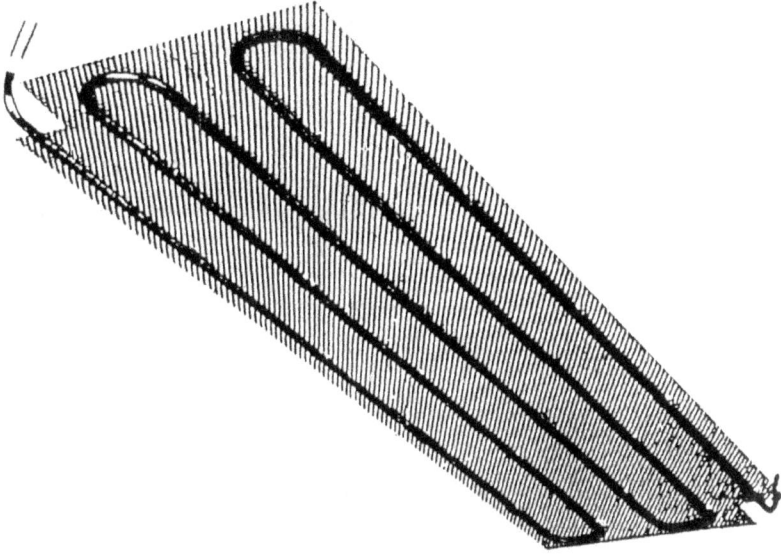

Fig. 10.7: Detalle esquemático de un panel de techo

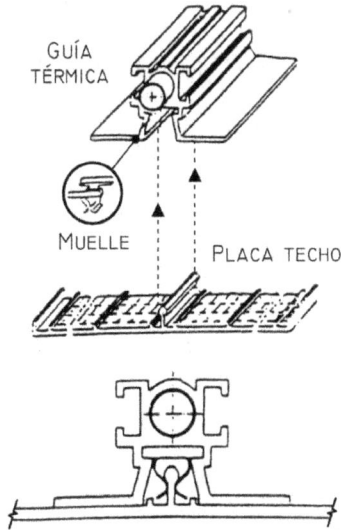

GUÍA
TÉRMICA

MUELLE   PLACA TECHO

Fig. 10.8: Vinculación de panel de techo con guía

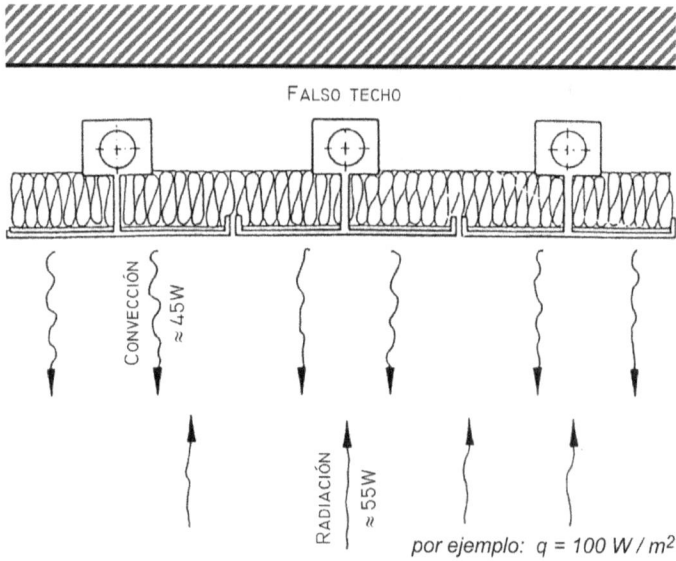

Fig. 10.9: Detalle de distribución de calor en techos cerrados

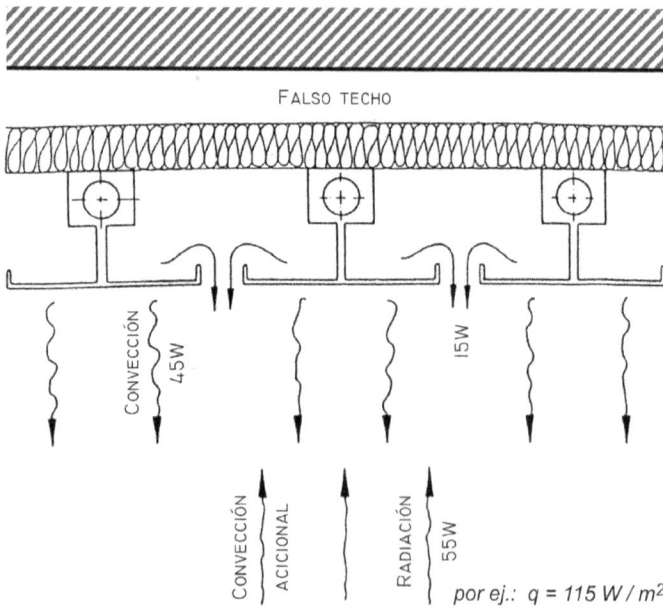

Fig. 10.10: Detalle de distribución de calor en techos abiertos, convectivos

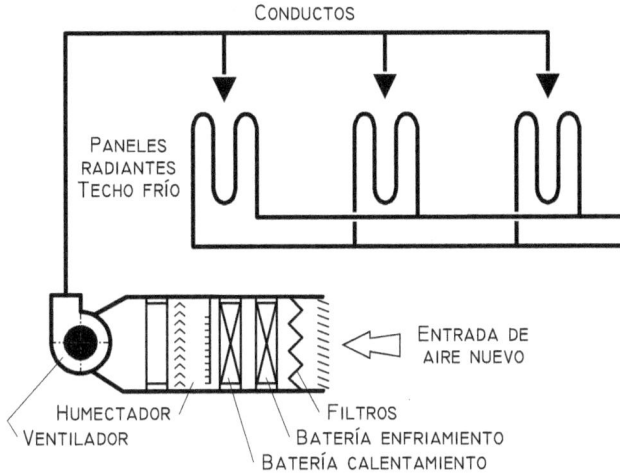

Fig. 10.11: Esquema de instalación de techos fríos con aire primario

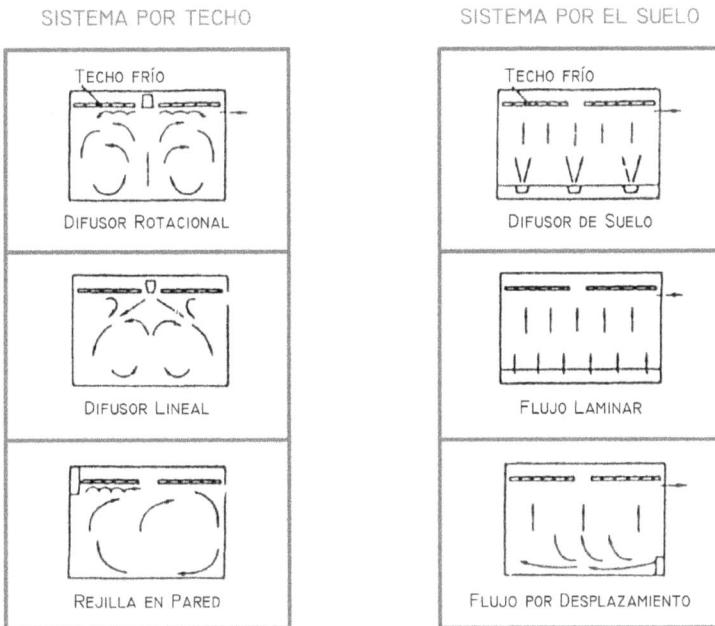

Fig. 10.12: Detalle de combinación de techos fríos con sistemas de difusión de aire

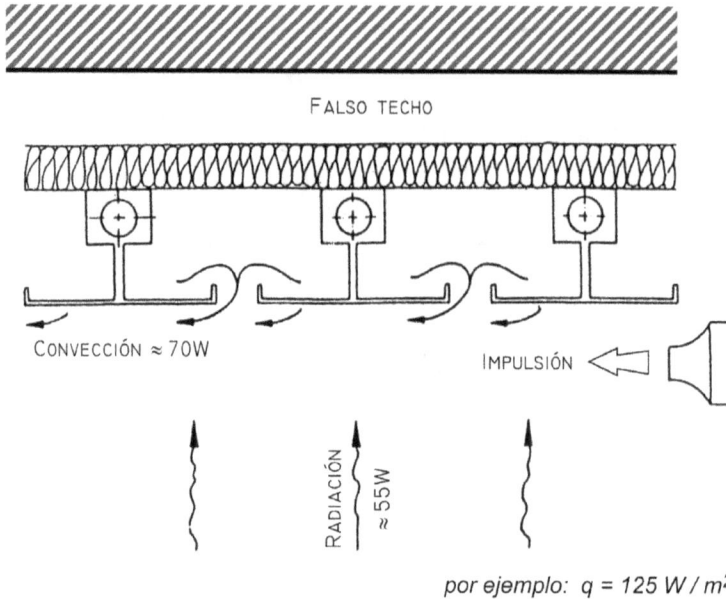

FALSO TECHO

CONVECCIÓN ≈ 70W

IMPULSIÓN

RADIACIÓN ≈ 55W

por ejemplo: $q = 125 \, W/m^2$

Fig. 10.13 Detalle de techos fríos con difusión por mezcla de aire

temperatura de diseño del aire interior con respecto a las instalaciones convencionales, permitiendo de esa forma, lograr cierto ahorro energético. En efecto, se había mencionado al estudiar las condiciones de confort que si bien la temperatura del aire es el parámetro mas importante para mejorar el confort, siendo los márgenes en verano de 23 a 27°C, la temperatura de las superficies que circundan a las personas pueden afectar la disipación de calor radiante y si las superficies están frías en verano, se incrementa la eliminación de calor radiante del cuerpo, por lo que se siente una sensación de frescura a una misma temperatura del aire.

Las temperaturas superficiales deben estar dentro del entorno de la del aire del local, con una diferencia en lo posible no mas de 5°C. En general se originan altas temperaturas superficiales en aquellos locales con grandes superficies vidriadas y muros o techos con poco aislamiento térmico.

Se adopta para el análisis el promedio de las temperaturas superficiales del entorno interior de un local, denominándosela *TRM o temperatura radiante media*, pudiendo calcularse con la ecuación simplificada ya indicada precedentemente, al estudiar las condiciones de confort. Puede considerarse *la temperatura efectiva o índi-*

ce de confort de un local en función de la siguiente fórmula:

$$TE = \frac{r \cdot TRM + c \cdot T_A}{r + c}$$

donde:

    c y *r*   coeficientes de pérdida de calor del cuerpo por convección y radiación respectivamente.
    TE   temperatura efectiva o índice de confort (ºC).
    T_A temperatura del aire (ºC).
    TRM   temperatura radiante media (ºC).

Si se mantienen en verano los parámetros de humedad relativa entre el 30 a 50%, movimiento del aire de 6 a 12 m/min. y si la temperatura radiante media se halla en el entorno de los 5ºC con respecto al aire interior, puede establecerse en forma aproximada que $r = c$, de modo que la fórmula anterior quedaría simplificada de la siguiente manera:

$$TE = \frac{TRM + T_A}{2}$$

En instalaciones de paneles radiantes por tener los locales grandes superficies frías *la TRM es menor que los sistemas convencionales*, por lo que, de acuerdo a esa fórmula, puede aumentarse la temperatura de diseño del aire con el mismo índice de confort. Por ejemplo, si en una instalación convencional se adopta una temperatura del aire de diseño T_A de 25ºC y si la TRM es de 29ºC, la temperatura efectiva o índice de confort es de 27ºC y si es una instalación de techos fríos, la TRM es menor debido a la influencia de las superficies frías de los paneles, por ejemplo, si la TRM es de 28ºC, la temperatura del aire T_A puede aumentarse a 26ºC, para obtener el mismo índice de sensación térmica TE de 27ºC.

Limitaciones de los sistemas de techos fríos

No es recomendado este sistema en los ambientes en que la humedad específica es elevada, debido a altas cargas de calor latente. Por otra parte, la *temperatura del agua fría en los paneles debe ser cuidadosamente controlada* para que la superficie no descienda a un valor menor que el punto de rocío del aire ambiente, debido a que pueden producirse condensaciones.

Para evitar ello, se debe considerar una temperatura de entrada del agua fría a los paneles de por lo menos 1,5ºC superior al punto de rocío de los ambientes en las condiciones críticas de funcionamiento, adoptándose en general temperaturas de agua de 15°C como mínimo y si bien se necesita mayor superficie de intercambio con esa temperatura, la eficiencia energética de la unidad enfriadora aumenta, dado que trabaja con una temperatura de evaporación mas elevada.

Los sistemas son de mas inercia que los sistemas convencionales, por lo que su aplicación debe orientarse a instalaciones en edificios con locales de funcionamiento continuo.

CAPITULO 11

ELECCIÓN DE LOS SISTEMAS

Aspectos del problema

La elección de un determinado sistema de aire acondicionado es una decisión crítica, porque de ello depende la satisfacción del usuario y su adaptación al edificio que sirve y en su análisis deben estudiarse muchos factores, en los que juegan una gran importancia el aspecto económico y la inversión a realizar.

El acondicionamiento completo está destinado a proporcionar un ambiente de temperatura, humedad, movimiento de aire, limpieza, ventilación y condiciones acústicas correctas, debiendo existir una adecuada adaptación entre el sistema y el edificio de forma de compensar las pérdidas y ganancias de calor en el momento que se producen y para proyectarlo se debe efectuar una evaluación correcta del comportamiento del sistema que se va a aplicar. Por ello, dadas las condiciones externas e internas de diseño el sistema de acondicionamiento debe integrarse dentro del edificio para satisfacer *dos aspectos básicos*:

* *Cargas instantáneas máximas.*
* *Cargas parciales a medida que se producen.*

El análisis debe considerar:

* *Inversión a realizar y objeto del acondicionamiento.*
* *Característica del edificio considerando los locales a acondicionar, situación, orientación y forma.*
* *Condiciones externas como temperatura, humedad, efecto solar, vientos, etc.*
* *Condiciones internas como ocupantes, iluminación y otras fuentes de calor.*
* *Capacidad de almacenamiento.*
* *Necesidad de precalentamiento.*
* *Espacios físicos disponibles en el edificio.*
* *Funcionamiento a cargas parciales.*

Debe considerarse en el proyecto que el equipo, los elementos de control y el edificio forman un conjunto indivisible cuya acción debe coordinarse para conseguir el éxito de la instalación. Cada local o edificio presenta un problema particular que hay que resolver y muchas veces no existe una sola solución, incluso después de haber definido y evaluado las necesidades, debiéndose apreciar con mucho detenimiento la estructura, la capacidad térmica requerida y la respuesta que de acuerdo a ella va a tener el sistema.

Ejemplos de división en zonas

En la práctica, es necesario limitar el número de zonas con regulación independiente, agrupando los locales que tengan igual orientación y cargas internas que varíen en forma similar a lo largo del día. Para proceder a la división en zonas de un edificio, es necesario realizar un análisis de las cargas térmicas de cada ambiente para las diferentes horas del día, siendo éste una de las fases mas delicadas e importantes para la definición del proyecto del sistema de aire acondicionado, ya que en esta etapa debe conjugarse el grado de confort a asegurar con relación al costo de la instalación a realizar.

Supóngase el análisis de un caso particular bastante frecuente en la práctica, que es la subdivisión en zonas en un piso de un edificio dedicado a oficinas, dividido por un pasillo longitudinal en dos salas para empleados y cuyas orientaciones son respectivamente este y oeste, y que se quiere mantener una temperatura del aire (t_A) de 26ºC. Efectuado el análisis de las cargas se llega a los valores consignados en la *tabla 11.1*.

Tabla 11.1 Análisis de cargas de acondicionamiento de aire

Ganancia de calor sensible del ambiente (kcal/h)

ZONA	HORA SOLAR				
	8	10	12	14	16
Este	**8100**	7140	4370	3915	3920
Oeste	2175	2575	3137	7045	**10365**
Total	10275	9715	7507	10960	**14285**

Ganancia de calor total del ambiente (kcal/h)

ZONA	HORA SOLAR				
	8	10	12	14	16
Este	**13478**	12910	10630	10665	10670
Oeste	7553	8345	9397	13765	**17155**
Total	21031	21255	20027	24430	**27825**

Se observa que para la zona este la carga térmica alcanza el valor máximo a las ocho de la mañana y para la zona oeste a las cuatro de la tarde. El caudal de aire (C) a ser distribuido a cada local, suponiendo que para la máxima carga la temperatura de impulsión (t_I) determinada sea de 14ºC.

$$C = \frac{Q_{si}}{17 \cdot \left(t_A - t_I \right)} \quad (m^3/min)$$

de modo que:

Local zona este (8 horas)

$$C_e = \frac{Q_{si}}{17 \cdot \left(t_A - t_I \right)} = \frac{8.100}{17 \cdot (26 - 14)} = 39,7 \ m^3/min$$

Local zona oeste (16 horas)

$$C_o = \frac{Q_{si}}{17 \cdot \left(t_A - t_I \right)} = \frac{10.365}{17 \cdot (26 - 14)} = 50,8 \ m^3/min$$

Solución con un único equipo acondicionador de velocidad constante

Si se adoptase un único grupo acondicionador que sirviera simultáneamente a ambas salas y suponiendo que la temperatura del aire impulsado sea regulada por un único termostato, situado por ejemplo, en la zona este, sucede que en la zona oeste hará frío durante la mañana y calor por la tarde. De modo que a las 8 de la mañana el termostato de la zona requiere el caudal de aire a una temperatura de impulsión de 14ºC para neutralizar la carga máxima de esa zona, mientras que la sala orientada al oeste, diseñada para 50,8 m³/min y considerando que los otros factores no cambien, la temperatura del local (t_A) sería de:

$$C_o = \frac{Q_{si}}{17 \cdot \left(t_A - t_I \right)} \quad \therefore \quad t_A = t_I + \frac{Q_{si}}{17 \ C_o} = 14 + \frac{2.175}{17 \times 50,8} = 16,5º C$$

Evidentemente una instalación de este tipo resulta inadmisible.

Solución con equipos autocontenidos por zona

Los equipos deben dimensionarse en función de la carga frigorífica máxima para cada una de las zonas. En este caso, la potencia frigorífica instalada por los dos equipos no sería la máxima simultanea de 27.825 frig/h *sino la suma del máximo de cada zona,* o sea:

$$13.478 + 17.155 = 30.633 \ frig \ /h$$

Se deduce entonces, la falta de flexibilidad de diseño de los sistemas encarados con estos equipos, en virtud de que la capacidad frigorífica total instalada es elevada.

Solución con un sistema de volumen variable

Otro tipo de solución es adoptar un sistema de volumen variable que consiste en un único conducto con compuestas de regulación del caudal por zona. El caudal de aire del ventilador debe estar en función de la suma de las cargas máximas simultáneas o sea de 14.285 frig/h a las 16 horas, de modo que el caudal es de:

$$C_t = \frac{Q_{si}}{17 \cdot \left(t_A - t_I\right)} = \frac{14.285}{17 \cdot (26 - 14)} = 70 \ m^3/min$$

De modo que los caudales que se deben enviar son:

En la zona Este a la 8 de la mañana el caudal necesario es de 39,7 pero a las 16 horas en esa zona se requiere:

$$C_e = \frac{Q_{si}}{17 \cdot \left(t_A - t_I\right)} = \frac{3.920}{17 \cdot (26 - 14)} = 19,2 \ m^3/min$$

El resto iría a las 16 horas la zona oeste que se había calculado requiere a esa hora el caudal máximo de $C_o = 50,8 \ m^3/min$.

Se observa que a las 16 horas:

$$C_o + C_e = 50,8 + 19,2 = 70 \ m^3 \ /min$$

que es el caudal total C_t requerido por el ventilador del sistema.

De esa manera en caudal variable:

- *El equipo frigorífico es de 27.825 frig/h*
- *El ventilador es de 70 m³/min*

Los conductos y cajas de regulación de caudal se dimensionan de acuerdo a la máxima carga zonal o sea 50,8 m³/min para la zona oeste y 39,7 m³/min para la zona este.

Los principales inconvenientes de estos sistemas son debido a la distribución del aire y la ventilación de los ambientes, dado que siendo constante el número de ocupantes de cada zona, cuando se reduce el caudal de aire impulsado también disminuye la cantidad de aire exterior introducido para la ventilación, por ello no conviene en lo posible que el caudal mínimo funcionando en cargas parciales, sea menor que el 40 % del caudal que se requiere en el local a la hora pico.

Solución con un sistema todo agua

En este caso la unidad enfriadora de agua se calcula para la carga máxima simultánea total o sea para 27.825 frig/hora, lo mismo que la bomba circuladora pero los fan-coil zonales se deben calcular para satisfacer las máximas cargas horarias o sea:

- *Para la zona este:*   *13.478 frig/hora*
- *Para la zona oeste:*   *17.155 frig/hora*

Solución con un sistema todo refrigerante

La solución es idéntica a la anterior, o sea la unidad condensadora se diseña para satisfacer la carga máxima y las unidades evaporadoras para las máximas cargas zonales horarias.

Ejemplos de análisis de factores económicos

Estas consideraciones afectan fundamentalmente al diseño. Debe establecerse cual es la inversión a realizar y el equilibrio de los gastos de funcionamiento durante toda la vida útil de la instalación, de manera que *el ahorro energético juega un papel importante* porque constituye una amortización a los mayores gastos de inversión.

Por ejemplo, supóngase un análisis elemental hipotético de dos alternativas a aplicar en un centro de cómputos.

Alternativa A – Sistema con dos equipos acondicionadores de 10 toneladas enfriados por aire con condensador incorporado.

- *Total 20 toneladas - KW_f = 70*
- *Monto estimado $ 40.000*

Alternativa B – Sistema con dos equipos acondicionadores de 10 toneladas enfriados por agua con torre de enfriamiento.

- *Total 20 toneladas - $KW_f = 70$*
- *Monto estimado $ 47.500*

Coeficiente operativo de performance COP

$$COP = \frac{KW_f}{KW_e} \quad \therefore \quad KW_e = \frac{KW_f}{COP}$$

donde:

KW_f potencia frigorífica
KW_e potencia eléctrica

Alternativa A: COP 2,4

$$KW_e = \frac{KW_f}{COP} = \frac{70}{2,4} \cong 30 \ KW$$

Alternativa B: COP 3,5

$$KW_e = \frac{KW_f}{COP} = \frac{70}{3,5} = 20 \ KW$$

Se considera:

- Funcionamiento continuo de 8.700 horas anuales.
- Porcentaje de funcionamiento a carga parcial de 70%.
- Costo de electricidad estimado: 0,10 $/KW.

Costo eléctrico anual

Para simplificar se equiparan los consumos del ventilador de la torre de enfriamiento y del condensador.

Se considera un consumo total de bombas circuladoras en la alternativa B de *3 KW*. De modo que el consumo total en la alternativa B es de *20 + 3 = 23 KW*.

Alternativa A: 30 KW x 8700 x 0,70 x 0,10 = $ 18.270
Alternativa B: 23 KW x 8700 x 0,70 x 0,10 = $ 14.007

Diferencia a favor de B: $ 4.263

Gastos de mantenimiento

- *Diferencia de costos de mantenimiento anual a favor de la alternativa A:*

Diferencia de costo anual de mantenimiento: $ 1.800
Consumo de agua y aditivos $ 600

Diferencia a favor de A $ 2.400

- Resumen diferencia de costos operativos anuales

Costos eléctricos a favor de B $ 4.263
Costos de mantenimiento a favor de A $ 2.400

Diferencia de costos operativos a favor de B $ 1.863

Resumen total

Diferencia de inversión a favor de A: $ 7.500
Diferencia de costos operativos anuales a favor de B: $ 1.863

Recuperación de la mayor la inversión

$$Años = \frac{7.500}{1.863} \cong 4 \ años$$

No es conveniente en este análisis la mayor inversión de la alternativa B, porque la cantidad de años de recuperación es elevada y además se incrementa ese período por el interés del capital que no fue considerado. Si la recuperación se produjese al año o los dos años, podría considerarse dado que a partir de ese plazo las diferencias de costos operativos debido al menor consumo energético representan un ahorro permanente en la instalación. En la *figura 11.1* se ha representado lo ya indicado.

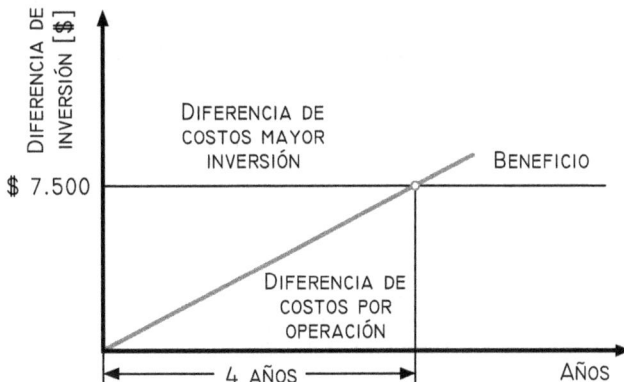

Fig. 11.1: Representación de valor de recuperación de la inversión

Guía de aplicaciones

Para una orientación o idea general de aplicación en orden de prioridad de los sistemas de acondicionamiento, puede establecerse la guía que se consigna en la *tabla 11.2*.

Tabla 11.2

*Guía de aplicación de los diferentes tipos
de sistemas de acondicionamiento*

Aplicaciones	Tipo de instalación	Observaciones
Casas individuales, o residenciales chalet	Roof-top o acondicionador interior con volumen constante por zona o variable	Calefacción a gas o bomba de calor o mediante sistema independiente de radiadores o piso radiante
	Calefacción por aire caliente con unidad separada para frío	
	Multi split	
	Acondicionadores de ventana	
	Split simple	
	Sistema todo agua con Fan-coil individual	
Casas de departamentos	Acondicionadores interiores y volumen constante por zona o volumen variable	Calefacción a gas o bomba de calor o mediante sistema independiente de radiadores o piso radiante
	Calefacción por aire caliente con unidad separada para frío	
	Roof-top con volumen constante por zona o volumen variable	
	Multi split	
	Acondicionadores de ventana	
	Simple split	
	Sistema todo agua con Fan-coil individual y enfriadora individual o central	

Aplicaciones	Tipo de instalación	Observaciones
Oficinas	Sistema todo- aire con fan-coil centrales y volumen variable con recalentamiento perimetral (sistemas de más de 50 ton.)	Los sistemas de volumen variable con sistema independiente de aire exterior
	Sistemas todo-aire con roof-top o acondicionadores interiores y volumen variable con recalentadores perimetrales. (sistemas hasta 50 ton.)	De utilizarse volumen constante deben emplearse sistemas multizona, doble conducto o recalentadores
	Sistema aire-agua compuesto por fan-coil con conductos en zonas centrales y fan-coil perimetrales individuales	Calefacción por resistencias eléctrica, bomba de calor o radiadores perimerales con agua caliente y caldera a gas
	Sistemas todo refrigerante VRV	
	Sistemas aire- agua con paneles de techo frío y aire de distribución	
	Sistemas WLHP	
Hoteles	Aire–agua con fan-coil individual en habitaciones y fan-coil central y volumen constante en locales grandes	
	Sistemas todo refrigerante VRV	
	Sistemas WLHP	
	Inducción	
Hospitales	Aire–agua con fan-coil individual en habitaciones que implique riesgo de contaminación y fan-coil central y volumen constante en locales grandes	
	Sistemas todo refrigerante VRV	
	Sistemas WLHP	
	Inducción	

Aplicaciones	Tipo de instalación	Observaciones
Grandes centros comerciales Shopping	Sistemas aire-agua con fan-coil centrales con conductos volumen constante grandes locales	
	Fan-coil individuales para locales comerciales pequeños	
Supermercados	Roof- top o acondicionadores interiores con distribución de conductos volumen constante. (sistemas de hasta 80 ton.)	Distribución por zona simple conducto o doble conducto o multizona
	Sistemas todo-aire con fan-coil centrales y distribución del aire volumen constante. (sistemas mas de 80 ton.)	Calefacción por intercambiadores a gas o calderas con serpentines de agua caliente
Cines y teatros	Sistemas todo-aire con fan-coil centrales para distribuir el aire por zonas a volumen contante	Calefacción con agua caliente a gas o bomba de calor
Bancos	Sistemas todo- aire con roof-top o acondicionador interior a volumen constante por zona o variable (hasta 40 ton.)	Calefacción con agua caliente a gas o bomba de calor
	Aire-agua con fan-coil individual en locales y fan-coil centrales y conductos en locales grandes (más de 40 ton.)	
	Sistema VRV	
Grandes tiendas	Sistemas todo aire con acondicionadores autocontenidos o roof-top con volumen variable	
	Sistemas VRV	

Aplicaciones	Tipo de instalación	Observaciones
Restaurant	Roof-top o acondicionadores autocontenidos con volumen constante y zonales	
Centros de enseñanza	Sistema todo aire con roof-top o acondicionadores interiores y conductos volumen constante en aulas.	Complemento con pisos radiantes para calefacción.
Centros de cómputos	Todo aire a expansión directa de precisión (sistemas hasta 30 ton.) Fan-coil de precisión (sistemas de mas de 30 ton.)	Equipamiento con redundancia n + 1

<u>NOTAS</u>:

- *Cuando se indica acondicionadores interiores se refieren a equipos de expansión directa autocontenidos o separados con condensación por aire y distribución por conductos (ver figuras 6.5; 6.7 ó 7.4).*

- *Cuando se indica calefacción por aire caliente con unidad separada se refiere a sistemas indicados en figura 7.5.*

- *Condensación por agua con torre de enfriamiento en aplicaciones especiales donde ya se cuenta con este sistema o para enfriadoras de agua centrífugas o absorción.*

- *Enfriadoras de agua a absorción cuando no se disponga de fuente adecuada de energía eléctrica o para aplicaciones de cogeneración.*

BIBLIOGRAFIA

- *Acondicionamiento del Aire y Refrigeración*, Carlo Pizzetti
  Editorial Bellisco, Madrid, España (1991).

- *Manual de Aire Acondicionado* (Handbook of air conditioning systems design), Carrier Air conditioning Company
  Editorial Marcombo, Barcelona, España (1986).

- *Fundamentals of HVAC Systems*
  ASHRAE Education Departament (1996).

- *Principles of Heating Ventilating and Air Conditioning*; R. Hower, H. Sauer, William Coad. ASHRAE (1971).

- *Instalaciones de ventilación y climatización en la planificación de obras. Fundamentos, Sistemas, Ejecuciones*, Lampe; Pfeil; Schmittluz; Tokarz. Editorial Blume, Madrid, España (1977).

- *Instalaciones de Aire Acondicionado y Calefacción*, Nestor Quadri
  Librería y Editorial Alsina, Buenos Aires, Argentina (1999).

- *Calidad del Ambiente Térmico*, Alberto Viti
  Documentos técnicos en la edificación DTIE–ATECIR, Madrid, España (1996).

- *Recuperación de energía en sistemas de climatización*, Grupo de Termotécnica de la Universidad de Valladolid
  Documentos técnicos en la edificación DTIE–ATECIR, Madrid, España (1996).

- *Norma ASHRAE 55/92*, Thermal Enviromental Conditions for Human Occupancy

- *Norma ASHRAE 62/89*, Ventilation for Acceptable Indoor Air Quality

www.ingramcontent.com/pod-product-compliance
Lightning Source LLC
Chambersburg PA
CBHW080610270326
41928CB00016B/2999